RENÉ GIRARD

Realizações Editora

Impresso no Brasil,
agosto de 2011

Título original: *Violence and Modernism*.
Copyright © 2003 by William A. Johnsen.
Todos os direitos reservados.
Tradução da edição em inglês autorizada pela University Press of Florida.

Os direitos desta edição pertencem a
É Realizações Editora, Livraria e Distrib. Ltda.
Caixa Postal: 45321
cep: 04010 970
São Paulo, SP, Brasil
Telefax: (5511) 5572 5363
e@erealizacoes.com.br
www.erealizacoes.com.br

Editor
Edson Manoel de Oliveira Filho

Revisão
Fernanda Marcelino
Liliana Cruz

Design Gráfico
Alexandre Wollner
Alexandra Viude
Janeiro/Fevereiro 2011

Diagramação e finalização
Mauricio Nisi Gonçalves
André Cavalcante Gimenez
/Estúdio É

Pré-impressão e impressão
Prol Editora Gráfica

Proibida toda e qualquer reprodução desta edição por qualquer meio ou forma, seja ela eletrônica ou mecânica, fotocópia, gravação ou qualquer outro meio de reprodução, sem permissão expressa do editor.

Coordenador da Biblioteca René Girard
João Cezar de Castro Rocha

Assistentes editoriais
Gabriela Trevisan
Veridiana Schwenck

Preparação de texto
Viviam Moreira

RENÉ GIRARD
violência e modernismo: Ibsen, Joyce e Woolf

William A. Johnsen

tradução Pedro Sette-Câmara

Realizações
Editora

Esta edição teve o apoio da Fundação Imitatio.

IMITATIO
INTEGRATING THE HUMAN SCIENCES

Imitatio foi concebida como uma força para levar adiante os resultados das interpretações mais pertinentes de René Girard sobre o comportamento humano e a cultura.

Eis nossos objetivos:

Promover a investigação e a fecundidade da Teoria Mimética nas ciências sociais e nas áreas críticas do comportamento humano.

Dar apoio técnico à educação e ao desenvolvimento das gerações futuras de estudiosos da Teoria Mimética.

Promover a divulgação, a tradução e a publicação de trabalhos fundamentais que dialoguem com a Teoria Mimética.

sumário

9
teoria mimética e literatura
João Cezar de Castro Rocha

19
prefácio

35
capítulo 1
o mito, o ritual e a literatura moderna após Girard

97
capítulo 2
pilares de uma sociedade autossacrificial

133
capítulo 3
"folkevenner og folkefiender":
Ibsen pesquisa o comportamento moderno

161
capítulo 4
as irmãs de Joyce

189
capítulo 5
viver, não morrer, pela nação:
Stephen D(a)edalus e o futuro da Irlanda

235
capítulo 6
encontrando o pai: Virginia Woolf, feminismo e modernismo

295
conclusão

301
referências bibliográficas

313
breve explicação

315
cronologia de René Girard

319
bibliografia de René Girard

322
bibliografia selecionada sobre René Girard

331
índice analítico

339
índice onomástico

teoria mimética e literatura
João Cezar de Castro Rocha[1]

Um lugar especial

O estatuto da literatura na teoria mimética precisa ser mais bem definido – e contribuir para essa definição é um dos maiores méritos do livro de William A. Johnsen. De fato, a combinação das obras de René Girard e Northrop Frye, tanto em relação à literatura, vista como fonte de produção de conhecimento, quanto no tocante às afinidades eletivas, nem sempre explicitadas, entre textos sagrados e seculares, estimulou a reflexão de Johnsen sobre o lugar especial da literatura no pensamento girardiano. Ademais, o autor oferece uma leitura inovadora da correspondência entre violência e modernismo na literatura europeia.

No entanto, a preocupação com o lugar da literatura na teoria mimética não deixa de parecer surpreendente; afinal, os pressupostos fundamentais de sua teoria

---

[1] Professor de Literatura Comparada da Universidade do Estado do Rio de Janeiro (UERJ).

desenvolveram-se através da crítica literária, exercida com base num método comparativo que ainda hoje permanece instigante.[2] A intuição inicial do desejo mimético foi desenvolvida em *Mensonge Romantique et Vérité Romanesque* (1961).[3] De igual modo, em seu segundo livro, *Dostoïevski: Du Double a l'Unité* (1963),[4] encontra-se o esboço da imaginação apocalíptica, mesmo apologética, que dominaria a fase posterior de sua obra.

Porém, na sequência da reflexão girardiana, em alguma medida, a literatura foi progressivamente substituída por outros discursos, especialmente a antropologia e os estudos bíblicos.

Vejamos como se deu esse processo de substituição ou, para defini-lo de maneira mais generosa, como Girard ampliou os horizontes de sua reflexão.

Em *La Violence et la Sacré*,[5] embora o recurso a textos literários continue sendo parte relevante do argumento, a preocupação com a bibliografia antropológica tornou-se dominante. E mesmo os textos literários estudados, basicamente oriundos da tragédia grega, são analisados no interior de um modelo de compreensão antropológica.

---

[2] Discuti esse método comparativo na apresentação a *Dostoiévski: Do Duplo à Unidade* e *A Conversão da Arte* – livros também publicados na Biblioteca René Girard.
[3] René Girard, *Mentira Romântica e Verdade Romanesca*. Trad. Lília Ledon da Silva. São Paulo, Editora É, 2009.
[4] René Girard, *Dostoiévski: Do Duplo à Unidade*. Trad. Roberto Mallet. São Paulo, Editora É, 2011.
[5] René Girard, *A Violência e o Sagrado*. Trad. Martha Gambini. 3. ed. São Paulo, Paz e Terra, 2008.

Girard pretendia comprovar a "unidade de todos os ritos", determinada pela universalidade do mecanismo do bode expiatório, compreendido como autêntica gênese das instituições humanas. A interpretação de textos literários, nesse contexto, deveria auxiliar na comprovação da hipótese.

Por fim, no livro seguinte, *Des Choses Cachées Depuis la Fondation du Monde*,[6] no qual apresentou a primeira exposição completa da teoria mimética, a transição disciplinar, ou a vocação transdisciplinar do pensamento girardiano, completou-se e, ao mesmo tempo, tornou-se mais complexa. Afinal, Girard associou a preocupação com as origens da cultura à leitura antropológica das Escrituras. Desse modo, atou as pontas de seu longo argumento,[7] pois, se a pretensa universalidade do mecanismo do bode expiatório confirmaria a centralidade da violência na constituição do propriamente humano, a interpretação antropológica da Bíblia, em especial do Novo Testamento, esclareceria uma importante novidade epistemológica. Na perspectiva desenvolvida por William Johnsen neste livro, trata-se da diferença entre textos que propõem uma reflexão sobre a funcionalidade do mecanismo do bode expiatório e textos que propiciam a revelação da violência arbitrária que o sustenta. Vale dizer, entre a legitimação

---

[6] René Girard, *Coisas Ocultas desde a Fundação do Mundo*. Trad. Martha Gambini. São Paulo, Paz e Terra, 2009. No mesmo ano de 1978, publicou-se *To Double Business Bound: Essays on Literature, Mimesis, and Anthropology*. Baltimore, Johns Hopkins University Press, 1978. Concentro-me, contudo, no breve apanhado que realizo nos livros monográficos de René Girard.
[7] Refiro-me, claro, à frase de Charles Darwin: "*A Origem das Espécies* consiste num longo argumento do princípio ao fim". Charles Darwin, *The Autobiography of Charles Darwin*. 1809-1882 (1958). Nova York e Londres, W. W. Norton, 1993, p. 140. Edição organizada por Nora Barlow.

direta ou indireta da violência do assassinato fundador e a rejeição da própria lógica violenta do mecanismo. Diferença ética, portanto, mas com fundas implicações estéticas, conforme Johnsen explicita em seus eruditos estudos de Henrik Ibsen, Virginia Woolf e James Joyce.

Antes, contudo, de explorar as teses de *Violência e Modernismo*, concluo o breve percurso acerca do lugar da literatura na teoria mimética.

Após a publicação de *Des Choses Cachées Depuis la Fondation du Monde*, os dois livros monográficos seguintes de Girard foram dedicados ao estudo das similaridades e sobretudo diferenças entre os mitos e os relatos bíblicos, com ênfase nos textos do Novo Testamento. Desse modo, tanto em *Le Bouc Émissaire*,[8] quanto em *La Route Antique des Hommes Pervers*,[9] o autor centrou-se no estudo de mecanismos de perseguição e, sobretudo, de sua representação textual. Pôde assim realçar, por efeito de contraste, a singularidade das Escrituras, que progressivamente assumem a defesa decidida da vítima, em lugar de engrossar a unanimidade violenta do mecanismo do bode expiatório.

Em 1991, veio à luz o primeiro livro de Girard escrito em inglês: *A Theatre of Envy: William Shakespeare*;[10] título que pareceria marcar o retorno das preocupações

---

[8] René Girard, *Le Bouc Émissaire*. Paris, Grasset, 1982. Em português: *O Bode Expiatório*. Trad. Ivo Storniolo. São Paulo, Paulus, 2004.
[9] René Girard, *La Route Antique des Hommes Pervers*. Paris, Grasset, 1985. Em português: *A Rota Antiga dos Homens Perversos*. Trad. Tiago José Risi Leme. São Paulo, Paulus, 2009.
[10] René Girard, *A Theatre of Envy: William Shakespeare*. Nova York, Oxford University Press, 1991.

características dos estudos de crítica literária. Contudo, o próprio autor encarregou-se de identificar o norte de seu esforço: "Interpretação, no sentido corrente, não é a palavra adequada para o que faço. Meu trabalho é mais básico. Leio pela primeira vez a letra de um texto jamais lido sobre muitos assuntos essenciais para a literatura dramática: desejo, conflito, violência, sacrifício".[11] Daí o critério empregado para escolher as peças e as cenas a serem analisadas: "Selecionei não os textos mais ricos, mas aqueles que mais francamente atendiam ao meu objetivo. Via de regra, consistem na primeira dramatização das configurações miméticas que ilustram".[12] No fundo, tal critério já se encontrava presente em *Mentira Romântica e Verdade Romanesca*, e Girard manteve-se fiel a ele em todos os seus livros posteriores.

Portanto, e sem nenhum constrangimento, a apropriação girardiana da literatura sempre se pautou por um critério pragmático – e é preciso reconhecê-lo claramente. A crítica literária girardiana nunca se ocupou com o conceito de *literariedade*, pedra de toque da disciplina teoria da literatura nas décadas de 1960 e 1970. Esse conceito resumia o programa proposto por Roman Jakobson no célebre ensaio "A Nova Poesia Russa": "O objeto da ciência da literatura não é a literatura, mas a literariedade, isto é, o que faz de uma determinada obra uma obra literária".[13] Pelo contrário,

---

[11] René Girard, *Shakespeare: Teatro da Inveja*. Trad. Pedro Sette-Câmara. São Paulo, Editora É, 2010, p. 41.
[12] Ibidem, p. 48.
[13] Roman Jakobson, "A Nova Poesia Russa"; publicado pela primeira vez em 1921. Apud Vítor Manuel de Aguiar e Silva, *Teoria da Literatura*. 5. ed., v.1. Coimbra, Almedina, 1983, p. 15.

Girard nunca se sentiu atraído por esse tipo de investigação autocentrada, buscando antes nos textos literários uma forma de investigar os homens e sua visão do mundo: "Não estou falando de todos os textos literários, tampouco de literatura em si, mas de um grupo relativamente pequeno de obras. (...) Implícita e às vezes explicitamente esses textos revelam as leis do desejo mimético".[14]

Não surpreende, assim, que ao escrever a apresentação do livro que coligiu alguns de seus ensaios de juventude, primariamente dedicados à literatura, e muitas vezes escritos sob a inspiração de um tipo de explicação de texto marcadamente estetizante, o pensador maduro precisou justificar-se. E, nessa justificativa, é como se reconhecesse o sentido pragmático de seu convívio com a arte, em geral, e a literatura, em particular:

> Para finalizar, não gostaria que se tomasse este livro por um mero ensaio de estética. Esse tipo de fruição não me atrai. A arte, com efeito, não me interessa senão à medida que ela intensifica a angústia desta época. Só assim ela cumpre sua função, que é a de *revelar*.[15]

Percebe-se, pois, que a questão do lugar da literatura na teoria mimética permanece em aberto – no mínimo,

---

[14] René Girard, *To Double Business Bound: Essays on Literature, Mimesis, and Anthropology*. Baltimore, Johns Hopkins University Press, 1978, p. VII-VIII.
[15] René Girard, *A Conversão da Arte*. Benoît Chantre e Trevor Cribben Merrill (orgs.). Trad. Lília Ledon da Silva. São Paulo, Editora É, 2011, p. 37-8. O original, *La Conversion de l'Art*, foi publicado em 2008.

deve ser possível reabrir o caso. A interpretação consagrada sobre o tema foi resumida em ensaio de Paisley Livingston, "René Girard and Literary Knowledge":[16] o pensador francês teria a pretensão de dizer a "verdade" do texto, e, no entanto, ele nunca parece dar-se conta da possível projeção que realiza de sua própria teoria no texto analisado. Em muitos casos, por exemplo, a presença de bodes expiatórios numa determinada passagem poderia ser muito mais uma projeção do sistema mimético do que a descoberta de elementos concretos do texto estudado.

Hora, portanto, de retornar à contribuição de *Violência e Modernismo*, a fim de renovar a compreensão desse importante aspecto do pensamento de René Girard.

Teoria e método

Na definição de seus propósitos, William A. Johnsen propõe o método mais adequado para potencializar a forma de leitura praticada por René Girard:

> Meu argumento, em suma, é que as discussões da literatura moderna raramente foram tão críticas de si mesmas quanto os próprios autores modernos no que

---

[16] Paisley Livingston, "René Girard and Literary Knowledge". In: *To Honor René Girard. Presented on the Occasion of his Sixtieth Birthday by Colleagues, Students, Friends.* Stanford French and Italian Studies 34. Saratoga, Anma Libri, 1986, p. 221-235.

diz respeito ao dúbio valor da modernidade em si mesma (...).[17]

Em outras palavras, Johnsen não somente atribui um valor cognitivo aos textos literários com os quais trabalha, como também evita "aplicar" mecanicamente a teoria mimética em seus exercícios interpretativos.

Esse ponto é decisivo e confirma a importância de *Violência e Modernismo*.

Devo, pois, esclarecer a abordagem teórica e o método de leitura de William A. Johnsen.

Em primeiro lugar, os pressupostos do pensamento girardiano orientam a leitura de Ibsen, Joyce e Woolf – *orientam*, não *determinam*. Ou seja, Johnsen parte do princípio de que cada escritor, por assim dizer, redescobre de maneira individual o caráter mimético do desejo. A teoria mimética, portanto, *guia* a interpretação, mas não predetermina os resultados analíticos, pois cada autor desenvolve as consequências do desejo mimético – ou do mecanismo do bode expiatório – que são mais próximas a suas preocupações e obsessões. Logo, se a teoria permanece a mesma, a análise mudará sempre – e necessariamente. Nas suas palavras (polêmicas):

> Por que tanta gente se dá ao trabalho de escrever livros sobre Woolf, se as ideias dela são sempre explicadas por

[17] Ver prefácio, adiante, p. 28.

meio das ideias de outra pessoa? E se estamos tão preocupados assim com a teoria, por que é tão raro que os teóricos aprendam com os autores que discutem algo que já não soubessem graças à própria teoria?[18]

Essa passagem refere-se à obra de Virginia Woolf; porém, o mesmo método é empregado no estudo de Henrik Ibsen e James Joyce. Em sentido amplo, deveria ser o método propriamente mimético de estudos literários.

Em segundo lugar, William A. Johnsen identifica, na esteira de Girard, a potência intelectual da literatura, isto é, sua capacidade de produzir conhecimento objetivo acerca dos relacionamentos humanos. Assim, por exemplo, no capítulo 4, dedicado ao estudo do autor de *Dubliners*, o leitor encontra observações acerca do "potencial teórico as revisões de Joyce"; "o potencial teórico das muitas irmãs de Joyce".[19] Na verdade, a ideia da literatura como uma forma de produção teórica subjaz ao argumento de Johnsen.[20]

Por isso o "potencial quase teórico da literatura" fornece a espinha dorsal dos estudos presentes neste livro,[21]

---

[18] Ver capítulo 6, adiante, p. 236.
[19] Ver capítulo 4, adiante, p. 163.
[20] Em relação ao método de leitura de René Girard, Paul Dumouchel observou: "às vezes é possível encontrar nos próprios textos literários tanto uma teoria crítica quanto os instrumentos analíticos desejados". "Introduction". Paul Dumouchel (org.), *Violence and Truth: On the Work of René Girard*. Stanford, Stanford University Press, 1988, p. 1.
[21] Ver capítulo 1, adiante, p. 69.

assegurando sua fecundidade, pois exigem um corpo a corpo do teórico com os textos literários analisados.

Talvez, hoje em dia, nada seja mais urgente para os estudos literários do que o retorno à leitura mesma dos textos – textos literários, bem entendido.

Essa circunstância esclarece a importância de *Violência e Modernismo* e, ao mesmo tempo, representa um convite aos leitores da Biblioteca René Girard para que desenvolvam análises similares de autores de língua portuguesa.

prefácio

Quando escrevemos, nossa maior esperança é dispensar introduções. Uma sucinta introdução à obra *Violência e Modernismo* diria que o livro explica como três de nossos maiores autores modernos corroboram e ampliam a hipótese mimética de René Girard sobre o comportamento humano e a concepção de Northrop Frye da *literatura como um todo* na medida em que dizem respeito à vida moderna. Mas são justamente as nossas maiores esperanças que exigem demonstrações mais extensas.

O ano de 1984 trouxe reflexões milenaristas, poucas delas dignas de lembrança. A maior parte do oxigênio no ano 2000 foi consumida discutindo se nossos computadores continuariam com a hora certa, mas ainda restam expectativas milenaristas suficientes para que sejam bem-vindas reflexões sobre as teorias do século passado, as quais foram prematuramente tornadas obsoletas pela competição que permeia todo o trabalho intelectual moderno.

É hora de escrever a história do modernismo com um sentido de término mais confiante e ambicioso. Os teóricos que foram postos de lado por ser supostamente ambiciosos demais agora podem recuperar suas origens. Dois dos mais influentes críticos literários de nossa época aproximavam-se exatamente dessa teoria da literatura moderna quando foram *desviados* pelas prodigiosas oportunidades oferecidas por suas hipóteses para a leitura da Bíblia: Northrop Frye e René Girard. As obras de maior fôlego dos últimos anos de Frye foram *The Great Code* [*O Código dos Códigos*] (1982) e *Words with Power* [Palavras com Força] (1990); já a formulação mais recente e talvez definitiva dada por Girard à hipótese mimética aparece em *Je Vois Satan Tomber Comme l'Éclair* [Eu Vejo Satanás Cair como um Raio] (1999) e *Celui par qui le Scandale Arrive* [*Aquele por Quem o Escândalo Vem*] (2001), dois livros dedicados à inspiração bíblica.[1]

No fulcro das obras de Girard e de Frye está a crença praticamente constante, embora implícita, em uma correspondência entre os textos sagrados e os seculares, e, por causa dessa correspondência, em um senso de uma linhagem notável de desenvolvimento ou de tradição nos textos ocidentais, das origens até o presente, que se completa na modernidade. Contudo, em um momento importante de suas carreiras, as consequências dessa convergência tornam-se tão prodigiosas que eles mudam de direção, afastando-se de uma teoria completa dos textos modernos.

---

[1] Em *Je Vois Satan Tomber Comme l'Éclair*, Girard reformula a hipótese mimética, fazendo que ela antes parta da Bíblia do que chegue a ela. Num capítulo intitulado "Teoria Mimética e Teologia", em *Aquele por Quem o Escândalo Vem*, Girard modera sua oposição de três décadas a leituras sacrificiais e não sacrificiais ou pós-sacrificiais da Paixão. [*Aquele por Quem o Escândalo Vem* será publicado na Biblioteca René Girard. (N. T.)]

The Secular Scripture [A Escritura Secular] (1976) esclareceu a posição implícita de Frye de que os textos seculares e religiosos correm em paralelo, explicitando aquilo que sempre esteve presente em sua obra, desde seu livro inovador sobre Blake, *Fearful Symmetry* [Temível Simetria] (1947). Mas Frye voltou-se diretamente para a Bíblia, em vez de usar essa notável suposição de escrituras paralelas para redefinir sua teoria dos arquétipos, e para redefinir seu conceito central de *literatura como um todo* e sua história. Ele nunca chegou a reescrever *Anatomy of Criticism* [Anatomia da Crítica] (1957) a partir de sua nova perspectiva.

Girard também, em *La Violence et la Sacré* [A Violência e o Sagrado] (1972), sugeriu que os textos proféticos juntavam-se a textos-chave ocidentais escritos em crises culturais numa tradição comum de textos judaico-cristãos. Além disso, Girard sugeriu que nossa história é uma revelação crescente de que a violência tem origem humana e não divina, o que nos leva a um apocalipse peculiarmente moderno: escolher entre uma paz absolutamente desprovida de violência ou uma violência sem fim.[2]

Ainda que Girard tenha feito comentários frequentes sobre a cultura moderna ao longo de sua obra, seu livro seguinte após *A Violência e o Sagrado*, *Des Choses Cachées depuis la Fondation du Monde* [Coisas Ocultas desde a Fundação do Mundo] (1978), inaugurou seu interesse primário na leitura da teologia cristã e da Bíblia

---

[2] Tobin Siebers descreveu de modo útil esse momento de "crítica nuclear" em *The Ethics of Criticism*, p. 220-40.

por meio da hipótese mimética. *Je Vois Satan Tomber Comme l'Éclair* (1999) e *Celui par qui le Scandale Arrive* [*Aquele por quem o Escândalo Vem*] (2001) reformulam a hipótese mimética, cedendo os direitos autorais à autoridade espiritual. Mesmo que, em ensaios e em entrevistas, Girard fale frequentemente sobre cultura moderna, incluindo assuntos tão distantes quanto interessantes como a anorexia e o terrorismo, ele ainda não dedicou um livro à rearticulação, a partir de sua nova perspectiva, das intuições seculares de *Mensonge Romantique et Vérité Romanesque* [*Mentira Romântica e Verdade Romanesca*] (1961) sobre os primeiros textos modernos.

As obras de Frye e de Girard são modelos de rigor, de abrangência e de clareza fora de moda. Cada autor foi capaz de absorver hipóteses concorrentes à sua e de ser redutivo em nome de um rigor científico apropriado às ciências sociais. Para qualquer um que queira estender suas ideias à modernidade, duas exigências controlarão a qualidade e a pertinência. Primeiro, é claro, não devemos tentar nenhuma *correção* fácil que vá apartar-nos de seu poder de síntese. Uma teoria da modernidade capaz de ser beneficiada por Frye e por Girard tem de ser desenvolvida a partir da obra que eles deixaram visível sem desenvolver, e também tem de poder ser reconciliada com o resto de suas obras, compatível com suas grandes hipóteses. Em segundo lugar, deve incluir o crescente interesse pela literatura secular como parte de uma tradição de textos judaico-cristãos que os levou além de uma teoria da modernidade.

O que une Frye e Girard é sua teorização comum e superior daquilo que outros viram como um "retorno" do mito na época moderna. É importante distinguir suas ideias do jornalismo literário habitual que fala de neoprimitivismo psicológico e cultural. Frye deliberadamente minimizou seu investimento em arquétipos psicológicos e sempre tomava o cuidado de manter no nível esquemático a relação entre o primitivo e o moderno, dizendo que o mito, clássico e/ou cristão, era a origem lógica (não necessariamente cronológica) da literatura.

Girard afirmou que as "coisas ocultas desde a fundação do mundo" tinham sido agora reveladas na época moderna, ainda que fundamentalmente separassem o primitivo do moderno por sua ideia de que o sistema judicial assumiu o lugar da religião sacrificial como árbitro definitivo da violência e da paz.

A eficiência do modelo girardiano é que ele *explicou* simultaneamente tanto as semelhanças quanto as diferenças entre as culturas primitivas sem recorrer a alguma espécie de inconsciente coletivo, nem a algum itinerário impossível de migração tribal. Segundo Girard, a única solução historicamente exitosa para todas as dificuldades que a violência causa aos seres humanos tem sido (coletivamente) atribuí-la a um terceiro: o bode expiatório. Os rituais comunitários do mundo inteiro se assemelham uns aos outros porque todos derivam desse mecanismo do bode expiatório. A explicação para o simbolismo contraditório da vítima sagrada (simultaneamente sagrada e profana) reside em sua responsabilidade dual e aparentemente paradoxal por tudo que acontece de ruim na sociedade humana, mas também por tudo que acontece de bom, uma vez que é sacrificada. Os rituais diferem no mundo inteiro porque as sociedades acabam por "racionalizar" a qualidade paradoxal de sua figura central; algumas enfatizam sua culpabilidade e põem de lado seu valor; outras enfatizam seu valor, e põem de lado sua culpa. (Girard ousadamente deriva o sistema da realeza da racionalização positiva do bode expiatório.)

Girard faz uma distinção entre as culturas moderna e primitiva em função de como cada cultura controla a violência. O sistema judicial assumiu o lugar do sagrado primitivo (representado pelo tabu e pelo ritual) ao tomar para si a violência vingadora. A justiça tem a última palavra na violência, punindo a transgressão da lei com tanta força que nenhuma resposta e nenhum surto de violência são possíveis.

Que a escritura secular e a sagrada tenham convergido para Frye e para Girard foi claramente uma profunda experiência emocional e intelectual; mas, em si mesma, esse sentido de convergência não é especial. Os autores europeus praticamente não escreveram sobre outra coisa.

Ainda que outro tipo de livro fosse necessário para explorá-lo, esse sentido particularmente moderno de convergência é pós-antropológico: os relatórios de campo e também as obras de síntese deram aos autores do fim do século XIX e do começo do século XX tentadores paralelos entre as culturas primitivas do mundo, servidos em meio às suas próprias. Se James Frazer confiava que a sociedade moderna tinha ultrapassado os bodes expiatórios, ultrapassado esse comportamento infantil de transferir a culpa para as costas dos outros, assim como se entrega uma bagagem ao ajudante da estação ferroviária, os autores modernos estavam mais interessados na continuidade essencial das tradições entrelaçadas da violência e da paz delineadas no mito e no ritual.

Podemos ressaltar o interesse deles nesses paralelos entre os mitos antigos e a conduta moderna colocando questões provocadoras, a que responderemos no devido momento. Por que Ibsen encena a crise social na forma imemorial de gêmeos inimigos que lutam para refundar a comunidade? Por que Joyce faz que seu herói Stephen Dedalus siga os passos da Paixão? Quem ele pensa que é?

Assim como René Girard, os autores modernos são fascinados pelos mitos e pelos rituais primitivos. Assim como Girard e como Frye, Henrik Ibsen, James Joyce e Virginia Woolf (para ficar apenas com os autores discutidos neste livro)[3] tornaram-se antropólogos no início de suas carreiras de escritores por estarem impressionados com os padrões recorrentes (até banais) do conflito humano primitivo que se podia enxergar na cultura moderna. Exatamente como Girard evita postular um inconsciente coletivo ou uma migração tribal a fim de explicar semelhanças em rituais e em tabus na cultura humana, primitiva e moderna, temos de evitar associar as semelhanças entre esses autores à influência de uma única teoria ou de um único texto antropológico preexistente.[4] As obras de Ibsen, de Joyce e de Woolf se assemelham entre si porque são provocadas por sinais localmente recorrentes de uma crise sacrificial, de um surto de violência mimética que não pode ser resolvido pela atribuição da culpa a um terceiro.

---

[3] Ver também William Johnsen, "The Treacherous Years of Postmodern Poetry in English", "Textual/Sexual Politics in 'Leda and the Swan'", "The Moment of *The American* in l'Écriture Judéo-Chrétienne" e "Madame Bovary: Romanticism, Modernism and Bourgeois Style".

[4] O exemplo mais impressionante de atribuição a uma única fonte (Hegel) do interesse moderno pelo primitivo permanece em Brian Johnston, *The Ibsen Cycle*.

No período moderno, vemos que o mecanismo genético da origem do ritual primitivo delineado por Girard começa a funcionar em todos os lugares em que o sistema judicial é inoperante ou ineficaz, onde ele não "vale": nas interações privadas, domésticas ou sociais que beiram a conduta ilegal e nas relações globais, em que não há um sistema judicial transcendente que tenha a última palavra (e o lugar vazio está sendo esquentado pelas Nações Unidas). O mecanismo gerativo não consegue mais produzir paz por meio de uma polarização completa em torno de uma única vítima porque ou esbarra no sistema judicial ou provoca sua ação; ou, o que é mais alarmante, fica paralisado, em crise, no meio do caminho, porque o mecanismo do bode expiatório é tão bem compreendido no período moderno que reconhecemos aquilo que Girard chama de "estereótipos" de perseguição, e ficamos do lado da vítima.

Até o período moderno, o sistema judicial (majoritariamente) nos impediu de ver aqueles que punem como vítimas (isto é, ficando do lado deles) e de forçar os outros a serem nossos bodes expiatórios. Mas, na modernidade, as coisas desabam. A identidade da modernidade como período está em sua apaixonada atenção às vítimas. Vamos passar algum tempo olhando com cuidado para essa paixão moderna pelas vítimas. Ainda que Girard tenha dito repetidas vezes que aquilo que redime nossa era é a ideia única e revolucionária de que as vítimas têm direitos, esse interesse peculiarmente moderno pelas vítimas não é inexoravelmente moral. Muitas vezes uma curiosidade intelectual descobre que o sinal mais revelador de qualquer sistema social em crise são suas vítimas. Tirando uma ética positiva e talvez uma preocupação intelectual neutra, essa preocupação com as vítimas também pode degringolar na perversa crença de que o próprio *status* de vítima assegura uma superioridade de ser em comparação com aqueles a quem acusa de perseguição. Assim, os autores modernos levam em conta não apenas o notável ressurgimento do sacrifício como eixo da comunidade, mas a curiosa disposição de suas vítimas de abraçar o autossacrifício.

O problema sempre foi a violência e os mecanismos mais ou menos ocultos e instáveis com que a violência coletiva freia a violência. Esses autores entendem a única maneira de obter a paz no período moderno, em que o poder de destruir não tem limites: uma recusa unilateral e certamente perigosa de praticar a violência, uma percepção que merece ser designada "milenarista" não por causa dos números, mas por causa de sua compreensão abrangente da crise da modernidade: faça a paz ou morra. *Violência e Modernismo: Ibsen, Joyce e Woolf* pretende dialogar com áreas importantes: a história literária como um todo, a pesquisa e o estudo dos autores modernos canônicos, a teoria e a interseção de tradições religiosas e culturais. Para ser mais preciso, meu livro contribui para a periodização da modernidade, para a clarificação do trabalho teórico específico de três autores individuais modernos que são essenciais para qualquer teoria da literatura moderna e para a reforma dos costumes da teoria crítica recente, que usa esses autores para corroborar, mas nunca para ampliar, o que essa teoria já conhece. Por fim, quero contribuir para o novo campo de pesquisas compartilhado pelos estudos literários, pela antropologia, pelos estudos da religião e pela psicologia.

Meu argumento, em suma, é que as discussões da literatura moderna raramente foram tão críticas de si mesmas quanto os próprios autores modernos no que diz respeito ao dúbio valor da modernidade em si mesma, presumido nas explicações padronizadas do modernismo literário; o procedimento crítico mais comum é afirmar que um modernismo já estabelecido está obsoleto, favorecendo um modernismo (ou pós-modernismo) novo e rival.

Os autores canônicos que servem de exemplos da modernidade, porém, parecem que tem precisamente a autoconsciência da cumplicidade mimética entre movimentos literários sucessivos e entre a modernização literária e social necessária para redefinir o modernismo como tradição positiva, com um entendimento positivo do papel da violência e do conflito imitativo no comportamento humano. Esses modernos servem de contradição para a compulsão sacrificial da cultura ocidental de "modernizar", isto é, de atribuir valor a qualquer coisa que consiga *forçar* o passado a passar por obsoleto. Esses autores são companheiros teóricos necessários das suposições de Frey e de Girard de uma tradição de escrita judaico-cristã: de seu desenvolvimento e de seu objetivo de uma sociedade pacífica a que se chega por meios pacíficos.

Desde seu início como leitor de ficção europeia oitocentista, Girard desenvolveu suas intuições do comportamento mimético até que se tornassem uma teoria geral do sacrifício e da religião, bem como da origem de todas as formas sociais como rituais de unanimidade violenta. Meu primeiro capítulo oferece uma "mimeticização" dos conceitos centrais de Frye de identificação, de mito e de modo, que subjazem à teoria global de Frye da história literária (a teoria global que contém sua teoria implícita da literatura moderna). Isso leva a uma reescritura da relação da literatura moderna com a literatura como um todo e permite que eu coordene as ideias mais fecundas de Frye a respeito da literatura como um todo com a "hipótese mimética", o termo simplificado que Girard usa para conectar seus primeiros trabalhos a respeito do desejo mimético ou triangular na sociedade moderna com seu trabalho posterior a respeito da origem de todas as formas culturais em rituais de bode expiatório. Se Frye e Girard estão certos quanto à cultura moderna, que aparência teria a literatura moderna, se os autores modernos forem tomados como seus companheiros teóricos?

Trabalho com *Rei Lear*, de Shakespeare (uma peça que tem autoconsciência de sua modernidade primitiva), do período que aprendemos a chamar de modernismo primitivo, e *1984*, de George Orwell, um romance *terminalmente* pós-moderno, para estabelecer as margens da discussão da reciprocidade negativa e da positiva, da paz e da violência no período moderno. Os personagens de Shakespeare são pré-cristãos; eles vêm antes da revelação das origens violentas. Eles não têm como saber o que fazem e só conseguem antecipar figurativamente o conhecimento moderno. A Oceania de Orwell sabe exatamente o que está fazendo quando sequestra o conhecimento que Girard chama de "*le souci des victimes*" (a preocupação com as vítimas): como demonstrarei, ela organiza "de modo hipócrita" o ressentimento e o ódio a fim de unificar a comunidade na oposição, na medida em que aniquila qualquer linguagem crítica que possa incluir termos reveladores como perseguição e racismo e, assim, sabotar a unanimidade violenta.

O primeiro capítulo instala o princípio metodológico de verificar teoria ambiciosa com leitura cuidadosa. Leituras mais detidas nos capítulos subsequentes mostram que Henrik Ibsen, James Joyce e Virginia Woolf preparam, cada qual em sua língua e em seu contexto, a redefinição da modernidade, afastando-a da rivalidade mimética e da violência e aproximando-a de uma tradição de identidade e de reciprocidade pacíficas.

Geralmente se entende que o modernismo de Ibsen começou com sua série de peças em prosa. Estabeleço minha leitura da primeira peça em prosa de Ibsen sobre a palavrinha *skyld*, que se desenvolveu mais ou menos como *sake* em inglês,[5] partindo de uma conotação jurídica específica de responsabilidade estrita por uma infração para chegar numa quase invisibilidade domesticada e generalizada no uso moderno. Ibsen explora as consequências dessa palavra para esclarecer as contradições da sociedade moderna. Proponho que, a partir de *Pillars of Society* [Os Pilares da Sociedade], os personagens nas peças de Ibsen demonstrem coletivamente a futilidade e a hipocrisia do sacrifício comunitário moderno (normalmente arranjado pela mídia e nela encenado), sobretudo o autossacrifício, para o *sake* dos outros.

No capítulo seguinte, examino *Enemy of the People* [Um Inimigo do Povo], que explora incansavelmente as

---

[5] A palavra inglesa *sake* costuma aparecer em expressões como *for your sake* ou *for the sake of something*, respectivamente, "por causa de você" ou "em nome de alguma coisa". É uma palavra que não pode ser traduzida fora de um contexto. Traduzindo o finalzinho do parágrafo sem a ênfase explícita que o autor quer dar à palavra inglesa, teríamos: "por causa dos outros". (N. T.)

consequências da peça anterior, sobretudo o interesse de Ibsen na dinâmica das multidões modernas "mobilizadas" pela mídia. Ibsen representa a turbulência da sociedade moderna mostrando como um amigo do povo "de um dia para o outro" se torna seu inimigo, bem como o processo de exaltar e de denegrir líderes no período moderno tornou-se interminável e aparentemente insolúvel.

Dois capítulos sobre James Joyce permitem que eu explicite um contexto cultural específico de sacrifício comunal e de autossacrifício, de história e de modernização. Reviso leituras correntes de Joyce, sugerindo que ele descobriu que a nação que ele chamava de "o país mais católico da Europa" tinha tomado a Paixão por um rito primitivo (em vez de enxergar na Paixão uma crítica ao rito primitivo), sacrificando a si mesma por meio de seus líderes, exigindo que seus cidadãos comam-nos. A queda de Parnell é o exemplo que Joyce deu a vida inteira da prática irlandesa de criar bodes expiatórios. A obra de Joyce junta-se à de Frye e à de Girard nessa descoberta do mecanismo do bode expiatório, e na proposta de uma versão pós-sacrificial do líder moderno, na figura de Stephen Dedalus, que se recusa a sacrificar-se por sua comunidade, escolhendo antes viver do que morrer pelo país.

Meu capítulo sobre Virginia Woolf redefine o feminismo como modernismo. Woolf começa sua obra estendendo e refinando a análise feminista de uma cultura patriarcal que fez que uma consciência como a dela parecesse impossível, mas ela começou a considerar também o incrível de que sua existência era prova irrefutável de que ela era possível (ainda que quase não permissível). Seu projeto, notável e único, tornou-se pesquisar aqueles elementos ocultos de uma cultura claramente patriarcal, que lhe serviu de "pai" e de mãe, e como esses elementos podem ser redefinidos e realocados numa tradição pós-patriarcal e pós-matriarcal libertada da infindável recriminação mútua entre os gêneros.

Ibsen, Joyce e Woolf combinam a instigante ambição de sua força analítica com a única nota de paz que hoje é possível em um mundo desprovido de mecanismos violentos para a obtenção da reconciliação às custas de um terceiro. Eis a modesta nota moderna de urgência pacífica tão bem capturada por esses exemplos modernos, em Frye e no final de *Le Bouc Émissaire* [*O Bode Expiatório*]: "Chegou a hora de perdoarmo-nos uns aos outros. Se esperarmos mais, não haverá mais tempo" (p. 212).[6]

Gostaria de agradecer ao American Council of Learned Societies e ao National Endowment of the Humanities por bolsas de viagem que me permitiram visitar arquivos de pesquisa em Londres e em Dublin; ao College of Arts and Letters, ao International Studies and Programs e ao Center for European Studies da Michigan State University por financiar viagens em que pude apresentar versões primevas desta obra em Paris, em Antuérpia e em Bergen; e ao Departamento de Letras da Michigan State University, por licenças prolongadas e por outros apoios, incluindo viagens, durante os períodos em que Victor Paananen, Philip McGuire e Patrick O'Donnell foram seus diretores.

---

[6] A referência é à edição em língua inglesa, *The Scapegoat*. Baltimore, The Johns Hopkins University Press, 1989; ver referências bibliográficas. (N. T.)

Aprecio a permissão dada pela University of Illinois Press, por Rodopi e por *Contagion* (a revista do Colloquium on Violence and Religion – COV&R) para reproduzir artigos que foram ampliados para este livro. Como editores, os professores Joseph Natoli, Mary Power e Andrew McKenna proporcionaram-me leituras cuidadosas e conselhos úteis. Inúmeros estudiosos que, como eu, leram René Girard beneficiaram-se do aconselhamento e do apoio de Andrew.

Os dois leitores do manuscrito na University Press of Florida deram-me conselhos acurados e preciosos para melhorá-lo. Amy Gorelick, editora, agiu com energia e cuidado em todo o processo. Jacqueline Kinghorn Brown, editora de projetos, foi maravilhosamente eficiente e prestativa, e Eivind Allan Boe fez um trabalho notável como copidesque.

Agradeço a meus companheiros joyceanos Bill McCormack, Alistair Stead e Tim Webb pela amizade transatlântica e pelo incentivo, que começou na Leeds University anos atrás.

Desde 1995, o COV&R organiza minha vida intelectual. A contínua presença de René Girard e de Raymund Schwager nos congressos anuais nos inspira. Toda vez que escrevo, espero pela resposta do grupo: Sandy Goodhart (um amigo desde que comecei a ler Girard), Wolfgang Palaver e muitos outros.

Quero agradecer a dois amigos e colegas da Michigan State University por apresentar-me a Girard e a sua obra há muito tempo: os professores Michael Koppisch e A. C. Goodson. É também um prazer agradecer ao próprio professor Girard por diversas gentilezas. Escrevi este livro por gratidão à sua obra.

Minhas filhas esperaram muito tempo por este livro. Agradeço a Amanda, que nunca parou de perguntar (bendita seja); por Alyssa, que guardou suas opiniões.

Para Lenna e para Arnold, meus filhos ainda em casa, obrigado. Para a mãe deles, minha esposa e companheira, meu amor, obrigado.

capítulo 1
o mito, o ritual e a literatura moderna após Girard

O sonho oitocentista de que o método comparativo proporcionaria uma hipótese global ou total para todos os campos de pesquisa, que teve tanto sucesso nas ciências naturais, na economia e na linguística, que serviu de apoio a analogias instigantes, mas instáveis, derivava das análises estruturais do mito, do ritual e da literatura. A derivação cronológica do mito a partir do ritual, ou do ritual a partir do mito, e da literatura a partir do mito e do ritual, derivação realizada, sobretudo, pelos ritualistas de Cambridge (Frazer, Harrison, Murray, Cornford)[1] e nas especulações antropológicas de Freud, foi prudentemente reduzida a uma derivação meramente *lógica* na década de 1950.

Quais foram os grandes nomes da metade do século que realizaram essa prudente redução? Lévi-Strauss escolheu a linguística sincrônica, que descartara a questão da origem da linguagem por considerá-la irrespondível, como

---

[1] Ver James Frazer, *The Golden Bough*. Para essa discussão, *The Scapegoat* (1913) é pertinentíssimo. Para Jane Harrison, ver *Prolegomena to the Study of Greek Religion*. A segunda edição traz ensaios de Gilbert Murray e de F. M. Cornford.

modelo para a antropologia estrutural.² O primeiro fruto dessa retirada estratégica para a linguística estrutural, em que a linguagem é um sistema de puras diferenças sem termos positivos, em que o poder referente da linguagem é um assunto que não se deve investigar, foi seu trabalho inovador nas estruturas elementares do parentesco.³ Nos anos 1960, Lévi-Strauss fecharia a porta para as ambiciosas tentativas de antropólogos anteriores (e quaisquer antropólogos futuros) de explicar o sentido da recorrência do totemismo como prática simbólica nas culturas primitivas.⁴ Os totens são meros signos, na linguagem local, de diferenças puras e vazias, que distinguem entre clãs, não entre suas características ou identidades individuais.

Os intrigantes paralelos entre as fases iniciais da infância e as fases iniciais da cultura primitiva foram simplesmente esquematizados em benefício de uma explicação genética convincente das origens. Erich Neumann tomou emprestado o termo "datação sequencial" (o ordenamento das fases de desenvolvimento nas circunstâncias em que é impossível datar qualquer uma delas) do arqueólogo Flinders Petrie para eliminar o anacronismo do desenvolvimento paralelo, na psicologia profunda, de indivíduo e consciência cultural.⁵

Para Northrop Frye, os arquétipos universalmente recorrentes tornaram-se tijolos meta-históricos da literatura

---

² Ver "The Structural Study of Myth", em *Structural Anthropology*.
³ *Les Structures Élémentaires de la Parenté*.
⁴ *Le Totémisme Aujourd'Hui*, traduzido, com redução sintomática, apenas como *Totemism*, por Rodney Needham (Boston, Beacon Press, 1963).
⁵ Ver *The Origins and History of Consciousness* e *The Great Mother*.

como um todo. O que ficou como autoridade transcultural (em Frye e também em outros criadores de sistemas) para esses arquétipos, sequências e estruturas universalmente recorrentes foi apenas um apelo a uma estrutura mental universalmente comum. O termo opositivo de Edward Said para o estruturalismo (em sua resenha de *O Pensamento Selvagem*, de Lévi-Strauss) foi "totalitarismo do pensamento".[6] Seguiram-se homologias dos princípios estruturadores comuns da imaginação humana de todo tempo e lugar. Mas a estrutura mesma, enquanto chave de toda explicação, não podia ser explicada.

René Girard decidiu conscientemente seguir as consequências dessa tradição comparativa de pesquisa abortada pelo estruturalismo. Começando no campo do mito, do ritual e da literatura, Girard não quer nada menos do que realizar o sonho de uma hipótese que, em última instância, dê conta da geração das formas culturais. Um futuro para o estudo sistemático da literatura possibilitado por Girard torna-se a compreensão da relação entre a modernidade e o mito, o ritual e a literatura como um todo. Girard particularmente nos liberta da ideia simplista do neoprimitivismo moderno como retorno atávico às origens.

Este capítulo irá "na esteira de Girard" de duas maneiras relacionadas: "de acordo" com sua hipótese e também estimando aquilo que "se segue" de sua força explicativa, sobretudo com o fim de teorizar a relação entre o modernismo e a violência. Deixo o anseio contencioso de "ir atrás" de Girard aos cativos do mito contemporâneo de

---

[6] Ver Edward Said, "The Totalitarianism of the Mind".

que ser crítico nas ciências humanas significa descartar sem maiores considerações quaisquer hipóteses que afirmem ser comparativamente superiores a outras hipóteses.

O trabalho inicial de Girard comparava romances que compartilhavam o grandioso momento do comparativismo, que culminou no final do século XIX. Na brilhante leitura de Girard, Cervantes, Stendhal, Dostoiévski e Proust propuseram e confirmaram um modelo comum para o desejo humano, que seria mediado pelos desejos alheios. É mais provável que os leitores de autores franceses de hoje, em vez de estarem obcecados com a defesa de Sartre da singularidade e da autonomia do eu, que se tornou o traço distintivo da cultura intelectual francesa e europeia após a guerra, simplesmente a ignorem; a insistência de Girard em reconhecer todas as maneiras como as práticas do desejo, sobretudo nas sociedades avançadas, desnudam a mentira da autonomia do eu solitário, recuperando a oportunidade de compreender comportamentos aparentemente obsessivos ou absurdos como extensões do comportamento comum. Naturalmente, Girard admitiu a existência de desejo não mediado em seus textos. Qualquer pessoa que tenha certeza de ter refutado a hipótese mimética por oferecer um exemplo de desejo puro deveria ficar de castigo.

Mensonge Romantique et Vérité Romanesque, traduzido para o inglês como *Deceit, Desire and the Novel* (1965),[7]

---

[7] René Girard, *Mensonge Romantique et Vérité Romanesque* [publicado no Brasil como *Mentira Romântica e Verdade Romanesca*. Trad. Lília Ledon da Silva. São Paulo, Editora É, 2009]; *Deceit, Desire and the Novel* acrescenta alguns parágrafos no início que se valem de linguajar estruturalista. Mas veja-se

baseia-se naquele limiar histórico que se encontra por toda a obra de Girard. O homem outrora reconhecia sua incompletude, curvando-se aos seres superiores dos deuses, dos reis, ou da nobreza. A imitação consistia em devidamente seguir seu exemplo, sem quaisquer pretensões de igualdade. Quando o iluminismo racionalizou a divindade para o homem, deixou de haver desculpas para qualquer deficiência da autonomia humana.

Contudo, os textos ficcionais mostram que a promessa de autonomia não se realiza nos textos isolados; a fim de mascarar essa vergonha secreta, todos fingem ser dotados da suficiência de que carecem individualmente. Cada qual tem de copiar a aparente originalidade dos outros, sem denunciar a si próprio como grosseiro imitador. Essa imitação entre "iguais" só pode levar à rivalidade: o discípulo procura qualquer objeto que o modelo indique ser desejável, como se esta fosse a suposta origem da autonomia do modelo.

Nos primeiros estágios, o modelo pode negar toda coqueteria e o discípulo pode negar toda rivalidade; mas nos estágios posteriores da "transcendência desviada", o discípulo não mais encontrará a divindade (a promessa da pura autonomia) nos objetos mesmos, mas só naqueles modelos que o rejeitam. O desejo moderno é metafísico, é uma luta por objetivos cada vez mais distantes e intangíveis. No pensamento de Girard, o sadismo e o

seu comentário na introdução, *To Double Business Bound* (p. xiv), sobre aquilo que Kenneth Burke denominou *"terministic traces"* (rastros terminológicos) na escrita de um autor; esses rastros são indícios da leitura do autor e da plateia a quem ele se dirige, não necessariamente seus objetivos finais.

narcisismo não são instintos autônomos, mas estratégias relacionadas de desejo, que podem ser compreendidas como intensificações do desejo "comum" (o desejo mimético). O sadismo e o masoquismo tornam-se as máscaras decisivamente modernas da autonomia, a expressão de ser desejado ao mesmo tempo que não se carece de nada, rejeitando tudo.

Uma revolução assim profunda no modo de compreender o desejo só poderia evoluir para uma teoria da consciência e do inconsciente, dos instintos e de sua repressão. Além disso, a hipótese mimética levou Girard a propor uma revisão radical, dentro das ciências humanas, das teorias dos interditos, e então do ritual, e então do mito, e então, por fim, da cultura mesma, do próprio processo de hominização. Se o desejo depende de um modelo que lhe dê instruções, então a repressão e o interdito de desejos não podem ser entendidos como um freio aos impulsos instintivos, ou como a transformação em tabu de objetos desejáveis indicados pelos instintos.

Se o desejo é imitativo, então o interdito e o tabu são freios à própria imitação – em particular, um freio à mímesis de apropriação, mas, de modo mais geral, a toda intersubjetividade. O ritual religioso não pode mais ser (tanto para crentes como para céticos) o mero exorcismo "simbólico" ou imaginário das agências espirituais ou instintivas, uma forma primitiva de inoculação metafórica contra invasões microbianas e macrobianas. Na verdade, há a revelação de que o ritual religioso é um redirecionamento eficaz, ainda que mal compreendido, da imitação, que é afastada de condutas potencialmente catastróficas.

O método de Girard foi apropriadamente comparativo e iniciado com materiais oitocentistas, mas distinto pela seriedade que atribui ao trabalho literário e intelectual (científico, em última análise). Girard começou a desenvolver a hipótese mimética a partir do estudo comparativo da ficção europeia oitocentista, que propõe duas tradições rivais para o romance: a *romântica*, que reflete a mediação do desejo sem compreendê-la, e a *romanesca*, que a revela. As primeiras obras românticas de Stendhal, de Proust e de Dostoiévski descobrem, primeiro nos outros, depois em si mesmas, as pretensões do desejo romântico (autônomo). Esse reconhecimento permite que esses autores passem por uma fase final, romanesca, tanto individual quanto coletivamente, que revela a verdade do desejo.

Como foi que o livro seguinte de Girard, *La Violence et le Sacré* (1972),[8] valeu-se do potencial científico de sua análise comparativa centrada na tradição romanesca? A verdade da tradição romanesca é que o desejo mediado entre iguais (a mediação interna) leva quase inevitavelmente à rivalidade e ao conflito. O conflito dá a Girard a constante força necessária para uma comparação efetiva entre as culturas. Girard propõe a *violência* como constante intra e transcultural, que possibilita um estudo comparativo de todas as formas culturais. Nada se assemelha mais a uma pessoa violenta do que outra, de dentro ou de fora da cultura, e nada consolida melhor essa semelhança do que seu conflito mútuo. Mas,

---

[8] Girard, *La Violence et le Sacré* e *Violence and the Sacred* [*A Violência e o Sagrado*. Trad. Martha Gambini. São Paulo, Paz e Terra, 1990].

se aprendermos, seguindo Girard, a associar a violência com o apagamento das diferenças, o que fazemos com nosso pressuposto iluminista moderno de que são as diferenças e não as semelhanças que geram conflitos?

De modo brilhante, Girard voltou esse pressuposto de igualdade pacífica contra si próprio para efetivamente indagar: qual poderosa instituição moderna poderia cultivar um pressuposto tão diferente do horror primitivo do mesmo? A discrepância entre as ideias sobre a diferença primitiva e a moderna leva a uma distinção significativa entre a cultura primitiva e a moderna, baseada em suas proporções de procedimentos preventivos ou curativos voltados para a expulsão da violência da comunidade.

Após alguns parágrafos extremamente sugestivos a respeito da maior eficácia do sistema judicial moderno para a encarnação da vingança divina, perante a qual todos são iguais, Girard voltou-se para o mundo primitivo, de procedimentos preventivos. Essas sugestões e outros comentários espalhados por *A Violência e o Sagrado*, tão repletos da possibilidade de teorizar a modernidade, permaneceram um tanto ensaísticos em seu formato, adiados, talvez para sempre, em nome do trabalho de Girard sobre a Bíblia e sobre Shakespeare. O retorno ao mito e ao ritual moderno ocorreu, principalmente, às margens, sobretudo de suas leituras de Freud.[9]

---

[9] Ver Girard, "Interdividual Psychology". *Things Hidden since the Foundation of the World*, p. 283-431 ["Psicologia Interdividual". *Coisas Ocultas desde a Fundação do Mundo*. Trad. Martha Gambini. São Paulo, Paz e Terra, 2004, p. 333-485], mas também *Job: the Victim of his People*, p. 111-23.

Nosso itinerário aqui consistirá em resumir a hipótese de Girard para a mímesis cultural enquanto chave para o mito e para o ritual primitivos, além de também compreender e consolidar a obra de outros grandes teóricos modernos. Depois observaremos sua percepção peculiar do papel da literatura (sobretudo da ficção romanesca, do drama grego e do elisabetano, bem como da tradição chamada por ele de *l'écriture judéo-chrétienne*) na *desconstrução* do mito e do ritual. À medida que avançarmos, relacionaremos a teoria de Girard a seus contemporâneos da metade do século, sobretudo Claude Lévi-Strauss, Walter Burkert, Jean-Pierre Vernant e Northrop Frye.[10] Por fim, começaremos a desenvolver o potencial futuro da teoria de Girard ("seguindo-se a Girard") para os mitos e para os rituais da cultura moderna, sobretudo em coordenação com a obra crítica mais forte e proeminente do final do século: a crítica de Edward Said dos mitos e dos ritos culturais do imperialismo.

Se a violência se espalha com tanta facilidade, o que impede que contagie a todos, tomando uma comunidade inteira e destruindo-a? Às vezes, nada (mais) funciona, como no caso da tribo caingangue, do Brasil; sua transplantação, que os privou de seu inimigo hereditário (o resto do mundo), deixou-os em tal estado de rixas internas sanguinárias que é certo que em uma geração

---

[10] Este livro assume a posição de que é preciso seguir a teoria mais abrangente da relação entre mito, ritual e literatura. Para uma abordagem alternativa, que mapeia todos os mitógrafos sem escolher entre eles, ver William Doty, *Mythography*. A escolha defendida neste livro não é quem (não) ler, mas como ler todos. Vale a pena ler *tudo* de Freud, Gernet, Lévi-Strauss, Frye, Vernant e Burke *novamente*, a partir da hipótese mimética.

eles estejam extintos. Em outras palavras, a sobrevivência de uma comunidade, ou até o próprio processo de hominização, só é sustentável na presença de alguma solução funcional para o contágio da violência espontânea. Todas as sociedades que sobreviveram, ou que sobreviveram o bastante para deixar algum registro ou rastro histórico, hão de ter contado com alguma resposta de eficácia variável para o problema da violência desagregadora.

Se a violência é uma constante, quais são as variáveis permissíveis que a contém de modo eficaz? O interdito e o ritual. Se invertermos a proliferação das teorias modernas dos complexos, das agências e dos arquétipos ou retornos atávicos psicológicos (extremamente semelhantes aos mitos primitivos que mostram os deuses como causas suficientes) em favor da hipótese mimética de Girard, o interdito e o ritual podem ser vistos como um freio à própria imitação. A apropriação, particularmente, é a forma maligna de mímesis, freada pelo ritual e pelo interdito: primeiro o pai, depois o filho, buscando o mesmo objeto, ora irresistível, por causa da indicação da rivalidade mútua. Com o rigor e a minúcia intelectuais que Lévi-Strauss nos ensinou a admirar, o interdito primitivo também transforma em tabu todos os indicativos de duplicação, por serem signos da violência incipiente: espelhos, representações, gêmeos.

Se Girard é um psicólogo mais econômico do que Freud, é também um antropólogo mais pé no chão do que Lévi-Strauss. Os rituais primitivos não matam gêmeos por razões de crise organizacional, por serem signos escandalosos de dois desajustados que competem pela posição estrutural reservada para um apenas. O raciocínio usado pelos adultos para matar crianças com certeza contém um equívoco abominável, mas dificilmente pode ser considerado trivial ou "filosófico". Para Girard, não se deve em última instância entender os primitivos como intelectuais protoestruturalistas; por trás das questões do estruturalismo há sempre a questão mais crucial de uma ordem social simultaneamente gerada e ameaçada pela violência entendida como divindade.[11]

Se os tabus proíbem a imitação para impedir a rivalidade violenta, o ritual legisla a respeito dos efeitos da imitação. O ritual funciona por meio da imitação do progresso da violência espontânea. Por ser fácil de imitar, a violência se espalha facilmente, ininterruptamente, até que se esgote com a paz que se segue à satisfação da violência. Na violência espontânea, todos são inimigos de todos; quando ela termina, um é inimigo de todos, e todos se decidem contra o último antagonista. O ritual reproduz a violência espontânea a fim de atingir seu *grand finale* de todos unidos contra um (o último).

O ritual legisla a respeito desse processo de substituição: a vítima ritual entra no lugar do inimigo de todos. Como a violência apaga as diferenças, um indivíduo pode servir de inimigo de todos, de duplo monstruoso de todos. A valência dupla do *pharmakós*, maculada em sua monstruosidade, mas sagrada em seu ofício, é *sacra*, sagrada. A hipótese mimética de Girard consolida e compreende as discussões de meados do século XX a respeito da ação simbólica que

---

[11] Para Girard sobre Lévi-Strauss, ver especialmente *Violence and the Sacred*, cap. 9. Na edição norte-americana, as p. 328-32 de *La Violence et le Sacré* foram cortadas daquilo que agora é o primeiro parágrafo da p. 240 de *Violence and the Sacred*. Ver também os caps. 8 e 9 de *To Double Business Bound*.

se encerram prematuramente em suas respostas circulares que falam de ambivalência, do caráter duplo da condição humana e da indecidibilidade enquanto última palavra a respeito da motivação e da conduta humanas.

Assim como Hubert e Mauss enxergavam o ritual, Freud enxergava o pai simultaneamente como uma origem potente e como uma explicação inexplicável de ordens contraditórias: "eu sou seu progenitor; eu sou seu inimigo". Girard analisa o pai freudiano dentro do contexto da tentativa teórica de Freud de reconciliar um modelo mimético do desejo com um modelo instintivo (*A Violência e o Sagrado*, cap. 7). No capítulo de *Massenpsychologie und Ich-Analyse* (1921) sobre identificação, Freud identificava o pai como modelo primário do filho, cujo lugar ele tomaria por toda parte ("an allen seinen Stellen treten").[12] Na vida mental do filho, segundo Freud, a identificação com o pai (mimética) e a catexia em relação à mãe (instintiva) desenvolvem-se lado a lado, até que ele veja o pai entre ele e a mãe. Estando seu caminho para o objeto bloqueado pelo pai, que o ajudara a identificar o objeto como algo desejável, sua identificação, agora ("jetzt"), assume uma coloração hostil; o filho também ("auch") tomaria aquele lugar ("ze ersetzen").

Girard questiona a brusquidão do *auch* de Freud: quer dizer então que o filho observou atentamente até aquele momento o tabu do incesto, que proibiria o conflito? Como explicar a categoria da mãe na vida mental do filho, entre os "por

---

[12] Freud, *Massenpsychologie und Ich-Analyse* e *The Standard Edition of the Complete Psychological Works of Sigmund Freud*, v. 19, p. 66.

toda a parte" do pai, que de outro modo seriam suficientemente compreensíveis por meio da mediação mimética que o pai opera em relação ao desejo mimético do filho?

Girard segue a discussão de Freud do complexo de Édipo até *Das Ich und das Es* (1923), em que um desejo primário pela mãe, originado no filho, agora impede o desenvolvimento "nebeneinander" à mediação do pai. Girard mostra que Freud preferiu uma teoria instintiva do desejo a uma teoria mimética. Além disso, como o pai não está mais preparando o caminho que posteriormente impedirá, ele (e/ou a cultura patriarcal em geral) fica absolvido de qualquer responsabilidade por escandalosamente conduzir o filho à rivalidade. Ele também fica absolvido da responsabilidade por sua própria "ambivalência": os instintos agora cumprem a função divina, determinando o destino de cada Édipo moderno.

É aqui que deve começar a coordenação da teoria feminista com Girard (veremos isso mais a fundo com Virginia Woolf, no capítulo 6), considerando a decisão profundamente sugestiva de Freud de culpar os instintos (isto é, o corpo, a própria natureza) pela lamentável ambivalência do pai em relação ao filho, e por considerar que culpar os instintos no patriarcado é a mesma coisa que culpar as mulheres.[13] Esse princípio de crítica do mito

---

[13] Sarah Kofman, "The Narcissistic Woman: Freud and Girard"; Toril Moi, "The Missing Mother: the Oedipal Rivalries of René Girard"; Mary Jabocus, "Is There a Woman in This Text?". É sacrificial a leitura de Girard nesses ensaios: ele é pessoalmente acusado de excluir as mulheres, em vez de receber o crédito por analisar um sistema que exclui as mulheres. Girard é acusado, bem como Freud, de ressentir-se da autossuficiência da mulher. Além disso, Kofman chega a dizer que Girard tem medo da genitália feminina, a que só se refere no alemão de Freud. Será que o patriarcado pode ser desmoralizado por meia

freudiano poderia dar prosseguimento à sugestão provocante (embora ensaística) de Girard a respeito da cultura primitiva de que a simbolização negativa no mito e no rito do sangue menstrual é uma resposta a "algum desejo não totalmente reprimido de culpar as mulheres por todas as formas de violência" (*Violence and the Sacred*, p. 36).[14]

A fim de delinear essa futura coordenação entre o feminismo e a teoria girardiana, que será mais claramente exposta

dúzia de mulheres ativistas, sobretudo, à espreita nos arbustos em torno do Lago Lagunita [lago artificial no *campus* da Stanford University, onde Girard era professor]? Um diálogo *verdadeiro* entre as teorias girardiana e feminista poderia tratar dos seguintes assuntos: (1) a teoria de Girard abrange a dinâmica patriarcal que exclui (sacraliza) as mulheres; (2) a teoria mimética nega tanto o "essencialismo" patriarcal quanto o matriarcal, tanto a autonomia do narcisismo quanto a coqueteria; (3) o compromisso de Girard com o potencial quase teórico dos textos literários pode questionar a ortodoxia emergente que diagnostica masoquismo na renúncia unilateral de Virginia Woolf da violência, da competição e até da raiva masculina. O livro *A Room of One's Own* (1929) [*Um Teto Todo Seu*. Trad. Vera Ribeiro. Rio de Janeiro, Nova Fronteira, 1985] insiste (de maneiras que acompanham Girard passo a passo) que a violência masculina é mimética, metafísica e contagiosa. Os homens dominam o mundo atribuindo a si duas vezes o ser da mulher. O ressentimento se alterna com a veneração (ver a discussão de Girard da *ciclotimia* em *A Violência e o Sagrado*), que pode incitar as mulheres a duplicar a "histeria" competitiva masculina, cerrando a possibilidade de enxergar as coisas de modo não violento, em si mesmas. Ver Adrienne Rich, "When We Dead Awaken: Writing as Revision"; Elaine Showalter, *A Literature of Their Own: British Women Novelists from Brontë to Lessing*; Jane Marcus, "Art and Anger". Apesar de desempenhar um papel importante no renascimento americano dos estudos de Woolf, esses ensaios somam-se à deprimente tradição de diagnosticadores que conhecem melhor do que a própria Woolf a causa e a cura de sua doença. Todos têm certeza de que não é natural sufocar a expressão da raiva feminina, mas talvez finalmente possamos testar a hipótese da própria Woolf (apoiada por Girard): que estar com raiva era como estar louco. Na biografia de Woolf escrita por Hermione Lee (1996), vemos a auspiciosa devolução da autoridade à própria Woolf.

[14] Para uma cuidadosa abordagem de Girard que segue a dívida reconhecida com Julia Kristeva, ver Martha Reineke, *Sacrificing Lives*, sobretudo p. 142-46.

quando falarmos de Woolf, acompanhemos a leitura que Girard faz de Freud, para prestar ainda mais atenção ao modo como Freud desenvolve sua teoria. Na *Massenpsychologie*, a identificação com o pai começa como uma disputa saudável, competitiva, íntima e ativa, que prepara o filho para assumir, quando chega a hora, suas prerrogativas de homem, simbolizadas no pai ("Dies Verhalten hat nichts mit einer passiven oder femininum Enstellung zum Vater [und zum Manne überhaput] zu tun, es ist viehlmehr exquisit männlich"). Contudo, assim que o pai passa a ser visto como obstáculo no caminho que leva à mãe – ou assim que a mãe recusa as "investidas" do filho em nome das prerrogativas de algum macho adulto (supostamente) ausente, que pode existir ou não existir – então a identificação com o pai torna-se idêntica ao desejo ("wird identisch mit dem Wunsch") de "tomar" ("zu ersetzen"), não de assumir ou de herdar por fim o lugar do pai. Vemos que o linguajar da identificação com o pai agora dá voz à rivalidade violenta, com o filho querendo competir com o pai-obstáculo diretamente, pelo *mesmo* lugar.

No capítulo de *Das Ich und das Es* a respeito do "Über-Ich", Freud refere sua discussão anterior em *Massenpsychologie*. Ainda que ele repita o que falou sobre a identificação com o pai assumir uma coloração hostil, ele não a considera mais similar a uma identificação com o pai *agora* exercida de modo imprudente (isto é, de modo ameaçador) em um lugar proibido. Antes, a intensificação do desejo sexual pela mãe *antecede* o reconhecimento do pai como obstáculo ("ein Hindernis", p. 37). A identificação com o pai transforma-se numa rivalidade violenta que antes não existia, "um desejo de livrar-se do pai para tomar seu lugar com a mãe" ("wendet sich zum Wunsch, den Vater zu beiseitigen, um ihn bei der Mutter zu ersetzen"). A lógica universal por trás da proibição universal do incesto, por conseguinte, identifica as mulheres *de todas as sociedades humanas* como a fonte de violência que deve ser regulada e isolada. Assim como a violência, elas são sagradas (*Violence and the Sacred*, p. 219-20).

Quando percorremos a história habitual do desenvolvimento da substituição sacrificial, considerando sua forma mais popular, elaborada por Robert Graves,[15] de volta até suas origens (os substitutos animais totêmicos para o *pharmakós*, que entra no lugar do *tyrannos*, que por sua vez fora sacrificado para a rainha), temos de pensar além do término prematuro dessa sequência de substituições na figura cultual da *magna mater* tão cara ao romantismo da psicologia, da antropologia e do feminismo do começo do século XX. A ambivalência sagrada da grande mãe, mapeada de modo definitivo como princípio estrutural do inconsciente coletivo na obra de Neumann,[16] talvez derive, assim como a ambivalência do rei, de um papel anterior como vítima sacrificial. Talvez essas figuras femininas de culto até signifiquem que as mulheres foram as primeiras vítimas sacrificiais.

Neste momento devemos sair da sutil mas interminável desconstrução de outras teorias, o que, como sugere Edward

---

[15] Ver Robert Graves, *Greek Myths*.
[16] Ver, sobretudo, Erich Neumann, *The Origins and History of Consciousness* e *The Great Mother*. Neumann explica a ambivalência sagrada do feminino como "inversão dinâmica", o ponto em que um arquétipo feminino "bom" mercurialmente se volta contra a consciência (sempre masculina). Isto é, no esquema de Neumann, os arquétipos do feminino são graduados em função de como servem os homens ou resistem a eles.

Said,[17] facilmente confunde a capacidade de fazer a crítica da mitologia cultural com a faculdade de contestar sua influência valendo-se de uma alternativa. Girard não é um mero desconstrucionista, levando-nos à futilidade de todo pensamento. Longe disso. Girard lê a teoria freudiana para recuperar a hipótese mimética descartada por Freud em prol de uma teoria dos instintos, a fim de recolocar a rivalidade violenta no domínio da propagação cultural e não da natural, dentro do domínio da pedagogia, não do instinto, e em nome da reciprocidade social, não da repressão social.

Assim, como a leitura mimética de Girard da identificação com o pai difere da de Freud? Primeiro, o filho que segue as indicações familiares e culturais do pai, visto como o modelo adequado, é o último a aprender que imitação é rivalidade e que a identificação com o pai é apropriativa e parricida. Se "esse" lugar (a mãe) é proibido, o filho só pode presumir que a ambivalência do pai, sua mudança mercurial de atitude, que antes convidava à imitação pelo filho, é uma rejeição justificada pelo fracasso do filho; e o filho só pode concluir que esse fracasso foi mensurado perante um objeto particularmente desejável. Daí em diante a violência indicará o desejável, um obstáculo ("ein Hindernis") indicará o sinal mais seguro de uma nova oportunidade de recuperar o ser completo que anteriormente lhe fora recusado. As identificações subsequentes assumirão a coloração da ambivalente identificação com o pai.

As consequências dessa leitura abriram um futuro para a prática da psicanálise que a afasta de seus próprios mitos

---

[17] Ver Edward Said, *The World, the Text, and the Critic*, sobretudo o cap. 8.

e rituais, bem como da possibilidade de situar a prática psicanalítica num plano diacrônico.[18] Ao reconhecer a natureza convincente, ainda que também arbitrária, da distinção aplicada pela sociedade entre aqueles lugares em que a imitação é, de um lado, obrigatória e, de outro, proibida, o tratamento pode evitar o fetiche paralelo do ajuste e da perversão e abranger simultaneamente a *função* da proibição e a perspicácia daqueles pobres pacientes que não conseguem ficar cegos diante de sua natureza arbitrária (*Violence and the Sacred*, p. 172).

A ambivalência do pai como modelo e obstáculo primários, influenciando todas as identificações subsequentes, só pode ocorrer, como insiste Girard, numa cultura patriarcal em que o papel do pai se encontra enfraquecido, mas ainda não foi anulado (*Violence and the Sacred*, p. 188). Freud tentou gerar o tabu do incesto historicamente, ao afirmar, em *Totem e Tabu*, que, como nas tribos de Darwin o rei é pai de todos, são seus "filhos" que o matam por ciúme sexual, por causa de "suas" mulheres. Em remorso por esse assassinato, ou em "obediência retardada", os homens interditam o incesto a si mesmos e comprometem-se com a exogamia. É difícil não ver esse psicodrama de ciúme e de remorso como um devaneio. É impossível acreditar que esse único parricídio tenha influenciado todas as culturas.

A mimeticização da psicologia freudiana por Girard a despaternaliza, e a mimeticização da antropologia freudiana também a despaternaliza. O interdito impede a rivalidade:

---

[18] No trabalho de Jean-Michel Oughourlian, ver *Un Mime Nommé Désir*. Para uma perspectiva mais recente, ver o trabalho de Henri Grivois em "Adolescence, Indifferentiation, and the Onset of Psychosis".

em vez de um único assassinato de um único pai em algum lugar do planeta, Girard põe o rito, como mímesis da violência espontânea (que pode acontecer em qualquer lugar, a qualquer hora), preservando a intuição essencial de Freud da violência coletiva como origem do totem e do tabu.

Assim, a hipótese mimética explica a ambivalência do sagrado e também a ambivalência do pai (ou da mãe). O ritual prepara uma vítima sacrificável, fazendo que ela viole todos os tabus e se torne rival de todos. Todos se unem diante desse rival. Ele é o salvador e também o flagelo, porque foi marcado pelo sagrado com os recursos benéficos do próprio sacrifício. Esse temor pode facilmente transformar o inimigo após seu sacrifício no progenitor que permite seu próprio sacrifício, que cria as leis, que estabelece os interditos contra os maus atos (que são seus próprios atos anteriores) e que até demanda o sacrifício (daqueles de quem se exigiu que imitassem seus maus atos anteriores) a fim de obter a paz que só ele pode trazer.

Homo Necans, de Walter Burkert, que foi publicado no mesmo ano que *La Violence et le Sacré* (1972), é uma prodigiosa coletânea da literatura do mito e do ritual, que parte de uma hipótese em muitos aspectos semelhante à leitura girardiana de Freud.[19] Assim como Girard, Burkert está interessado em relacionar os estudos clássicos à antropologia e à psicologia. Ele sugere que a origem dos deuses está na proibição de algum ato anterior de violência coletiva, mas ele deriva a proibição do *psychologisme* dos

---

[19] Walter Burkert, *Homo Necans*; ver também *Structure and History in Greek Mythology and Ritual* e *Greek Religion*.

caçadores paleolíticos, que se arrependem do assassinato do animal que caçaram, porque se identificam tardiamente com a vítima. Em reação, lançam um interdito sobre o animal; por fim, essa diferença acaba sendo aceita por todos, institucionalizada, sagrada.

O ponto fraco nessa análise é a dinâmica que o pensamento de Burkert compartilha com Freud em *Totem e Tabu*: a culpa ou remorso pela morte agora vista como assassinato energiza um sistema universalmente recorrente de proibições. Como poderia um momento de remorso em uma única tribo (mesmo que se deixe de lado por ora o problema da origem do momento de remorso) estender-se por toda a cultura humana e manter sobre ela sua influência?

A hipótese mimética de Girard tem maior valor *científico*, por explicar o ritual das sociedades caçadoras, mas se presta igualmente bem a explicar as sociedades agrícolas. Um ser que dá um passo atrás na reclamação de um objeto – por causa de outro ser ou por causa do desejo de outro – já reconheceu e limitou a perigosa força da mímesis de apropriação. Os caçadores que circundam sua presa representam um para o outro, e reforçam mimeticamente, a relutância de todos em lançar primeiro a mão (que levaria a que outras mãos se lançassem), em ficar perto demais de estar do outro lado, com a vítima. Os interditos e os rituais legislam essa prudência sob a forma de protocolos que asseguram a paz, garantindo que ninguém mais se misture à diferença sagrada da vítima.[20]

---

[20] Ver os trabalhos de uma conferência de 1983, em que René Girard e Walter Burkert participaram, em Robert Hamerton-Kelly (org.), *Violent Origins*. Para a primeira mimeticização da hipótese de caça de Burkert, ver Andrew

Ao mostrar a persistente influência da violência ritual arcaica sobre as formas culturais da Atenas democrática, Louis Gernet ofereceu o estudo histórico necessário para avaliar a profusão especulativa dos ritualistas de Cambridge, que viram o sacrifício ritual por trás de todo rei e de toda tragédia. Jean-Pierre Vernant, Pierre Vidal-Naquet e Marcel Detiene deram prosseguimento a Gernet estruturalizando a observação de como o desregramento virava regra no ritual (assim como na literatura) na forma de uma regulação da natureza ambígua do homem: Édipo é *Everyman, homo duplex, tyrannos-pharmakós*.[21]

Vernant aplicou a hipótese estruturalista da oposição binária que constituiria todas as formas simbólicas à persistente observação de que Édipo desempenha todos os papéis: pai-irmão, filho-amante, salvador-flagelo. Desempenhar todos os papéis é, de todo modo, desempenhá-los segundo as rígidas regras da estruturação: o rei tem de, em última instância, passar ao papel invertido de *anathema*. Mas qual a resposta à própria oposição binária enquanto hipótese? A mente? Como pode esse *tyrannos* servir simultaneamente de tirano e de rei; como pode esse *pharmakós* ser simultaneamente a cura e o flagelo da cidade?[22] Até certo ponto,

---

McKenna, "Introduction", p. 5-6. O ensaio de McKenna oferece um modo eficaz de conectar o modelo girardiano ao trabalho de Eric Gans. Ver o modelo alternativo de Gans da hipótese mimética, começando com *The Origin of Language: a Formal Theory of Representation*, 1981 e *Originary Thinking: Elements of Generative Anthropology*, 1993.

[21] Ver Louis Gernet, *The Anthropology of Ancient Greece*; Vernant e Vidal-Naquet, *Mythe et Tragédie en Grèce Ancienne*; *Mythe et Tragédie en Grèce Ancienne*. v. 2; Detienne e Vernant, *Les Ruses de L'Intelligence*.

[22] Ver Vernant, "Ambiguité et Renversement", em *Mythe et Tragédie en Grèce Ancienne*, de Vernant e Vidal-Naquet (1972), p. 101-31.

a reformulação que Girard faz do estruturalismo é paralelo ao pensamento desconstrucionista. Essas ordens nunca podem ser neutras, filosóficas. As oposições são privilegiadas, interessadas, mundanas; elas fazem uma diferença em nome de alguém.

Quem se beneficia de cada papel desempenhado por Édipo? A oposição que se deve observar não é a de flagelo *versus* salvador, mas a oposição entre todos e a cidade, do indivíduo que fica contra todos, que, como insiste Girard, é o sinal primário da reconciliação sacrificial, a origem de toda representação simbólica, do simbolismo mesmo, na produção do sagrado.[23] Enxergar o jogo do *pharmakós* como algo indecidível é, num certo sentido, verdadeiro. (Nesse ponto Girard segue Derrida.)[24] A identificação da vítima é verdadeiramente arbitrária – ela não é mais culpada da violência contagiosa do que os demais. Contudo, concluir a análise na ambiguidade é entrar no jogo da purificação em que a tragédia culmina, é ignorar a decisão final (*de-cidere*) que sempre ocorre no momento exigido pela purgação: a *peripeteia* do herói.

Na leitura de Girard, Sófocles adia de modo intolerável esse momento decisivo, fazendo que Édipo tente evitar seu "destino". A atenção de Girard a esses retardos e reservas distingue sua leitura das de Lévi-Strauss, de Vernant, de Burkert, dos arquetipalistas e de Frye. O que interessa a mitógrafos como Lévi-Strauss (ou como Robert Graves, aliás) em *Édipo*

---

[23] Ver René Girard, *Violence and the Sacred*, p. 234-36; *Things Hidden since the Foundation of the World*, p. 99-104.
[24] Ver Andrew McKenna, *Violent Difference*, para uma leitura cuidadosa da diferença entre Derrida e Girard.

Rei é uma homologia unidirecional e irresistível com outro mito, levando tão cedo quanto possível ao mito do mito.[25] O mito, seja clássico ou freudiano, nunca expressa qualquer dúvida a respeito da culpa de Édipo. As plateias, sejam em Atenas ou em Nova York, consolidam-se numa impaciente oposição à obstinada resistência de Édipo. Por que Édipo demora tanto a admitir aquilo que já sabemos?

Mas Girard sugere que certas obras literárias, sobretudo em épocas de crise social (a ficção moderna, a tragédia grega e elisabetana, a longa tradição de textos judaico-cristãos), *desconstroem* os mitos que corroboram rituais violentos de coesão social. Segundo Girard, Sófocles vai até a metade do caminho ao questionar a certeza a respeito da culpa de Édipo. Para dar continuidade a Sófocles, temos de retardar nossa acusação de *hamartia* contra um Édipo visto como o único intelecto, temperamento ou inconsciente fora de controle.

Girard nos mostra que Creonte, Tirésias e até Jocasta também são vencidos pela ira. Cada um torna-se rival mimético do outro, na medida em que cada um acusa o outro dos mesmos crimes, em nome das instituições da cidade. Sófocles retoma a reciprocidade entre antagonistas decidida pelo mito. A peça mesma contém, como muitos observaram, indícios incertos da culpa de Édipo. Como demonstra Sandor Goodhart, o relato da morte de Laio nas mãos de um ou de vários assassinos não é verificado em nenhum momento,[26] nem (pode-se acrescentar

---

[25] Ver Claude Lévi-Strauss, *Structural Anthropology*, p. 206-31.
[26] Ver Sandor Goodhart, "Lestas Ephaske: Oedipus and Laius's Many Murderers", p. 13-41.

a Goodhart) o contexto daquele relato, se foi feito antes ou depois de o pastor encontrar Édipo como rei.

Ainda que a peça mais ou menos aquiesça à explicação mítica da culpa de Édipo, as plateias, na esteira de Aristóteles, concordam na verdade a respeito do pecado do orgulho, demasiado humano, demasiado comum, e a respeito do elo causal de um dos dois pecados nunca é verificado pela conclusão da peça. Vernant conclui também que Sófocles localiza uma ambiguidade que não se pode estruturar entre Édipo enquanto "todos os homens" e as posições sociais que lhe dariam nome.

Mas Girard leva a discussão de Vernant além da ambiguidade, afirmando que a própria observação de Vernant de Édipo como bode expiatório ("bouc émissaire") e também como *pharmakós* identifica criticamente o princípio estruturante do mito que Sófocles descobre: "Os vestígios do anátema religioso desenterrados na tragédia deveriam ser considerados não restos anacrônicos de um passado primitivo, mas algo da natureza de uma descoberta arqueológica" (*Violence and the Sacred*, p. 84).

A Violência e o Sagrado admite abertamente a prioridade de Gernet, de Vernant, de Benveniste e de Derrida. Girard tenta compreender a obra de cada um deles. A hipótese mimética explica a ambiguidade do sagrado no ritual (Gernet, Vernant) e na linguagem (Benveniste, Derrida), bem como sua desmitologização parcial em Sófocles.

Se Girard é um leitor brilhante dos outros, é também particularmente dotado para encontrar respostas para os equívocos mais teimosos a respeito de sua própria obra.

Nos anos 1970, *A Violência e o Sagrado* deparou-se com um forte preconceito antirreferencial, que proibia qualquer crença de que o mito (ou, mais propriamente, a religião) poderia referir qualquer coisa fora de si próprio, e também com um ceticismo pseudocientífico certo de que todas as afirmações com pretensão a dizerem "verdades" estavam obsoletas.

Girard começou a responder quase imediatamente a esse preconceito antirreferencial discutindo aquilo que chamava de "textos de perseguição" medievais: poemas, diários e outros textos que culpavam os judeus, as bruxas ou outras vítimas disponíveis por tudo que ia mal na comunidade. Esses documentos eram compostos dos mesmos estereótipos dos mitos analisados em *A Violência e o Sagrado*.[27] Além disso, ele insistia que sua leitura da mitologia e da religião primitiva, que escandalizava as ideias contemporâneas antirreferenciais de textualidade, era o mesmo método de leitura que todos usavam para esses textos medievais, que descrevem como judeus e bruxas envenenavam poços, faziam os bebês nascerem mortos e lançavam maus-olhados até que todos os problemas fossem curados por sua eliminação.

Girard desafiou qualquer leitor a trazer um consenso moderno verificável para a interpretação desses textos que revelasse que a versão intelectual literária contemporânea da prática textual é um anacronismo de nossa época. Quem ousaria negar que (1) há perseguições concretas de

---

[27] Ele introduziu o termo "textos de perseguição" em entrevistas nos anos 1970. O tratamento mais completo está em *Coisas Ocultas* e *O Bode Expiatório*.

judeus concretos por trás daqueles textos, mesmo nos casos em que seria difícil ou impossível corroborar isso; (2) a intenção dos autores da perseguição, de encontrar a causa única, de colocar a culpa em uma única pessoa, pode ser conhecida e explicada, quer os perseguidores estejam cientes dela ou não; (3) será que somos capazes, com certeza, de trocar a interpretação mítica dos perseguidores, a qual compreendemos, pela nossa (as *vítimas* não são culpadas, e seus *perseguidores* não sabem o que fazem), por uma interpretação que seja superior tanto do ponto de vista teórico (isto é, cientificamente) quanto moral?

Considerar a hipótese de Girard em relação a Lévi-Strauss, Burkert, Mary Douglas, ou, de modo mais geral, às áreas da psicologia, da antropologia e dos estudos bíblicos, as quais são discutidas por Girard, apenas para averiguar qual especialista em cada área é o mais competente é fechar todos os futuros às disciplinas, excetuando o esnobismo dos departamentos.[28] O único caminho, inclusive naqueles casos em que Girard é acusado de ter feito uma leitura superficial (ou de não ter lido), é seguir a teoria que abrange essa obra, ainda que venha de alguém que não obteve quaisquer credenciais em campo ou na clínica, mas que faz o melhor uso da "literatura".

---

[28] Ver Paul Dumouchel e Jean-Pierre Dupuy, *L'Enfer des Choses: René Girard et la Logique de l'Economie*; Paisley Livingston (org.), *Disorder and Order: Proceedings of the Stanford International Symposium (Set. 14-16, 1981)*; Paul Dumouchel (org.), *Violence and Truth: on the Work of René Girard*. Para uma bibliografia completa de fontes primárias e secundárias até o momento da publicação, ver *Stanford French Review* 101-3, 1986. Para uma referência mais recente, ver o arquivo eletrônico de teoria mimética mantido pela Faculdade de Teologia Católica da Universidade de Innsbruck, Áustria. Disponível em: http://theol.uibk.ac.at/mimdok/suche/index-en.html.

O teórico moderno mais influente no que diz respeito à relação entre mito e ritual e a literatura foi Northrop Frye. Em uma das mais famosas passagens de *Anatomy of Criticism* (1957), Frye afirmou que a estrutura literária é logicamente, se não cronologicamente, derivada do mito e do ritual.[29] Essa retirada estratégica da controversa questão das origens gerativas permitiu que Frye reforçasse a posição de F. M. Cornford sobre a comédia, a de Aristóteles sobre a tragédia, as de Jung e de Neumann sobre o romance, e a melhor autoridade local quanto à pertinência do mito, do ritual e dos elementos primitivos para a literatura moderna.

Frye foi considerado obsoleto pelos jornalistas da teoria crítica por causa das questões que ele, estrategicamente, mas só por um momento, deixou de lado: em particular, a questão de *por que* a estrutura literária se assemelha à estrutura do mito e do ritual. Lustrações míticas como as de Frank Lentricchia em *After the New Criticism* (1980),[30] o qual lavou as mãos quanto a Frye após 1970 (porque uma diminuição de citações de Frye no Humanities Index marcou sua perda de popularidade), necessariamente *ignoravam* o trabalho posterior de Frye.[31]

A anatomia de Frye apresentava a estrutura literária básica como a história de um deus que morria e

---

[29] Ver Northrop Frye, *Anatomy of Criticism* [Anatomia da Crítica].
[30] Ver Frank Lentricchia, *After the New Criticism*, p. 3-26.
[31] Para ler a extensa comunidade de todos aqueles que ainda leem Frye, o leitor pode consultar o ótimo *Northrop Frye: an Annotated Bibliography of Primary and Secondary Sources*, de Robert Denham, e duas importantes coletâneas de ensaios: Eleonor Cook et al. (orgs.), *Centre and Labyrinth*, e Alvim A. Lee e Robert Denham (orgs.), *The Legacy of Northrop Frye*.

ressuscitava. A razão última dessa história é resolver a perda de identidade entre os mundos humano e natural. Frye correlacionava os mitos narrativos recorrentes da comédia, do romance, da tragédia e da ironia num único monomito, a história de um único ser que nasce, morre e retorna como o Sol: o espírito da comédia para a regeneração da sociedade renasce num rapaz de origem misteriosa, o cavaleiro do romance, que se torna o rei da tragédia, que se torna o *pharmakós* da ironia cujo *sparagmos* alimenta uma nova comédia.

Por que, segundo Frye, a literatura segue o mito e o ritual? Porque ela quer. Isto é, a motivação da literatura é articular o desejável já compreendido do modo mais claro no mito e no ritual primitivos, que são os tijolos da imaginação. O mito narra as aventuras de seres dotados de poder para fazer qualquer coisa que queiram.

Todavia, a "teoria dos modos" de Frye é bem diferente de sua "teoria dos mitos". A "teoria dos modos" enxerga um declínio ou uma degradação na história literária entre os períodos clássico e moderno, no poder de ação do herói, e um declínio nos mitos narrativos, das maiores ações heroicas às menores, terminando na preferência da literatura moderna pelo mito e pelo modo irônicos, por histórias de seres com ainda menos poder do que nós.

Por que, então, a literatura historicamente se dirige para uma direção contrária à do desejável? Frye descreveu esse progresso como um deslocamento: a acomodação do sonho da literatura à crescente pressão do princípio de realidade em qualquer momento histórico subsequente. Esse intervalo entre o mito e o modo, a relação entre mito e história e a correspondente subdeterminação da relação entre a escritura secular e a sagrada permaneceram uma questão problemática e urgente até o final da obra de Frye.

Contudo, um termo como "deslocamento" sugere que Frye começou enxergando a literatura medindo-a contra a norma corporificada no mito e no ritual primitivos. A primeira tentativa de Frye de conciliar o declínio histórico dos modos com o retorno cíclico do mito foi sugerir que o interesse moderno pela vítima irônica, o interesse moderno pelo culto e pelo ritual primitivos, significa o *sparagmos* do mito, a realização de um sacrifício eficaz, que fortalece sacramentalmente o espírito emergente de uma nova sociedade cômica. Isso reinicia o monomito.

Que aparência teria uma mimeticização de Frye? Assim como Girard, Frye definiu o desejo de modo comparativo, no sentido de que ele postergou o delineamento das intenções e dos desejos de autores individuais, cuja única intenção é criar uma obra até o momento em que essa obra tivesse cumulado um padrão comum e recorrente na fase arquetipal, em que desejos coletivamente recorrentes e sua interdição articulam um ideal de identificação, com o mundo inteiro absorvido por uma única forma humana desejante. Isto é, os desejos humanos tornam-se legíveis coletivamente como o impulso que é restringido de modo variado e imperfeito pelos interditos culturais.

Assim, a teoria da identificação de Frye em *Anatomy of Criticism*, o "motivo para a metáfora" em *The Educated*

Imagination (1964),³² segue Freud: identificar é absorver. Em *Massenpsychologie*, a ambivalência da identificação com o pai, da qual todas as formas futuras de identificação tomam sua coloração, age como derivativo da fase oral, "in welcher man sich das begehrte und geschätzt Objekt durch Essen einverleibte und es dabei als solches vernichtete. Der Kannibale bleiblt bekanntlich auf diesem Standpunkt stehen; er hat seine Feinde zum Fressen lieb, und er frisst nur die, die er lieb hat" (67) ("em que o objeto pelo qual ansiamos e que valorizamos é assimilado ao ser comido, e desse modo é aniquilado enquanto tal. O canibal, como sabemos, mantém essa atitude: ele tem uma afeição devoradora por seus inimigos, e só devora as pessoas por quem tem afeto" [37]). Mas, para Girard, esse desejo de identificação/absorção é, nos termos de *Mentira Romântica e Verdade Romanesca*, um "mal ontológico", uma tentativa de apropriar para os próprios recursos exauridos o ser maior do outro.³³

Como vimos, a hipótese mimética absolve o discípulo de qualquer ímpeto instintivo e violento de apropriação, referindo essas acusações às ansiedades de seus mediadores/acusadores. Se o desejo é mediado, se os interditos controlam as consequências da mímesis, então os arquétipos podem ser compreendidos na verdade como "articuladores" dos *desejos que os interditos culturais projetam nos discípulos*.

---

³² Ver Northrop Frye, *The Educated Imagination*.
³³ Discuti esse aspecto da obra de Northrop Frye em "The Sparagmos of Myth is the Naked Lunch of Mode: Modern Literature as the Age of Frye and Borges".

Qual a oportunidade aberta por essa releitura mimética das proibições e dos arquétipos? O deslocamento progressivo do desejo na "teoria dos modos" de Frye, lida mimeticamente, torna-se, para adaptar a expressão usada por Raymond Williams para a modernidade, "a longa de-volução" (*long de-volution*),³⁴ a progressiva desconstrução que a literatura faz dos desejos *míticos*, projetada pela proibição e pelo ritual como algo instintivo, originado na natureza, na criança, que persiste naqueles grupos marginais (infantis) que nunca cumprem o rito de passagem para o ser pleno. Essa devolução culmina no período moderno. O interesse moderno pelo mito, pelo ritual, pelo primitivo, não é um resíduo histórico, nem um retorno sentimental ou atavístico, mas (assim como a opinião de Girard sobre Sófocles) uma descoberta arqueológica das raízes de todas as sociedades humanas na resolução sacrificial violenta.

Frye identifica a estrutura literária com o *pharmakós* (o que Derrida cita com aprovação),³⁵ e, assim como Vernant, usa "bode expiatório" como sinônimo de *pharmakós*. Girard usa *pharmakós* e bode expiatório, respectivamente, para *distinguir* entre a reflexão (*pharmakós*) e a revelação (bode expiatório) da vitimação. Quando vemos que os judeus e as bruxas são bodes expiatórios, nos "textos de perseguição", enxergamos a dinâmica invisível de perseguidor/autor, a dinâmica que estrutura o texto. Mas um texto que fale abertamente da vitimação articula um *tema* de bode expiatório, cuja estrutura é, portanto, pós-sacrificial.

---

[34] Ver Raymond Williams, *The Long Revolution*.
[35] Ver Jacques Derrida, *Dissemination*, p. 132.

Para Girard, "bode expiatório" é um termo nos desenvolvimentos ocidentais do precioso vocabulário crítico das relações sociais, gerado pelos estudos comparativos modernos das culturas, das religiões e das linguagens. Mas a comparação não deve encerrar-se prematuramente considerando todas as culturas igual e irrevogavelmente etnocêntricas, racistas e sexistas. Esse esforço coletivo comparativo do Ocidente em escala sem precedentes sugere um motivo antropológico ou até mesmo logológico em nossa cultura e na tradição judaico-cristã. Aprimoramos nossa compreensão de todas as linguagens culturais minimizando a nossa própria; quando as complexas regras positivas do parentesco (como aquelas que determinavam com qual primo cruzado era permitido casar) são desconstruídas e descartadas no período moderno, ficamos só com as proibições necessárias mínimas para prevenir a rivalidade violenta.

Girard leva as consequências da religião comparada do século XIX além de seu encerramento prematuro na reunião de homologias entre a Bíblia e outras histórias de deuses que morrem e ressuscitam. Se a comparação deixou aos comparativistas do século XIX a tarefa exclusiva de classificar variações do Mesmo, Girard vem perguntar: "Quais são as condições culturais que permitem que essas comparações globais sejam concebíveis, possíveis?".

A resposta de Girard conduz ao discurso dos textos judaico-cristãos, uma tradição inicialmente escritural, mas, em última instância, literária. Esse discurso se baseia em um motivo, discernível na Bíblia, no Antigo Testamento e no Novo, qual seja, contar a história do acusado e até de identificar-se com a vítima. Esse discurso da vítima, à medida que se desenvolve dentro dessa tradição, enfatiza cada vez mais a inocência daquele que é perseguido: José no Egito não é culpado de desejar substituir seu "pai" por toda parte. A capacidade de ver aqueles que são sacrificados como marcados com o sinal da vítima, que é totalmente inocente, possibilita, ao longo do tempo, a distinção fundamental entre a reflexão e a revelação do fenômeno do bode expiatório.

A postulação do mito por Frye como paradigma estrutural da literatura, e seu compromisso com a expulsão de todo julgamento de valor como determinação de classe comparativa, termina no beco sem saída da posição equívoca de considerar que o *sparagmos* de um herói é tão bom quanto o de qualquer outro, pois é autorizada apenas arbitrariamente por um interesse dominante. Nesse caso, Dioniso serviria tanto quanto Cristo.

Uma releitura mimética das categorias heroicas de Frye (mito e modo) ficaria menos resignada com as práticas sexuais criminosas de Zeus como articulações do desejável (e mais próxima, na verdade, dos valores que subjaziam a tudo que Frye escreveu). O desejo de Zeus é transgressor, atraído mitologicamente por obstáculos, interditos, tabus. O mito racionaliza o ritual à medida que conta sua história. Os feitos sexuais de Zeus são a história de crimes pelos quais uma vítima é punida ritualmente. Todos esses crimes "heroicos" são sinais da origem sacrificial da divindade numa peste de rivalidade resolvida por sua expulsão.[36]

---

[36] Para uma discussão de Zeus e do desejo, ver, de minha autoria, "Textual/Sexual Politics in 'Leda and the Swan'".

Caso alguém teorize a preferência histórica (ou o "privilegiamento", para usar o termo crítico do ceticismo pseudocientífico moderno tardio) pela tradição dos textos judaico-cristãos a outros "mitos" locais celtas e escandinavos na literatura ocidental como algo mais do que um privilégio de classe, "a longa devolução" (a releitura mimética da "teoria dos mitos" e da "teoria dos modos" de Frye) é a disputa entre a violência e a não violência, os dois *logoi* de Satanás e do Paracleto, do acusador e do advogado de defesa, respectivamente, do perseguido (*The Scapegoat*, caps. 14 e 15). Seguir Frye, de acordo com Girard, recupera o futuro prematuramente "ultrapassado" da "literatura como um todo" em relação ao mito e ao ritual. Esse futuro se torna a revelação da violência gerada a partir de uma compreensão pós-sacrificial emergente, cujo momento crítico (*kairos*) se realiza na literatura moderna.

Para Frye, a estrutura de bode expiatório na literatura moderna tem de valer pela vitória do obstáculo ou do princípio de realidade sobre o herói solar do romance, que carrega o sonho da literatura. Uma releitura mimética do conceito de modo de Frye sugere na verdade que a literatura moderna finaliza a *tematização* progressiva do mecanismo do bode expiatório. O poder sagrado das rainhas e dos reis era inerentemente instável, era obtido por meio da vitimação; eles são novamente vitimados quando qualquer coisa dava errado porque são a única coisa da violência e/ou da paz.

A secularização do mito e do ritual violentos sustenta, ao longo do tempo, a dissolução da diferença violenta entre a plateia turbulenta e seus heróis. Um herói irônico que prova que sua força é menor do que a nossa é, na verdade, nossa vítima, nosso bode expiatório. A ascensão e a queda vertiginosas da liderança nas sociedades modernas repetem essa devolução numa escala de poucos anos. A desconstrução paralela das formas sociais e literárias nos força a considerar que a dinâmica das multidões, servida e magnificada mil vezes pela mídia, mais do que algum princípio de realidade, ou alguma falha de caráter única (trágica) em nossos líderes, é responsável pela crise social. Consideraremos o estudo de Ibsen do poder magnificador da mídia para a mobilização de apoio ou de vitimação de líderes nos capítulos 2 e 3.

Chegou, enfim, a hora de seguir Girard para a teorização da modernidade confirmando o crédito que ele dá ao "potencial quase teórico" da literatura,[37] considerando dois autores que projetam conscientemente sua obra antes e depois da revelação pós-sacrificial da violência. Usando Shakespeare e Orwell, podemos indicar a *longue durée* dos historiadores culturais da modernidade. Shakespeare, em *O Rei Lear*, trata daqueles que, por fazerem violência em nome da paz *antes* da revelação escritural, não podem saber o que fazem. Orwell, em *1984*, examina aqueles que pertencem a uma era antropológica, pós-crítica, que, ao perseguir, sabem exatamente o que estão fazendo.[38]

---

[37] René Girard, "Introduction", *To Double Business Bound*, p. vii-xvi.
[38] Se René Girard nunca escreveu especificamente a respeito de *1984*, seus comentários sobre o estado totalitário moderno em *Job* permanecem extremamente úteis. Girard publicou artigos a respeito de Shakespeare quase continuamente ao longo das décadas de 1970 e de 1980.

Como todos os teóricos literários ambiciosos, tanto Frye quanto Girard trazem Shakespeare para o centro de seu pensamento. Frye repetidas vezes referiu um Shakespeare que retorna ao mito e ao ritual como fundamentos do drama. Mas, para Girard, Shakespeare é igualmente importante numa tradição mimética: não como imitador de formas universais, de gêneros literários, ou da natureza, mas do jogo social da própria imitação. Para Girard, a leitura de Shakespeare da mímesis conflitiva não é uma estruturação da peça por meio de arquétipos, mas uma revelação de como os *estereótipos* (não os arquétipos) da perseguição controlam as maquinações dos personagens (e também da plateia).

Segundo Shakespeare, até na Pré-História inglesa o desejo já é avançado, moderno, metafísico: competir mimeticamente pela bênção do pai é brigar por nada, e nada é o que vem do nada. Qual a importância das consequências materiais do amor do pai? Após uma descrição um tanto resumida de propriedades fundiárias ("rios caudalosos e seus prados / de larga bordadura": I.i.65 [*Tragédias*, p. 668[39]]), *O Rei Lear* não se ocupa mais de nenhuma riqueza, de nenhum privilégio, de nenhum prazer que venha de tomar o lugar do pai por toda parte.

Esses ensaios acabaram por ser incorporados a *Shakespeare: Teatro da Inveja* (Trad. Pedro Sette-Câmara, São Paulo, Editora É, 2011), que também contém leituras originais de *King Lear* (p. 179-83) [*O Rei Lear*, p. 342-49]. Para leituras girardianas anteriores de *O Rei Lear*, ver Lawrence R. Schehr, "King Lear: Monstrous Mimesis"; Michael Hinchcliffe, "The Error of King Lear".

[39] Será seguida a tradução de Carlos Alberto Nunes publicada em Shakespeare, *Tragédias*. Rio de Janeiro, Agir, 2008. As referências ao volume serão indicadas entre colchetes. (N. T.)

A peça começa com ofertas e retiradas aparentemente arbitrárias da bênção paterna, que somente a hipótese mimética pode explicar. Na cena de abertura, Gloster, de um lado, iguala Edmundo a Edgar, mas depois, por outro, zomba dele, e friamente fala em mandá-lo para longe outra vez. Como, então, ao voltar-se para Lear, Gloster não sabe o que está fazendo? Ele virá a saber tarde demais, pois, quando tinha olhos, não conseguia enxergar.

Para ser mais preciso, Gloster e Kent não sabem por que Lear fez um concurso para decidir aquilo que todos já sabem. Se Gloster e Kent sabem que Lear prefere o duque da Albânia ao duque da Cornualha, Cordélia a suas "meias-irmãs", isso só pode significar que Lear tomou essas "decisões" antes. Por que seria necessário passar de novo por tudo isso? Não podemos esperar que Gloster nos dê a resposta, uma vez que ele, apesar de estar perplexo com o comportamento de Lear, faz a mesma coisa com Edmundo.

Lear exige essa repetição porque as vezes anteriores foram de algum modo insatisfatórias. Por que Lear nunca conseguiu o que queria, e por que isso sempre se repete? Girard explica que os fracassos obsessivos do desejo metafísico não têm nada a ver com o desejo pela derrota. Um discípulo atraído por obstáculos insuperáveis ainda está interessado na vitória, mas só haverá vitória significativa sobre aquele tipo de obstáculo que o derrotara previamente.

Lear primeiro pergunta a Goneril qual filha o ama mais. A própria Goneril um dia foi a primeira e única filha de Lear, numa época em que esse tipo de pergunta era inconcebível; mas as bênçãos paternas subsequentes foram divididas, primeiro pela metade, depois por terços, com a chegada das novas irmãs. Somente Cordélia jamais sofreu essa diminuição do ser. Goneril diz (como sempre disse, com insistência cada vez mais estridente, obtendo rendimentos progressivamente decrescentes) que ela o ama mais – ela não representa um obstáculo a seu desejo. A insatisfação dele, assinalada por sua reserva pública de um terço ainda maior para outra filha, só faz escandalizá-la de novo. Regane é uma competidora ainda mais violenta do que Goneril. Ela remove à força todos os rivais do desejo de Lear: ela é inimiga de sua irmã e também de todas as outras "alegrias". Mas a afirmação de Regane de sua diferença superior é igualmente anulada por seu pai.

Por que Cordélia é a mais amada? A tentação (à qual sucumbem Kent e as plateias de modo geral) é ficar do lado de Cordélia contra todos aqueles *outros* esnobes e hipócritas. Mas como poderia então uma filha como essa vir a tornar-se a favorita de um pai desses? A hipótese mimética oferece a resposta mais simples e lúcida: esse ritual paterno apenas repete, numa forma exacerbada, aquilo que sempre aconteceu. O pai fica insatisfeito com as filhas que o amam sem reservas, e é mais atraído pela filha que age como ele, reservando uma parte de seu amor para algum rival. E, quanto mais ele pede, menos ela dá.

É àqueles que rivalizam por Cordélia que Lear então se volta, primeiro esmagando a intercessão paternal de Kent por Cordélia, depois interferindo na competição entre o rei da França e o duque da Burgúndia. O duque da Burgúndia, que seria o pretendente do *establishment* do arquétipo cômico de Frye, obedece à proibição de Lear. O duque da Burgúndia, como os da Cornualha e da Albânia, é vencido enquanto rival pelo amor da filha. Mas quando Lear insta o rei da França, o pretendente cômico, a não amar aquilo que Lear detesta, o rei da França, assim como Cordélia, opõe-se ao desejo de Lear:

> Linda Cordélia, pobre, ainda és mais rica;
> mais procurada, ainda, no abandono,
> e mais amada, quando desprezada:
> de ti, dessas virtudes, apodero-me
> neste momento. Seja, assim, legítimo
> apanhar o que foi jogado fora.
> Que estranho, oh deuses! que um glacial desprezo
> o respeito me inflame e deixe preso!
> (I.i.250-55) [*Tragédias*, p. 670]

"Mais" refere-se tanto a "procurada" quanto a "no abandono", tanto a "amada" quanto a "desprezada". Isto é, a fala do rei da França imita a operação do desejo mimético. O rei da França é inequivocamente atraído pela deixa da violência, que sugere que só as melhores partes são proibidas. Mas o rei da França também é cego: ele reflete, sem revelar, o mecanismo mimético. Para ele, é incompreensível que alguma ação possa ao mesmo tempo tornar alguém o mais precioso e o mais desprovido de valor. Assim, ele atribui essa mágica aos deuses, não a Lear. O imperioso obstáculo do pai inflama o olhar e o respeito do rei da França. A violência paterna indica o desejável. O interdito contra a rivalidade torna o desejo transgressor. Não há nada a fazer além de confirmar a lúcida explicação de Girard para o mais escandaloso apotegma de Heráclito: "A violência é o pai de tudo".

Goster também culpa as "maquinações" da rivalidade de Edgar contra os deuses, mas é Edmundo, e não um mensageiro do oráculo de Delfos, que lhe diz que seu filho o substituiria por toda parte. Porém, Gloster está tão disposto a crer na rivalidade violenta de seu filho quanto Laio estava disposto a crer na do dele, que ainda nem nascera.

A força quase teórica de *O Rei Lear* é notável. Nela, os arquétipos de Frye da ação cômica e da ação trágica cooperam dentro da dinâmica de um único estereótipo de perseguição – trágico do ponto de vista da vítima, cômico para a sociedade que se beneficia de sua expulsão. A simetria dessa dinâmica não reflete a intranscendível estrutura da mente. A simetria é a consequência inelutável da rivalidade mimética da velhice e da juventude por objetivos cada vez mais evanescentes – em última instância, pelo próprio ser. Com seu relato da trama de Edgar, Edmundo conscientemente imita o estereótipo da expectativa da violência do outro, da pretensão cômica da juventude de substituir a velhice por toda parte.

A essa altura deve estar claro que tentar decidir quem merece a culpa, que tentar expulsar todos os bastardos demonstra a futilidade de todas as mitologias violentas. Todos são culpados, mas ninguém cometeu a ofensa. Todos (inclusive Edmundo) estão aplicando medidas preventivas para impedir a violência de que passaram a suspeitar nos outros; todos estão unidos à intenção de Lear de "que a discórdia futura fique obviada desde agora".

De início Goneril parece ingrata quando a vemos tramando contra o pai logo após receber sua "bênção", mas ela está certa de que os cavaleiros arruaceiros vão provocá-la de propósito, para arrancar dela um sinal de ingratidão que exigiria uma reparação a Lear. Goneril e Regan já trocaram suspeitas de que seu mercurial pai (assim como outras figuras em fase de aposentadoria nas peças de Shakespeare) poderia arbitrariamente retomar aquilo que dera. Quando Osvaldo fielmente segue a diretiva de criar uma ocasião de insulto a Lear (a fim de justificar as medidas preventivas que Goneril sabe que precisa tomar), um dos cavaleiros de Lear enxerga esse insulto inicial como apenas o último de vários.

> CAVALEIRO: Senhor, não sei o que acontece, mas, a meu ver, Vossa Alteza não é tratado com a afeição cerimoniosa a que estáveis acostumado. Observa-se sensível quebra de carinho, não só com relação à conduta da criadagem, como com a do próprio duque e a de vossa filha.
>
> (...)
>
> LEAR: Fazes-me lembrado de minha própria percepção; ultimamente tenho notado um certo quê de negligência, que eu atribuía mais à minha própria natureza desconfiada do que a qualquer intenção real e ao propósito de descortesia. (I.iv.55-67) [*Tragédias*, p. 675]

A curiosidade ciumenta gera a rivalidade por toda parte. Que o duque da Albânia fosse insultar Lear é uma acusação particularmente inacreditável. A peça não nos mostra nada que sugira que ele jamais fosse insultar o rei, ou mesmo rivalizar com o duque da Cornualha (outro rumor). Se o duque da Cornualha é conhecido por ser "colérico", suficientemente suscetível à violência vingadora, o que pensaremos em nosso primeiro vislumbre desses dois rivais fraternos, quando os duques da Albânia e da Cornualha agem em uníssono para conter a violência de Lear contra Kent: "detende-vos, caro senhor!" (I.i.162) [*Tragédias*, p. 669]. A reciprocidade violenta, uma vez iniciada, é um mecanismo incontrolável cuja causa é mítica, uma peste pela qual todo mundo culpa todo mundo.

O rei Lear culpa as mulheres; *O Rei Lear* absolve todos os acusados. A diferença entre o pai e a peça, entre o nome próprio e o título da peça, distingue uma diferença, *uma diferença real*, entre refletir e revelar o mecanismo do bode expiatório, revelar a perseguição. As vozes dos pais aparecem pela primeira vez de modo grosseiro, falando do modo como Edmundo foi ilicitamente concebido; Lear imediatamente associa a independência de Cordélia aos citas, bárbaros e antropófagos. A alacridade com que Lear amaldiçoa cada uma de suas filhas, chamando-as de besta, de monstro, rima com o servo que resume esse medo do contágio: "Se vida longa / ela tiver e, ao fim, achar o curso / comum da morte, todas as mulheres / virarão monstros" (III.vii.100-02) [*Tragédias*, p. 700]. As mulheres são duplos monstruosos, pretendentes à autonomia. Elas estão contaminadas pelo sagrado, o que significa estar empesteado de tudo aquilo que ameaça a ordem social:

Oh! Como ao peito esta paixão me sobe!
Desce. "Hysterica passio", dor que sobe!
É embaixo teu lugar. E onde está a
filha? (II.iv.54-56) [*Tragédias*, p. 686]

"Hysterica passio" liga "mãe"⁴⁰ e "filha"; o devido lugar de seu elemento – assim como a loucura, a desordem, a luxúria – é embaixo, e a rivalidade violenta leva Regan a nomeá-lo, talvez por sinédoque, talvez não, "o lugar proibido" (V.i.11) [*Tragédias*, p. 712]. A proibição gera desejos transgressores, desejáveis fetichizados. O sagrado está por trás da veneração e do temor mercuriais da peça pelas mulheres, e a violência está por trás do sagrado. A loucura de Lear é seu medo ensandecido de ser contaminado pelas regiões infernais do feminino: "Ali é o inferno, escuridão, abismo / sulfuroso, calor, fervura, cheiro / de podridão..." (IV.vi.127-28)⁴¹ [*Tragédias*, p. 708].

Para que a discórdia futura seja evitada desde agora, uma irmã compete com sua irmã, irmão e meio-irmão com irmão, pai com filho, afilhado, filha, todos bastardos. Mas o golpe decisivo nunca pode ser dado, e esses "jogos" da violência só podem terminar para aqueles que humildemente renunciarem a seus próprios estereótipos de perseguição diante do espetáculo abominável da violência desenfreada.

---

⁴⁰ No original, onde se lê "paixão" está *mother*, "mãe". (N. T.)
⁴¹ Essa leitura naturalmente seria impossível sem o cuidado da análise feminista. Considerei particularmente úteis os seguintes ensaios: Esther Fischer-Homberger, "Hysterie und Mysogynie – ein Aspekt der Hysteriegeschichte"; Gohlke, "'I Wooed Thee with My Sword': Shakespeare's Tragic Paradigms"; Coppélia Kahn, "Excavating 'Those Dim Minoan Regions': Maternal Subtexts in Patriarchal Literature".

Do tempo triste somos os arrimos;
digamos tão somente o que sentimos.
Muito o velho sofreu; mais desgraçada
nossa velhice não será em nada.
(V.iii.324-327) [*Tragédias*, p. 719]

Quer sigamos a leitura do *fólio* ou da do *quarto*, quem fala é um filho, afilhado (Edgar) ou genro (o duque da Albânia), que "deve" ficar do seu próprio lado, o programa da juventude, o espírito da comédia, contra essa figura paternal repressora. Antes, com toda a humildade, essa voz coral demonstra respeito pela idade. Esse mesmo respeito humilde caracteriza a reconciliação de Lear e de Cordélia. Capturados por seus rivais, eles renunciam à autonomia divina, ao prestígio, a tudo que a violência promete para todos os lugares do pai. Basta ser pai dessa filha, filha desse pai.

Mas isso não é tudo. Shakespeare alterou o final da história de Lear que recebera. Por quê? Quando Shakespeare frustra uma expectativa narrativa incertamente colocada em Holinshed entre o mito pagão e uma história dinástica inglesa verificável para roubar Cordélia de Lear no final, ele revela as "coisas ocultas desde a fundação do mundo" (aludo, aqui, ao título do livro de René Girard, *Des Choses Cachées Depuis la Fondation du Monde*). A peça prenuncia o modernismo milenarista ao recriar a última ocasião possível em que toda essa sociedade ainda poderia renunciar unilateralmente essas repetições escandalosas dos enredamentos miméticos em nome da paz. Eles são *bastardos* porque se distanciaram do pai desde a fundação do mundo. Como vivem antes da revelação judaico-cristã, não têm como saber o dia e a hora. É fútil perseguir qualquer lado, seja a juventude ou a velhice, fazer o mito cômico e o mito trágico competirem entre si, colocar a culpa em qualquer lado. Todos são culpados, mas ninguém faz a ofensa. *O Rei Lear* perdoa todos aqueles que não sabem o que fazem.

Mas e nós, os beneficiários modernos da preciosa terminologia crítica de uma antropologia fundamental, da psicologia interdividual (termo de Girard para o modo como a psicologia individual é informada pela influência dos outros), e da longa tradição de textos judaico-cristãos, as três principais áreas do conhecimento mencionadas por Girard em *Coisas Ocultas desde a Fundação do Mundo*? Há perdão para aqueles no momento do modernismo milenar que têm olhos e não conseguem ver?

Para o centenário do nascimento do autor, consideremos, e respeitemos, um texto que nós, como intelectuais literários, modernizamos duas vezes desde meados do século (após sua publicação, em 1949, e após seu renascimento, em 1984), a cada vez descartando-o com a mesma complacência com que Frank Lentricchia ultrapassou o *new criticism* e Northrop Frye: *1984*, de George Orwell. Além disso, testemos as perspectivas da obra de Girard para teorizar a situação do modernismo milenarista contra a obra de Edward Said, um adversário confesso da "crítica religiosa" (ainda que a crítica secular, a alternativa de Said, oponha-se apenas ao título da obra de Girard).[42]

A tarefa do crítico, segundo Said, não é servir discursos totalizantes, que absorvam qualquer indivíduo, resistindo à

---

[42] Ver Edward Said, *The World, the Text, and the Critic*, p. 290-92.

voz. A crítica deve limitar a teoria (em vez de espalhá-la), localizando e circunscrevendo seu itinerário de um ponto a outro. Um interesse curativo na delimitação da teoria, porém, depara-se com seu próprio desafio de delimitação prematura. Said restringiu, de modo pouco convincente, a viagem de sua leitura amplamente influente de *Orientalism* em 1978 a outras formações documentais, e resignou-se filosoficamente naquele livro, apesar do exemplo de sua própria resistência apaixonada à cultura como mecanismo excludente.[43] Mas em *Culture and Imperialism* (1993) ele reconheceu e aceitou a ampliação de sua análise a outros arquivos dentro do domínio globalizado do imperialismo. Além disso, concentrou-se nos movimentos de libertação que resistiram ao imperialismo. Mesmo assim, Said ainda reconhecia que a cultura que o nacionalismo produzira em oposição ao imperialismo é igualmente maculada por processos excludentes,[44] e que algo além do nacionalismo era necessário para uma sociedade justa.

[43] Edward Said, *Orientalism*, p. 23, 41; Said e Hitchens (eds.), *Blaming the Victims: Spurious Scholarship and the Palestinian Question*, p. 178. Em *Culture and Imperialism* Said ampliou seu foco de atenção, incluindo a resistência ao orientalismo/imperialismo em um novo mapa de histórias superpostas.

[44] Numa "nota" brilhante sobre o modernismo em *Culture and Imperialism* (p. 225-29), Said recupera os limites que estabelece para a literatura ocidental (Jane Austen, Conrad) para criticar o imperialismo na primeira parte do livro. Após ter discutido os grandes textos de libertação nas culturas pós-coloniais, ele retorna à cultura da metrópole para sugerir que os grupos liberacionistas dentro dessa cultura derivam sua força das culturas de resistência pós-coloniais. Além disso, ele sugere que a ironia dos textos modernos (e Conrad é crucial nesse ponto) é o sinal do deslocamento do compromisso para o imperialismo. Seria necessário escrever outro livro para fazer jus a Said, mas a ironia em relação ao imperialismo em Conrad é um sinal da pressão dos textos judaico-cristãos – simpatizando, mesmo que de modo relutante, com a vítima.

Tanto Said quanto Girard concordam a respeito da força cultural que o Ocidente tira de seus interesses antropológicos em outras sociedades, mas Said tem uma visão mais inauspiciosa de quais sejam esses "interesses". Como ele recorda, Balfour defendeu o *imperium* inglês no Egito, sobre uma cultura com *pedigree* reconhecidamente superior ao da Inglaterra, porque somente a academia europeia poderia fazer essa comparação (*Orientalism*, p. 32). Mas aquilo que torna as obras de Girard e de Said compatíveis, em última instância, é sua crença comum no poder crítico de textos individuais de revelar, e também de refletir, a mitologia cultural. Para Girard, essa posição crítica (o termo de Said é "localização estratégica") é obtida por causa do poder da teoria de ser mais científica, mais redutiva do que o discurso dominante; para Said, a crítica *localiza* a mundanidade de uma teoria dominante, de textos influentes, ao mostrar por meio de inferências aonde a teoria não chega e não pode chegar.

Acompanhamos a obra de Shakespeare a fim de demarcar o pré-moderno como ausência crítica de compreensão teórica de como a ordem cultural funda-se e mantém-se pela violência como o sagrado, uma ausência ou ignorância que possibilita uma sociedade sacrificial. Agora passamos do momento do primeiro modernismo de Shakespeare para Orwell, a fim de situar o "outro" lado do moderno ou do pós-moderno: o *modus vivendi* dos beneficiários de uma longa tradição de demitificações, desmistificações e desconstruções durante a era do triunfo da teoria crítica: o período do pós-moderno, que se estende de meados do século XX até agora.

Até que ponto Orwell representa esse mundo de teoria que se estende a esse futuro que nos pertence? Dividiremos, e depois subdividiremos, duas considerações relacionadas: a mundanidade da teoria e do texto no romance *1984*, de Orwell, e a mundanidade do romance enquanto teoria, enquanto texto, de 1949 até hoje.

Essa segunda consideração ainda pode ser subdividida em três categorias relacionadas: (1) o momento histórico da composição do romance – em geral, obra de historiadores da cultura, de especialistas em estudos britânicos, como Bernard Crick, e também de recordações pessoais de familiares e de amigos; (2) o valor preditivo do romance, em seus primeiros 35 anos, para o ano de 1984, que tornou "orwelliano" um clichê do poder significador da análise crítica; (3) o que é mais interessante, o mundo imaginado de sua própria composição. Como texto, *1984* atribui-se a um comentador anônimo, do pós-1984, que olha de modo complacente para 1984 no século XXI, *assim como nós agora*, sem qualquer senso de limite de seu conhecimento dos limites de Winston, e sem qualquer senso de responsabilidade por aquilo que ele vê.

Qual o lugar da hipótese do bode expiatório num texto mundano como *1984*? Winston, sendo o último homem numa venerável tradição europeia, guarda pessoalmente uma disposição histórica duradoura contra os judeus, contra as mulheres e contra os orientais, mas Oceania suprimiu o vocabulário público crítico moderno do antissemitismo, do sexismo e do racismo, reservando para si a compreensão dos efeitos do bode expiatório. A propaganda partidária aplica de modo eficiente algum modelo teórico oculto da unanimidade violenta, transferindo a inimizade do modo como os "capitalistas" transferiam bagagens e roupas para lavar sobre as costas de terceiros.

Os "Dois Minutos de Ódio", que precipitam o diário de Winston, conformam-se à análise de Girard do mecanismo do bode expiatório: (1) a preparação característica, que qualifica uma vítima sacrificial; (2) o momento de oscilação, a crise da diferença, quando a violência aparentemente corre solta, para escolher suas vítimas; (3) a técnica da transferência; (4) a ordem da polarização, em que todos são unidos na oposição a uma única vítima responsável por todos os seus problemas; e, por fim, (5) a paz sagrada atribuída à divindade presidente que se segue à resolução exitosa da crise sacrificial.

O narrador nos coloca no lugar em que podemos ver aquilo que Winston deveria ver, uma demonstração clássica dos estereótipos da criação de bodes expiatórios como diagramados por René Girard em *The Scapegoat*: (1) As vítimas sacrificiais, escolhidas fora do grupo a ser unido, devem ser reabilitadas e incorporadas, de modo que possam representar toda a comunidade; as vítimas de dentro têm de ser alienadas, a fim de separá-las de aliados em potencial que venham a entrar no conflito do lado delas. A dupla valência de familiar e estrangeiro, essencial à vítima adequada, é perfeitamente satisfeita pelas qualificações de Goldstein: traidor, parodista da novilíngua, judeu. (2) O momento de oscilação acontece quando o ritual recria a crise do *Degree*,[45] o momento em que a comunidade

---

[45] Sobre a crise do *Degree*, ver René Girard, *Shakespeare: Teatro da Inveja*. Trad.

inteira poderia cair num conflito violento e interminável, na perda da diferença, porque todo mundo tornou-se inimigo de todo mundo. Não apenas a disputa de ódio violento oscila de um lado a outro entre o Grande Irmão e Goldstein (como a disputa de domínio violento entre Édipo e Creonte, ou entre Baco e Penteu), como Goldstein também é sobrecarregado com a imagem da indiferenciação: ele bale como um carneiro (animal sacrificial clássico), ele representa as hordas asiáticas sem rosto. (3) O antagonismo violento é canalizado e transferido para Goldstein; todos odeiam o mesmo homem, o inimigo do povo. Assim, (4) a comunidade é unida numa oposição polar a seu único inimigo comum, responsável por todos os crimes, por tudo que é traiçoeiro. Por fim, (5) há o momento teofânico, quando o deus para quem se faz o sacrifício aparece para dar sua bênção. A mulher de cabelo cor de areia sentada ao lado de Winston, a qual faz uma prece a seu salvador, o Grande Irmão, é essencial para que se impeça o reconhecimento do verdadeiro mecanismo. O deus transcendente é a representação equivocada da violência humana transferida com sucesso, canalizada para uma única vítima, que produz paz para todos.

Winston faz uma observação importante, que poderia levar a uma compreensão crítica completa do mecanismo do bode expiatório: a arbitrariedade da vítima. Winston vê que a disposição coletiva contra Goldstein tem a força

---

Pedro Sette-Câmara. São Paulo, Editora É, 2010. A discussão específica começa no cap. XVIII, e parte do longo discurso de Ulisses na Cena 3 do Ato I de *Troilo e Créssida*, de Shakespeare. Na tradução de Carlos Alberto Nunes, o termo *Degree* aparece como "jerarquia". Preservaremos aqui o original inglês. (N. T.)

de uma corrente elétrica, polarizada, abstrata, passível de ser direcionada para o Grande Irmão, ou para Júlia, assim como para Goldstein. Como era de se esperar, essa observação não entra em seu diário, em *seu* texto, mas está claramente presente no romance de Orwell, do modo como já compreendemos.

Por quê? Levaremos o resto do capítulo para dar uma resposta, mas talvez o leitor já esteja antecipando que finalmente sucumbirei ao esnobismo teórico que já atribui a todos os críticos não girardianos que minimizam o potencial quase teórico dos textos literários, que consideram o termo "hipótese" uma admissão de aplicações imaginárias. Talvez o leitor suspeite de que eu vá humilhar Winston e/ou Orwell diante de (mim e de) Girard.

A primeira resposta a isso é que já fomos todos acusados de ser esnobes teóricos pelo próprio Orwell. O texto é estruturado de modo que presuma que o leitor e o narrador saibam perfeitamente aquilo de que Winston na melhor das hipóteses suspeita: a natureza arbitrária do "inimigo do povo". Isso seria verdadeiro a respeito do texto de Orwell ainda que, ou quando, excedermos o agudo entendimento de Orwell do totalitarismo.

Como espero demonstrar, não é a posse de um conhecimento teórico superior que por si caracteriza a localização estratégica do leitor de *1984* em qualquer ano posterior, especialmente no século atual. Na verdade, é o escândalo de esse conhecimento coexistir *de modo hipócrita* (no sentido mais literal) com mecanismos violentos de coesão social que não são mais equivocadamente considerados divinos.

Se nosso interesse se volta para a mundanidade do texto e da teoria, então certamente devemos começar pelas ambições oceânicas para a 11ª edição do *Dicionário da Novilíngua*:

> Estamos dando à língua a sua forma final – a forma que terá quando ninguém mais falar outra coisa. Quando tivermos terminado, gente como tu terá que aprendê-la de novo. Tenho a impressão de que imaginas que o nosso trabalho consiste principalmente em inventar novas palavras. Nada disso! Estamos é destruindo palavras – às dezenas, às centenas, todos os dias. Estamos reduzindo a língua à expressão mais simples. A 11ª edição não conterá uma única palavra que possa se tornar obsoleta antes de 2050.[46]

O potencial teórico de *1984* é notavelmente distinto da pós-modernização das novas críticas e dos novos romances, em harmonia ideológica oculta com a modernização do trabalho subdesenvolvido e das nações subdesenvolvidas. O romance nos mostra que a modernização é uma produção de novas formas só na aparência: "imbom" (*"ungood"*) é um recurso linguístico que se destina a deixar de lado o aspecto histórico

---

[46] Orwell, *Nineteen Eighty-Four*. Nova York, New American Library, 1982, p. 45-46. As referências de páginas subsequentes remetem a essa edição, seguindo o texto entre parênteses. [*1984*. Usamos trechos da tradução de Alexandre Hubner e de Heloísa Jahn publicada pela Companhia das Letras. (N. T.)]

da língua, que pode resistir ser purificado até atingir a perfeita instrumentalização.

> É lindo destruir palavras. (...) Afinal de contas, que justificação existe para a existência de uma palavra que é apenas o contrário de outra? Cada palavra contém em si o contrário. "Bom", por exemplo. Se temos a palavra "bom", para que precisamos de "mau"? "Imbom" faz o mesmo efeito – e melhor, porque é exatamente oposta, enquanto mau não é. Ou ainda, se queres uma palavra mais forte para dizer "bom", para que dispor de toda uma série de vagas e inúteis palavras como "excelente" e "esplêndido" etc. e tal? "Plusbom" corresponde à necessidade, ou "dupliplusbom" se queres algo ainda mais forte. Naturalmente, já usamos essas formas, mas na versão final da Novilíngua não haverá outras. No fim, todo o conceito de bondade e maldade será descrito por seis palavras – ou melhor, uma única. (p. 45-46)

O que é que nossa atenção à mundanidade do texto de Orwell e a mundanidade de *nossa* localização privilegiada e estratégica, dotada de uma teoria superior em relação à do ano 1984, pede que vejamos na 11ª edição? Nada menos do que um resumo de nossos "progressos" teóricos desde meados do século. Um modelo pós-moderno ou estruturalista da linguagem, naturalmente, um sistema de diferenças desprovido de termos positivos; mas também uma desconstrução dessas oposições como interessadas, como tudo menos puras. Por fim, a polarização de bom/ imbom como violenta estruturação, paralelo linguístico do mecanismo do bode expiatório.

A partir de uma perspectiva girardiana, as oposições que os estruturalistas tanto gostavam de reunir (e que os pós-estruturalistas tanto gostavam de desconstruir) surgem porque, em última instância, em toda resolução violenta há apenas dois lados. Vemos não como a linguagem funciona por "si mesma" (somos teoricamente sofisticados demais para aceitar a teoria de Syme de como as palavras contêm seus próprios contrários), mas como ela deve *ser* trabalhada, com propósitos ideológicos, no futuro. As oposições estruturais são elas mesmas desconstruídas, a fim de anular a linguagem e a literatura do passado tornado obsoleto.

Essa é a chave do trabalho que se pede que Smith, como intelectual literário, faça no Ministério da Verdade com o registro público, com o texto social. Seu trabalho com textos não é simplesmente (como Winston parece pensar) a legitimação dos interesses cotidianos do partido, mas envolve a transformação da vida cotidiana num sistema de oposições puras, sem termos positivos – uma rede de pura intertextualidade que torna a realidade material de qualquer oposição ao Estado obsoleta, imboa, vaporizada. Sabemos, ainda mais do que Winston, o quão ingênua são suas provas manuscritas da má representação do partido diante do poder textual do partido, ou mesmo diante da fria e capciosa afirmação de O'Brien de ser o autor de *The Theory and Practice of*

Oligarchical Collectivism [Teoria e Prática do Coletivismo Oligárquico].

Como, então, o diário de Winston é contido pela mundanidade de *1984*? O que acontece com o valor potencial daquilo que Winston viu, para o inventário necessário de características de Oceania a respeito dele? *1984* efetivamente começa com Winston chegando em casa para almoçar após os "Dois Minutos de Ódio" e iniciando seu diário:

> De repente ocorreu-lhe uma pergunta. Para quem estava escrevendo aquele diário? Para o futuro, os que não haviam nascido. Sua mente pairou um momento sobre a data duvidosa que escrevera e de repente se chocou contra a palavra duplipensar em Novilíngua. Pela primeira vez percebeu de todo a magnitude do que empreendera. Como poderia se comunicar com o futuro? Era impossível, pela própria natureza. Ou o futuro seria parecido com o presente, caso em que não lhe daria ouvidos, ou seria diferente, e nesse caso a sua situação não teria sentido. (p. 7)

Testemunhamos o efeito de um "instinto" produzido pelo partido. Vemos o quão bem, na "Rezeptionstheorie" de Winston, as estruturas de oposição entremeadas nas formas sociais e linguísticas, *por sua natureza*, apagam o futuro antes que ele aconteça.

Essas estruturas também permeiam a visão que Winston tem de Julia, que ele alternadamente deseja e detesta. Quando ela envia a ele algo para ler, ele já sabe que ela cai em uma de duas oposições, o partido ou a irmandade. Ela se torna o sinal do aprendizado corretivo de Winston na Sala 101 (o número, aliás, que designa as primeiras matérias no sistema educativo universitário americano), em que ele aprende a transferir a violência que o ameaça: "Faça isso com Julia!".

Como podemos avaliar o que aconteceu ao potencial de "elaboração crítica" no reconhecimento do sinal arbitrário da vítima por Winston, em seu conhecimento de que a violência poderia ter escolhido outra pessoa? Dois aspectos da teoria de Girard nos ajudarão a interpretar a ordem cultural de Oceania: (1) Girard discorda de Frazer e dos ritualistas de Cambridge, insistindo que os primitivos não são hipócritas. O elo social perdido na vítima, que permite que a violência coletiva contra ela permaneça sem resposta, não é um critério consciente de escolha. O bode expiatório não é considerado sagrado pelas culturas primitivas porque é vitimizável, mas é vitimizável (é um objeto ritual adequado) porque é considerado sagrado. (2) O modelo mimético de Girard torna desnecessária a proliferação freudiana de agências psíquicas, sobretudo um inconsciente produzido e reprimido por um breve reconhecimento de desejos incestuosos.

O *duplipensar* (*doublethinking*), direcionado para o reconhecimento da significação arbitrária, pela violência, do inimigo do povo, une toda a Oceania numa prática *hipócrita* pós-frazeriana de sacrifício. Além disso, todos compartilham um inconsciente pós-freudiano produzido não por um breve reconhecimento de desejos incestuosos, mas pelo duplipensar da transferência arbitrária da violência e pelo próprio duplipensar (*doublethinking itself*), a característica da característica. O duplipensar, a técnica da hipocrisia, torna-se a agência psíquica primária, sólida o suficiente para, na passagem citada anteriormente, servir de obstáculo à mente de Winston.

Observamos Winston não conseguir compreender a fundação do simbólico na violência unânime, que só permite dois lados em toda questão, na filosofia das roupas de Oceania. Forçados a usar uniformes, Winston e Julia politizam retirá-los. Winston sonha com o gesto de Júlia de tirar suas roupas, que "parecia aniquilar uma cultura inteira, todo um sistema de pensamento, como se o Grande Irmão, o partido e a polícia do pensamento pudessem ser lançados ao nada por um gesto simples e esplêndido" (p. 29). Nada poderia estar mais longe da verdade.

De modo análogo, Winston diligentemente pergunta a seu informante das proles se os capitalistas usavam cartolas. O formato de sim ou não da pergunta de Winston não consegue alcançar aquilo que a prole diz quando explica que era possível usar cartolas em qualquer circunstância. Podemos ver o quão radicalmente essa resposta poderia alterar as bases da compreensão do poder, da aquisição da propriedade, cujo valor significado é aceito, constante e natural (isto é, os capitalistas são os malvados de cartola), à inveja e obsolescência, reguladas pelo mercado, dos símbolos arbitrados do ser (contestado violenta e mimeticamente).⁴⁷ Os capitalistas "modelam" as cartolas; os outros desejam os privilégios, o ser mesmo dos capitalistas. O sistema acomoda suas necessidades. É difícil não perceber o orgulho justificável do próprio Orwell pela agudeza de seu próprio vasto trabalho de campo jornalístico entre a classe trabalhadora durante a década de 1930.

Ainda que o diário de Winston fique mais mundano, mais interessado tanto em detalhes circunstanciais quanto em teoria, ele nunca supera a influência de O'Brien, vista no primeiro capítulo:

> Winston viu – sim, *viu*! – que O'Brien estava pensando o mesmo que ele. Completara-se uma inequívoca comunicação. Fora como se os dois espíritos se abrissem e os pensamentos de um passassem ao outro, pelos olhos. "Estou contigo", pareceu dizer-lhe O'Brien. "Sei exatamente o que sentes. Sei tudo de teu desprezo, teu ódio, teu nojo. Mas não te aflijas, estou a teu lado!" E daí sumira-se a faísca de inteligência e a face de O'Brien se tornara inescrutável como a de todos. (p. 13)

Winston nunca explorou as consequências de sua consciência crítica do mecanismo do bode expiatório nos

---

⁴⁷ Ver especialmente Paul Dumouchel e Jean-Pierre Dupuy, *L'Enfer des Choses: René Girard et la Logique de l'Economie.*

"Dois Minutos de Ódio", nem a ponto de registrá-las em seu diário, porque O'Brien entende, *toujours dejà*, exatamente o que ele sente, pensando exatamente o que Winston pensa. O diário permanece apenas uma comunicação interpessoal escrita, enfim, para O'Brien, não uma análise do texto social para algum futuro. Assim como a fórmula redutiva de Winston para descartar todo interesse futuro em seu diário, a oposição entre história e escrita extravia a opção real da análise política útil. O "conhecimento" que Winston tem de O'Brien é tão perigosamente totalizado quanto a versão de Goldstein que aparece na tela.

Mas se O'Brien é o leitor futuro de Winston, o narrador de *1984* também é – e, seguindo o narrador, nós também. Se Winston é vitimado pelo olhar de compreensão total de O'Brien, que faremos com a compreensão que Orwell presume que compartilhemos com o narrador ao olhar em retrospecto para 1984? Quais são as fontes de informação do narrador? De onde vem o conhecimento que esse narrador tem de Winston, e qual o contexto, o mundo de nossa própria compreensão crítica? Como leitores modernos, estamos acostumados a romances que conhecem os pensamentos inconscientes alheios, mas será que as circunstâncias urgentes do contexto político do romance não nos levam a julgar mais provável que uma onisciência limitada daquilo que Winston pensa vem da interrogação coercitiva e não de uma compreensão simpática?

Verificamos a pior das hipóteses aventadas por Orwell quando não conseguimos ou não queremos proteger a teoria da dinâmica de moda da modernização. Podemos negar que o devido nome da ascensão e queda da fama crítica é *fama*? O verdadeiro modelo por trás da turbulência da instituição da crítica é a *turba*, que também demanda uma leitura girardiana.[48] A adequação desses termos imemoriais para a solidariedade primitiva não significa um retorno atávico às origens. A mímesis conflitiva persiste em todos aqueles lugares não administrados pelo sistema judicial – particularmente, no mundo da cultura e do consentimento. Seria hipócrita – *hipocrítico*, na verdade – cegar-nos para a *ciclotimia* em que entram as linguagens críticas, com duradoura violência do antissemitismo e do orientalismo, do racismo e do sexismo que elas pretendem expulsar. O último mecanismo de bode expiatório é acusar *os outros* de criar bodes expiatórios. A futura força cultural da teoria crítica é hoje decidida pelo mecanismo das notícias: não só da propaganda, cujo modelo é o desejo mimético, mas a turbulência e a modernização da própria atenção pública.

O que nos deram nossa menção e nosso amálgama das fortes hipóteses de Frye e de Girard? Assim como seus precursores, eles foram atraídos pela prodigiosa comparação de culturas, de linguagens e de literaturas do século XIX. Ao contrário de seus contemporâneos, eles tentaram oferecer uma hipótese que explicasse as estarrecedoras semelhanças no mito, no ritual e na literatura.

Se uma mimeticização girardiana do conceito de Frye da literatura como um todo se mantém, que aparência deveria ter a literatura moderna? Primeiro, temos de pensar na copresença do mito e do ritual junto à experiência

---

[48] Ver meu artigo que delineia o compartilhamento de René Girard desse termo com Michel Serres: "*Frères Amis*, Not Enemies: Serres between Prigogine and Girard".

moderna, que todos reconhecem como sintomática da modernidade enquanto algo mais do que um retorno atávico às origens. Os autores modernos, afinal, deparam-se com o mesmo material estarrecedor que Frye e Girard, sendo efetivamente seus companheiros na teoria, relação considerada bem-vinda pelos teóricos. Os melhores dentre os modernos reconhecem a similaridade do mito, do ritual e do comportamento moderno e especulam a esse respeito.

Mas isso não é tudo. Frye e Girard juntos caracterizam aquilo que venho chamando de modernismo milenarista como o momento em que a literatura secular e a sagrada reúnem-se numa tradição comum de textos judaicocristãos, quando somos empoderados a reconhecer a perseguição. Mesmo quando compreendemos, ainda existe a possibilidade de que essa compreensão possa ser "sequestrada"[49] ou desviada de sua realização devida na paz unânime.

Consideramos que Shakespeare e Orwell estabelecem os limites da modernidade. *O Rei Lear* mostra o quão próxima está a revelação da violência e da paz como coisas humanas, como ela aguarda uma redefinição única. Lear tenta manter a paz dividindo seu patrimônio antes de morrer, mas quer dar a maior parte para aquela que mais o ama. Jesus teria dito que fazer o bem àqueles que certamente retribuirão não tem nada de mais. A revelação que deve seguir-se a Lear será a de que todos devem amar-se uns aos outros sem esperar reciprocidade. Não

---

[49] O termo admiravelmente direto de Frye para a traição da escritura secular.

é chegada a hora nem o dia para Lear, mas Shakespeare apresenta à sua plateia moderna primitiva um líder em crise que mesmo assim leva à linhagem dinástica dos reis ingleses e à crise do *Degree* e da sucessão na Inglaterra elisabetana. De fato, Shakespeare escreve um livro inglês adicional do Velho Testamento (assim como *The Rainbow*, de D. H. Lawrence), para esclarecer a revelação das escrituras numa época de violência. Orwell imagina o fim da modernidade no implacável sequestro da compreensão das práticas de bode expiatório a fim de aperfeiçoá-las na violência perfeita como fim em si mesma.

Não podemos nos dar ao luxo de ignorar a obra de nossos maiores autores, que pensaram esse impasse crítico. Começaremos com Ibsen, que coloca a realização da posição social ou reputação (*fama*) moderna inteiramente dentro do contexto da hipocrítica, do mundo social em que todos negam seu investimento naquilo em que a multidão crê, mas que todos fazem aquilo que a multidão, representada pela mídia, quer.

capítulo 2
pilares de uma sociedade autossacrificial

Henrik Ibsen é um precursor fundamental de toda a literatura moderna subsequente. Seu desenvolvimento, que aconteceu ao longo de uma vida como dramaturgo, é, mesmo assim, reconhecido apenas de modo obscuro nas teorias da modernidade. Os críticos brigam a respeito de *seus* antecedentes: Scribe, Feydeau e também outros dramaturgos e poetas noruegueses e escandinavos. Mas nada em seus predecessores sugeria as grandes peças em prosa dos últimos 25 anos de sua carreira. Como foi que ele se modernizou?

A respeito de sua transição para a prosa, Ibsen disse que não poderia mais permitir que seus personagens falassem em verso, a linguagem dos deuses.[1] É tentador começar a ver Girard nisso, porque Ibsen nos oferece uma variação fascinante do momento histórico de crise representado por Stendhal, Flaubert e Dostoiévski discutido em *Mentira Romântica e Verdade Romanesca*, o momento da própria modernização, em que a desintegração de uma estabelecida

---

[1] Henrik Ibsen, *Letters and Speeches*, p. 145.

aristocracia política e cultural forçou todos a competir por prestígio e por um ser único em um mercado comum.

No caso da Noruega da época de Ibsen, é a crise causada pela deslegitimação do dano-norueguês como língua literária incontestada, em prol de versões concorrentes de uma língua nacional emergente para uma literatura singularmente nacional, que provoca uma rivalidade pela proeminência atavista ou nativista: qual é o mais norueguês de todos?

Ibsen e Henry James não escolhem o atavismo chauvinista,[2] mas também evitam tornar-se meros discípulos das tradições filosóficas dominantes que os marginalizaram. Eles são debatedores mais francos dos significativos desenvolvimentos históricos e culturais analisados em *Mentira Romântica e Verdade Romanesca* por vir de "novos" países, alheios à cultura europeia.

Aqui é preciso evitar o grande osso do ofício da teoria crítica: não podemos permitir que uma semelhança entre um texto literário e outro teórico caia numa mera transcodificação do primeiro no segundo,[3] sem jamais considerar que sua semelhança significa que cada um propõe uma contribuição para uma teoria convergente do comportamento humano. Girard desde sempre defendeu o potencial quase teórico dos textos literários. Somente permanecendo o mais perto possível dos textos de Ibsen

---

[2] William Johnsen, "The Moment of *The American* in L'Écriture Judéo-Chrétienne".
[3] Nos melhores momentos, temos Frederic Jameson convertendo prodigiosamente intuições de um sistema simbólico para outro, como em sua conversão de Northrop Frye em Santo Agostinho em *The Political Unconscious* (1981). Nos piores, a tradução costumeira da literatura em teoria.

podemos ter esperanças de acrescentar algo à considerável obra que a hipótese de Girard já realizou.

Se existe um princípio geral em jogo em não transcodificar prematuramente a linguagem das peças de Ibsen em linguagem teórica (em não ser prematuramente teórico por causa de uma teoria já completa), há também o risco particular de enterrar a diversidade particular de sua realização dramática. Ibsen é acima de tudo o dramaturgo da caracterização complexa: ninguém, antes dele, foi tão sutil quanto à motivação dos personagens *comuns* da vida cotidiana. Contudo, em sua época, suas peças eram aguardadas por causa das intensas discussões de ideias que certamente provocariam. Por que será que Ibsen não é considerado o mais teórico e didático dos autores?

Em parte, porque a simples variedade de ideias e de posições controversas dramatizadas em cada peça impediu que ele fosse visto (durante um bom tempo) como propagador de qualquer uma delas. Michael Meyer reproduz, em sua biografia de Ibsen, uma tira política norueguesa da época, que mostra Ibsen açoitando a esquerda, depois a direita, depois todo mundo.[4]

Mais importante, a partir de *Samfundets Støtter* [Os Pilares da Sociedade] (1877) Ibsen criou um drama de teorização em grupo conduzido pelos próprios personagens. O trabalho de Ibsen, além da criação de personagens, consistia em imaginar as condições e os eventos que possibilitem que pessoas comuns

---

[4] Ao lado da p. 445 em Meyer, *Ibsen*.

contribuam com descobertas a respeito do comportamento humano, que, observadas coletivamente, permitam sua amplificação e consolidação como hipótese.

A hipótese mimética começou por explicar o ressentimento moderno como reciprocidade negativa. Isso significa que cada indivíduo experimenta o isolamento de modo ressentido ("eles estão juntos, e eu estou só"), ou experimenta o ressentimento no isolamento, como se ninguém mais se sentisse como ele. Como vimos no primeiro capítulo, a hipótese girardiana de mímesis conflitiva ajuda bastante a explicar as fúteis ondas sucessivas de modernismos e as teorias críticas que as acompanham.

Tendo consolidado seu entendimento da disfunção mimética, Girard logicamente voltaria à hipótese mimética para o entendimento da reciprocidade positiva e da negativa, e também da positividade latente de toda reciprocidade. Se a teoria crítica recente muitas vezes pareceu uma expressão perfeita da rivalidade mimética, sua necessária intertextualidade (sendo uma das formas do comportamento humano) também pode sustentar mais do que um mero "conflito de interpretações".

O drama tem algo a oferecer à teoria além do solilóquio e da teatralidade. O drama sempre representou o conflito, talvez o resolvendo. A qualidade espetacular do conflito dramático não deve impedir ninguém na comunidade de autor, elenco e plateia de imaginar como reorganizar ou reordenar os resultados do comportamento humano representativo numa sequência de não violência positiva e recíproca. As hipóteses convergentes dos personagens de Ibsen a respeito do comportamento coletivo humano ajudarão a reimaginar o modernismo como tradição positiva, a realização da tradição da escritura judaico-cristã.

Se as peças de Ibsen apresentam o potencial da teorização em grupo, sobre qual apreensão teórica do comportamento humano seu teatro trabalha? O trabalho de base de Ibsen com as sagas, que ele começou a pilhar, no início da carreira, a fim de produzir um teatro norueguês aceitável para seus assinantes em Bergen na década de 1850, deu-lhe, em última instância, uma apreensão arqueológica do comportamento moderno. Ibsen descobriu que as regras heroicas que determinavam a culpa e a expiação pela rivalidade e pelas disputas sangrentas nas sagas,[5] aparentemente substituídas pelo sistema judicial moderno, tinham sobrevivido sob o disfarce do comportamento "psicológico" moderno.

A fim de começar a recuperar a pesquisa de Ibsen sobre a sociedade moderna, podemos seguir o óbvio interesse de Ibsen pela notável onipresença de *skyld*, uma palavra comum. O fato de ela ter-se degradado ao longo do tempo nas línguas escandinavas (e em germânico: *Schuld*), até tornar-se uma marca cortês comum de desculpas (em norueguês: *unskyld*; em alemão: *entschuldigen*), não é

---

[5] Daniel Haakonsen observa um belo exemplo da consciência de Ibsen da expiação nas sagas em "Svanhild", um dos primeiros rascunhos da *Comédia do Amor*. Falk ardilosamente recorda a Svanhild que, na época da *Volsungsaga*, "uma vítima [Svanhild] tem de sofrer para aplacar a ira dos deuses" ("The Function of Sacrifice in Ibsen's Realistic Drama", p. 28). Ver também Jesse Byock, *Feud in the Icelandic Saga*, que considera que as sagas são construídas a partir de "feudemes", uma ideia que abre as sagas ao modelo girardiano de mímesis conflitiva. Para uma leitura girardiana sugestiva das sagas, ver Livingston, *Models of Desire*, p. 135-69. Para uma excelente leitura girardiana de Ibsen, ver William Mishler, "Sacrificial Nationalism in Ibsen's *The Pretenders*".

diferente da destituição gradual da responsabilidade pessoal na palavra inglesa *sake*. Teremos de dar atenção especial à linguagem em Ibsen; não é só o fato de que suas peças tratam de pessoas comuns que sua importância para o modernismo é estratégica. Afinal, Ibsen já tinha escrito sobre a sociedade moderna enquanto escrevia em verso dramático: *Kjærlighedens Komedie* [A Comédia do Amor], *De Unges Forbund* [A Liga da Juventude] e *Brand*.

A primeira peça moderna em prosa é *Samfundets Støtter*, em que Ibsen representa o funcionamento da turbulenta dinâmica da solidariedade na família e na sociedade, exacerbado pela mídia moderna. Há algumas poucas palavras que reiteram a sintaxe da solidariedade moderna nesta e nas demais peças em prosa: sacrifício (*offer*), sobretudo o autossacrifício, para o *sake* (*skyld*) de outra pessoa, ou para ganhar o direito de ser considerado o apoio supremo (apoiar, *å støtte*, apoios ou pilares, *støtter*) da comunidade (*samfunnet*), suportar seu peso para o *sake* deles.

Isso parece a sintaxe do rito sacrificial primitivo, excetuando-se o fato de que não se está falando com deuses que exijam esse sofrimento e essa expiação. O sacrifício é secular e social, é aquilo que se diz que os outros esperam em nosso próprio comportamento. Na vida moderna, o drama do sacrifício, sobretudo a aparência do autossacrifício, é realizado pelos outros e, num certo nível, pela comunidade, pela mídia e na mídia, e não numa arena ou altar público predeterminado.[6]

---

[6] Como veremos no capítulo seguinte, Ibsen explora o papel da imprensa mais profundamente em *En Folkefiende* [Um Inimigo do Povo], peça intimamente relacionada a essa. Em nossa época, o lugar é a televisão.

No mais, é possível reduzir esse conhecimento da influência do autossacrifício que os personagens de Ibsen elevam a um esquema universal – em parte, porque os próprios personagens discutem suas operações de modo mais ou menos aberto, como algo bem entendido. Aquilo que separa a sociedade moderna do rito primitivo é a natureza secular e muitas vezes calculada e *hipócrita* do sacrifício. O sacrifício moderno é no mais das vezes psicológico, o que significa que ele realiza sua punição em "privado" – não em segrego, mas em todas as áreas "não públicas" não reguladas pelo sistema judicial moderno. O autossacrifício quer o prestígio, quer convencer os outros da superioridade do ser próprio, por meio de práticas que, segundo se diz, persuadiriam os outros (não os deuses). É como se só a sociedade moderna tivesse dominado a hipocrisia que os antropólogos da virada do século (com destaque para James Frazer) atribuíam ao ritual primitivo.

Aune, capataz do estaleiro de Karsten Bernick, dá início à retórica da solidariedade hipócrita do sacrifício moderno na peça. Quando Krap, um empregado mais antigo que fala em nome de Bernick, acusa Aune de fazer discursos aos trabalhadores que os tornam "imprestáveis para o serviço", Aune diz calculadamente que fez isso "for å støtte samfunnet" – para servir de apoio para a comunidade.[7] Krap contesta a reclamação de exclusividade de Aune sobre a autoridade de que esse linguajar se investe,

---

[7] A tradução amplamente usada de Rolf Fjelde, por exemplo, traz "para o melhoramento da sociedade". Trad. Fjelde. *The Complete Major Prose Plays*, p. 16. *Støtte* significa apoiar e é a forma verbal do substantivo plural no título da peça *Samfundets Støtter*.

respondendo que o "dever" ("*skyld*ighet") de Aune é para com a sociedade de Bernick & Cia., porque ela "apoia" todos os que nela trabalham.

Enquanto isso, na sala ao lado, Rørlund incita sua plateia feminina ao serviço autossacrifical para a sociedade, lendo em voz alta um livro de borda dourada chamado *Kvinnen Som Samfunnets Tjenerinne* (algo como "As Mulheres como Servas da Sociedade").[8] De modo cuidadoso e prudente, ele corteja a humilde Dina Dorf, que é tratada pelas outras senhoras como alguém de quem se deve ter pena. (Anos antes, sua mãe, uma atriz, escandalizara a cidade ao permitir que os jovens locais fossem seus admiradores.) Ele pede desculpas por cortejar-lhe de modo tímido e furtivo na sintaxe sacrificial da peça:

> Når en mann er satt til å være en moralsk støtte for det samfund, han lever i, så –; man kan ikke være forsigtig nok. Dersom jeg blot var viss på, at man vilde forstå riktig å uttyde mine beveggrunne – (p. 17)[9]

> Quando um homem é marcado como um dos pilares morais da sociedade em que vive, não há cuidado excessivo que ele possa tomar. Se ao menos eu tivesse

---

[8] Ibsen está claramente acumulando material para sua próxima peça, *Casa de Boneca*. Nessa peça, há uma tendência a observar como as mulheres são bodes expiatórios dessa sociedade, desde o início até a versão final.
[9] Ibsen, *Nutidsdramaer*. Todas as citações de Ibsen vêm dessa edição. As referências de página virão após a citação entre parênteses.

certeza de que as pessoas não interpretariam mal meus motivos (p. 256).¹⁰

A corte cuidadosa ("forsiktig") de Rørlund enfatiza a imagem desenvolvida pelos personagens ao longo da peça de que um pilar pode ser derrubado pelo mesmo peso que ele suporta para ganhar prestígio, caso alguém não interprete corretamente sua motivação ("beveggrune") ao ser visto com Dina. Pode-se presumir que a interpretação politicamente correta do interesse de Rørlund por Dina seria que sua intenção é de soerguê-la – ele não a quer para si. De todo modo, Rørlund assusta-se com um ruído de um xereta potencial, e pede a Dina, "para seu *sake*" ("for min skyld"), que eles retornem ao grupo antes que sejam descobertos.

Samfundets Støtter considera Karsten Bernick um dos pilares da sociedade. Há uma mistura incerta de autoengano e de duplicidade em todos os personagens da peça que celebram o autossacrifício, variando entre servir sem questionar sua força compulsiva e sua manipulação calculada. Se Rørlund faz parte do primeiro grupo, Karsten Bernick está principalmente no último, o dos manipuladores calculistas.

Karsten é o único filho de uma influente família dona de estaleiro. Quando voltou para casa após longas viagens pela Europa e assumiu papel ativo na empresa da família, descobriu que ela estava falida. Retirou suas atenções

---

¹⁰ Henrik Ibsen, *The Collected Works of Henrik Ibsen*, v. 6. Todas as citações subsequentes em inglês remeterão a essa edição (exceto quando marcado); as referências às páginas aparecem ao final de cada citação. [As traduções em português de Ibsen foram feitas a partir do texto inglês oferecido, sem recurso a edições de suas peças em língua portuguesa. (N. T.)]

amorosas de Lona Hessel e ficou noivo de Betty Tønnsen, meia-irmã de Lona, que acabara de ser declarada herdeira da fortuna da família. Ele quase foi pego com uma atriz (a sra. Dorf, mãe de Dina) num quarto de hotel, mas outra pessoa levou a culpa: Johan, futuro cunhado de Karsten.

Além de deixar seu futuro cunhado levar a culpa por sua própria desventura amorosa com a sra. Dorf, ele também deixou que outros acreditassem que Johan tinha tirado da empresa um dinheiro que, na verdade, ela nunca teve. Isso corresponde a um padrão mítico que conhecemos bem – irmãos rivais, um dos quais é culpado por tudo, e expulso, enquanto o outro vira rei e benfeitor, responsável por todas as bênçãos cívicas que se seguem a essa diferença fundadora. Ainda que obras públicas concretas sejam dadas à comunidade que se forma em torno de Karsten Bernick, é primariamente nas psicologias do público,[11] mediadas pela imprensa, que acontece a purificação ritual da comunidade.

---

[11] Bernick explica a Lona como as histórias a respeito de Johan parecem ter vida própria: "Du kan vel forestille hvorledes alskens rykter sattes i omløp da han og du var borte. Dette var ikke hans første lettsindighet, ble der fortalt. Dorf hadde fått en stor sum penge av ham for å tie og reise sin vei, het det; andre påsto at *hun* hadde fått dem. På samme tid ble det ikke skjult at vårt hus hadde vanskelig for å oppfylle sine forpliktelser. Hva var rimeligere enn at sladderhankene satte disse to rykter i forbindelse med hinannen? Da hun ble her og levet i tarvelighet, så påsto mana at han hadde tatt pengene med seg til Amerika, og ryktet gjorde summen bestandig større og større." (p. 43) "É fácil imaginar que havia todo tipo de rumor no ar depois que vocês dois foram embora. Diziam que esse não tinha sido o primeiro delito dele. Alguns diziam que Dorf recebera muito dinheiro dele para calar a boca e ficar fora do caminho; outros afirmaram que ela ainda estava com o dinheiro. Ao mesmo tempo, espalhou-se a informação de que nossa casa estava com dificuldades para cumprir seus compromissos. Haveria algo mais natural do que esses fazedores de escândalos juntarem esses rumores? Então, enquanto a Madame Dorf ficava aqui, em pobreza inequívoca, as pessoas começaram

Temos uma demonstração imediata da vitimação psicológica moderna do bode expiatório na conversa que surge na Sociedade para os Deficientes Morais, cujas reuniões acontecem na sala de estar de Bernick. Rørlund propõe uma comparação entre as sociedades decadentes do mundo e o severo moralismo da comunidade local. Sua fonte de informação é o jornal. A maneira piedosa com que a comunidade repete "as notícias" é notável; contudo, nossa própria relação com as notícias é idêntica, e por isso nunca é notada nos comentários a Ibsen.[12] Todos os personagens falam mal dos jornais, como se fossem fontes de contaminação mundana, mas certamente esse é o ponto de vista proposto pelos próprios jornais a seus leitores, tanto naquela época quanto agora, para angariar a simpatia dos leitores. Toda comunidade aprende com seus jornais a falar mal desses outros, que são personagens, nas notícias, de atos de indecência privada e pública.

Mas a força das comparações de Rørlund não se esgota no limite da comunidade. Logo ele vai comparar a diferença

---

a dizer que ela tinha levado o dinheiro para os Estados Unidos; e os rumores aumentavam a soma todos os dias." (p. 337)
Aqui vemos um padrão complementar à capacidade das sagas de viajar e de combinar na facilidade com que as histórias de desonra parecem gerar a si próprias e consolidar-se em torno de suas vítimas. As sagas elevam o herói, que é admirado, enquanto o rumor o puxa para baixo, pelo ressentimento. Ninguém conhece melhor a vertiginosa posição dos pilares "sagrados" da sociedade do que Karsten Bernick.
[12] É comum considerar que as peças *The Editor* e *The Bankrupt*, de Bjørnson, provocam essa peça. Bjørnson claramente também há de ter visto uma relação entre o comércio e a imprensa; a data da composição das peças é muito próxima. E, o que é mais importante, observamos com maior compreensão e apreciação o hábito destacado pelos biógrafos de Ibsen de que ele lia exclusivamente a Bíblia e os jornais.

entre a superioridade moral da Sociedade para os Deficientes Morais, o grupo de caridade seguramente alojado na casa de Bernick, e o que quer que aconteça na rua lá fora.

Esse grupo de mulheres tem interesses muito diversos, mas suas fofocas logo retornam à recitação do evento fundador da sociedade redimida a que pertencem. A sra. Bernick e Martha não teriam razão para querer rememorar os acontecimentos da desgraça de sua própria família, mas sua participação no falar mal dos outros segue a dinâmica da fofoca, o árbitro contemporâneo da *fama* e do *thumos*, que, em última instância, volta-se contra elas.

Diversos membros da Sociedade levam essa diferença de volta à sua origem, dando seguimento ao comentário da sra. Bernick de que até mesmo essa comunidade já foi como o exterior: "tudo acabava em dissipação" (p. 241: "da al ting gik opp i forlystelser" [p. 13]). A palavra norueguesa "forystelser" costuma ser traduzida como "recreação" ou como "entretenimento"; a tradução de William Archer, citada anteriormente, provavelmente usa "dissipação" para capturar o modo como os valores estão polarizados; todo acontecimento social terminava em ("resultava em" capturaria melhor a qualidade formulaica da expressão idiomática *gå opp i*) diversão *antes*, mas *agora* todo evento social deve acontecer para o bem da sociedade – não são permitidas festas nem eventos teatrais.

Pede-se que Dina deixe o recinto, com uma desculpa que não engana ninguém, quando os acontecimentos que envolvem sua mãe são sugeridos. A sra. Bernick e Martha, com desculpas que não enganam ninguém, retiram-se quando chega a hora de falar das ovelhas negras da família de Betty: Lona, sua meia-irmã mais velha, e Johan, seu irmão mais novo.

A sra. Rummel recorda a Lona: "det var en for sig selv! Vil De tænke Dem, hun klipped håret af sig, og så gik hun med mandfolkstøvler i regnvær" (p. 15; "que ser estranho! Você acredita que ela cortou o cabelo curto, e depois saiu na chuva com sapatos de homem?" [p. 249]). O texto norueguês dá uma ideia melhor dos motivos dela do que o texto inglês de Archer. Ela é "alguém [dentre aqueles que] só pensa em si mesma". A sra. Rummel vê que Lona audaciosamente se apropria das maiores autonomia e liberdade dos homens, que usam cabelo curto e botas robustas.

A sra. Rummel relata que, quando Karsten apareceu de braços dados com Betty Tønnessen para anunciar seu noivado à tia dela, "Lona Hessel levantou-se da cadeira e deu ao belo e aristocrático Karsten Bernick um sonoro tapa no ouvido" (p. 249; "– så reiser Lona Hessel sig op fra den stol, hun sidder på, og gir den fine dannede Karsten Bernick en ørefigen, så det sang i ham" [p. 15]). Essa elaboração positiva da força do golpe de Lona sugere que a sra. Rummel, ao menos após ter refletido, não está totalmente ao lado de Karsten. Que sentido pode ter esse belo detalhe de sua narrativa, senão que a sra. Rummel ouve no tom da sra. Holt uma simpatia em potencial pela receptividade insurgente de Lona contra um privilégio masculino, um ressentimento enterrado contra a ascendência de ("den fine dannede") Karsten Bernick.

Além disso, a sra. Holt explica que Lona foi para os Estados Unidos atrás de Johan, quando a cidade inteira estava alvoroçada por causa dele ("hele byen naturligvis var opprørt over ham" [p. 15]). Lona desafiou a comunidade inteira ao ficar do lado de seu antagonista. A expressão "hele byent" (a cidade inteira), mencionada diversas vezes na peça como autoridade suprema, como última palavra, traz o mesmo registro da unanimidade mitológica em inglês: elas falam por uma totalidade imaginária exatamente como os jornais e as outras mídias, apenas para que haja a recordação mútua daquilo que todos sabem.

O episódio inteiro é belamente motivado por aquilo que todos sabem da dinâmica da fofoca moderna. Cada interlocutor maliciosamente incita o outro a violar a etiqueta instando-o a não mencionar aquelas manchas que sujam uma família que, não fosse por elas, seria imaculada ("å jo, Lona Hessel er nok også en af solpletterne i den Bernickske familielykke" [p. 15]). Os traços comuns dos relatos de transgressões e da "justiça" retributiva associam a fofoca, de formato livre, ao jornalismo investigativo ou "desconstrutivo" do período moderno.

Ficamos sabendo dos atos antitéticos de Lona tanto pelas conversinhas ocultas da Sociedade para os Deficientes Morais quanto pela própria Lona, que subitamente retorna com Johan após quinze anos. Lona imediatamente escandaliza sua família de um jeito de que todos se lembram. Quando sua família lhe pergunta por que ela diz que "nós" viajamos de segunda classe, ela responde "Jeg og barnet, naturligvis" (p. 21); "Eu e o menino, naturalmente", para ver se eles vão fingir que não entenderam que ela tem um filho e que não tem um macho adulto como marido, nem um rapaz como companheiro.

Depois Lona pergunta se houve alguma morte na família, porque todos estão sentados costurando coisas brancas no escuro. Rørlund, caindo na armadilha, diz, de modo impressionante, que eles constituem a Sociedade para os Deficientes Morais. Lona responde ("meio para si mesma"), "essas senhoras de boa aparência, bem comportadas, será que são?" (p. 271).

Lona encaixa-se lindamente nas expectativas de comportamento insurgente que a precederam. Lona possui um ego romântico. Ela sempre procurou o *frisson* de irritar a sociedade, certa de que obteria uma proeminência singular se todos ficassem chocados. Ibsen, assim como Flaubert, Henry James e James Joyce, sente fascínio pelo funcionamento da dinâmica do modernismo nas províncias da cultura mundial. Lona, assim como Emma Bovary, deseja escandalizar os provincianos, *épater les bourgeois*. Emma e Lona pertencem ao retrato do "masoquismo" que Girard fez do século XIX: o vanguardista que busca ser punido pela multidão, a fim de certificar sua virtude singular pela oposição à vulgaridade dos que o rejeitam.[13] Os românticos endeusam-se como vítimas; eles escandalosamente se envolvem na hermenêutica do signo de Cristo, o cordeiro de Deus, a vítima perfeita.[14] Essa psicologia acompanha e até perverte a compreensão crescente do sistema sacrificial que persegue as vítimas.

---

[13] James Joyce citou a resposta de Lona a Rørlund com o fim de provocar os diretores da escola em seu ensaio sobre teatro.
[14] Há muitos críticos que discutem a *Kindermord* como motivo romântico em Ibsen. Para uma boa visão geral, ver Terry Otten, "Ibsen's Paradoxical Attitudes toward *Kindermord*". Ver também a arguta caracterização de Tobin Siebers do romantismo como algo que inaugura a identificação moderna com as vítimas em "Language, Violence, and the Sacred: a Polemical Survey of Critical Theories".

Demarcar o reaparecimento do bode expiatório primitivo na cultura moderna é uma das maneiras de os autores modernos teorizarem coletivamente a respeito do comportamento social de seu próprio momento histórico. Contudo, a teoria de que os autores fazem isso tem de funcionar dentro do consenso de pesquisa do entendimento comum (no sentido em que Virginia Woolf usava "comum") de um público leitor comum. O que seria convincente que um personagem humano fizesse? A questão mais urgente, feita primeiro por Rørlund, é por que Lona retornou? Será que ela quer mais escândalo? Será que deseja vingar-se de todos aqueles que a rejeitaram, a começar por Bernick, e por toda a comunidade que se cristalizou em torno dele?

Ibsen dá a Lona um papel incrível, um papel que nunca foi devidamente compreendido (exceto talvez por Joyce). Assim como Christopher Newman em *The American*, de James, ela recusa a vingança, por ter sido recusada no desejo. Sua dificuldade é articular uma não violência pós-sacrificial num mundo em que a linguagem está entregue à hipocrítica. Sua resposta a Rørlund, que encerra o primeiro ato, deu a um jovem irlandês – James Joyce – uma luminosa alternativa àquela reciprocidade mútua negativa moderna que Girard, em *Mentira Romântica e Verdade Romanesca*, caracteriza como "ressentimento, rivalidade e ódio impotente".[15]

> ADJUNKT RØRLUND. *De?* Med tilladelse, frøken, hvad vil *De* giøre i *vår* forening?

---

[15] Ver James Joyce, *The Critical Writings of James Joyce*, p. 46.

FRØKEN HESSEL. Jeg vil lufte ud, herr pastor. (p. 22)

RØRLUND. A senhorita? Permita-me perguntar, srta. Hessel, o que a senhora pretende fazer em nossa sociedade?

LONA. Deixarei entrar o ar fresco, pastor. (p. 273)

Se o efeito escandaloso de Lona sobre a comunidade é igual ao que sempre foi, as coisas mudaram simetricamente, de festivais para antifestivais, desde sua partida. Ao longo de quinze anos, a empresa de Bernic, sua posição pessoal na comunidade, e a própria comunidade se beneficiaram da expulsão de Johan. A comunidade como um todo trocou o festival por um longo antifestival, sempre atenta a qualquer força perturbadora, para qualquer retorno para a alegria do passado, de que as idas ao teatro são um símbolo recorrente. A comunidade forma-se em torno de Bernick, seguindo o programa de nunca aproveitar as coisas, de nunca se fazer nada para si próprio. É preciso sempre dar a impressão de se estar fazendo alguma coisa pelos outros.

Bernick não é Édipo. Ele *sabe* que a comunidade foi fundada por um ato fundador de vitimação do bode expiatório, que fez dele o líder dela; a última coisa que ele quer é fazer um inquérito a respeito e desconstruir o mito fundador.

Karsten sabe que sua própria reputação tem de permanecer imaculada para que ele consiga manter seu sucesso como especulador financeiro. Ele sente claramente a necessidade de aprovação da sociedade, representada pela imprensa. Ao longo da peça, ele teme que a sociedade inteira persiga-o caso algum dia ele demonstre alguma falta. Os discursos de Karsten são uma litania de hipocrítica moderna.

No Ato II, os problemas latentes de Bernick começam a convergir para sua família. Em segredo, ele comprou terras para uma rota ferroviária alternativa àquela que ele antes rejeitara, dizendo que o mundo exterior contaminaria a comunidade ("et hyppigene samkvem mede n fordervet utenverden" [p.18]). De fato, a rota anterior teria competido com rotas de fretes que eram essenciais para os interesses de sua empresa. Se a cidade se voltar contra ele quando chegar a hora de dizer-lhes que ele comprou toda essa terra para beneficiá-los, para o bem deles e não para o seu próprio, ele perderá tudo.

Ele não explica por que precisa da aprovação deles. Se seria possível racionalizar que a cidade precisa aprovar a ferrovia para que as terras compradas por Karsten tenham valor, Karsten nunca explica as coisas desse jeito. A ausência dessa explicação racional dá a impressão de que a opinião pública tem uma espécie de autoridade metafísica, de vida e de morte, sobre seu ser, como seus olhares de aprovação pudessem tornar-se uma maldição e destruí-lo.[16]

É exatamente nesse delicado momento que Johan, irmão de sua esposa, e Lona Hessel, sua meia-irmã, retornam dos Estados Unidos. Karsten corre o risco de ser contaminado pela falsa reputação que criou para acompanhar a partida de Johan, quinze anos antes.

---

[16] Em versões anteriores, está claro que os sócios de Bernick têm influência sobre fundos públicos e privados. Ver Henrik Ibsen, *The Oxford Ibsen*, p. 141.

At de også skulle komme hjem just nu, – nu, da jeg behøver en ublandet god stemning både i byen og i pressen. Der vil blive skrevet korrespondanser til avisene i nabobyene. Tar jeg vel imod dem, eller tag jeg slet imod dem, så vil det blive drøftet og udtydet. Der vil blive rørt op i alt dette gamle, – ligesom du gør. I et samfunn som vårt –. (kaster handskerne mod bordplaten.) Og ikke et menneske har jeg some jeg kan tale med og søke nogen støtte hos. (p. 23-24)

Pensar que sua volta para casa exatamente nesse momento, quando tanta coisa depende de puros sentimentos favoráveis, tanto na imprensa quanto na cidade! Haverá parágrafos nos jornais de toda a região. Quer eu os receba bem ou mal, meus atos serão discutidos, minhas motivações serão viradas do avesso. As pessoas vão destrinchar essas histórias antigas – exatamente como você faz. Numa sociedade como a nossa – [Joga as luvas sobre a mesa.] E não há uma só alma aqui em quem eu possa confiar, ou que possa me dar qualquer apoio. (p. 277)

Karsten afirma que sua maior importância depende de sua posição ("stemning"), o *status* de estar na imprensa – não simplesmente as pessoas que fazem negócios com ele ou que o conhecem, mas todos aqueles que podem ler a seu respeito. De um jeito bastante conhecido por qualquer figura pública moderna, Karsten sabe que qualquer história a respeito de seus parentes escandalosos vai prejudicá-lo por contaminá-lo, não importando se essas histórias vão ser dele, recebendo ou deserdando esses "americanos".

A ansiedade de Karsten primeiro parece megalomania, porque ele se preocupa até com jornais em comunidades vizinhas ("avisene i nabobyene"), mas sua boa reputação em sua própria comunidade poderia ser arruinada por aquilo que outras comunidades dizem dele (aquilo que foi traduzido anteriormente como "parágrafos no jornal" poderia ser traduzido de modo mais literal como correspondência ou cartas para o jornal). Considerando a circulação da mídia moderna, o mundo inteiro poderia ficar contra ele.

Karsten literalmente se preocupa com "o alvoroço" em torno desse antigo problema ("Der vil bli rørt opp i alt dette gamle..."). Os jornais darão nova atenção a problemas que foram ignorados na época. Os jornais criam em seu infeliz objeto um senso agorafóbico de multidão, uma turba ruidosa que poderia materializar-se a qualquer momento em sua porta para denunciar seus antigos pecados.[17]

Bernick vê ameaças por toda parte. Ele reclama com sua esposa a respeito de seus parentes, e depois reclama quando ela grita que a cidade vai falar de como a sra. Bernick

---

[17] É interessante que a senhora Holt tenha dito ao senhor Rummel que a comunidade inteira estava alvoroçada por conta de Johan ("hele byen naturligvis var oprørt over ham"). Ambos ficam surpresos que Lona Hessel una seu destino ao de Johan exatamente nesse momento, quando a multidão se une contra ele.

estava chorando. Os medos de Bernick são aumentados pela capacidade da mídia de dar mais velocidade ao rumor, de fazer as histórias circularem. Os jornais desenterram problemas antigos com a mesma acuidade precisa e íntima de um parceiro doméstico ("some du gjør").

No final, Bernick teme, como temia Rørlund, que alguém vai ouvi-los: "qualquer um poderia entrar aqui. Você quer que eles vejam você com olhos vermelhos? Seria uma beleza se corresse a história de que – shh, tem alguém no corredor".

O "alguém" no corredor é Aune. Bernick fez que seu estaleiro reparasse seu próprio navio antes dos de outros clientes. Mas a *Indian Girl* manteve em terra marinheiros americanos cujas festas estavam escandalizando "a cidade toda" ("hele byen"). Bernick lê nos jornais uma tentativa de culpá-lo pelos maus atos baderneiros dos americanos, porque seu estaleiro trabalhou em seu navio, não na *Indian Girl*. Ele precisa dominar esses "ondskabsfulle og skumlende avisskriverier" (p. 25).[18] "Enten å få pressen på halsen eller få den velvilligt stemt for meg" (p. 21) – "ou esses jornalistas estão no meu pescoço, ou servirão voluntariamente de apoio para mim".

O papel de Aune na sequência do Ato II mostra o gênio de Ibsen para imaginar como os "teóricos" individuais podem chegar a conclusões em uma sequência ou contexto que

---

[18] Literalmente, jornalistas espalhadores de rumores, cheios de malícia ou de má-fé. "Ond" é o termo bíblico para o mal; livrai-nos do mal, maridos e esposas devem partilhar igualmente os bens e os males. O termo parece referir a reciprocidade do mal, sua capacidade de espalhar-se.

permite que elas sejam consolidadas numa hipótese geral. Sem saber nada daquilo que Johan dirá a Karsten (e sem ser reduzido a um mero porta-voz de Ibsen ou de Girard), a resposta de Aune mostra que ele sabe que a pessoa mais próxima, aquela com a maior chance de ser sacrificada, será aquela inocente, não aquela responsável. Até a família de Aune colocará a culpa nele, não em Bernick, por sua demissão ("ikke gi *Dem* skylden" [p. 26]).

Ao contrário de Johan, Aune é uma vítima que resiste, uma vítima inadequada, que discute, por já ter responsabilidades o suficiente para com outros. Se Bernick diz que a sociedade deve vir antes do próprio Aune, Aune diz que sua família é ela também uma pequena sociedade, para a qual ele serve de pilar.

> Dette lille samfunn har jeg kunnet støtte
> og holde oppe, fordi min kone har troet på
> meg, og fordi mine børn har trodd på meg.
> Og nu skal det hele falle sammen. (p. 26)

> Tenho conseguido sustentar e manter
> essa pequena comunidade porque minha
> esposa acreditou em mim, porque meus
> filhos acreditaram em mim. E agora
> tudo isso vai desabar. (p. 284)

Assim como Bernick, Aune poderia ser esmagado pelo peso que carrega, o peso daqueles que creem em seu apoio.

Bernick, em resposta, recupera sem dificuldades o controle da hipocrítica identificando Aune como a minoria que deve ser sacrificada por uma maioria maior do que sua família:

så må det mindre falde for det større;
det enkelte får i Guds navn ofres for det
almindelige. Andet véd jeg ikke at svare
Dem, og anderledes går det heller ikke
her i verden. (p. 26)

o menor deve cair diante do maior; a
parte deve, em nome do céu, ser sacrificada para o todo. Não há outra resposta
que eu possa dar; e você verá que é
assim que o mundo funciona. (p. 284)

Bernick afirma que sua fórmula de oferta sacrificial é
imutável, em nome de Deus, por ser o modo como as
coisas funcionam no mundo.

Hilmar, primo de Betty, vai atrás de Aune, dentro da
sala. A narrativa de Hilmar contribui de modo vívido
para essa teorização em grupo da solidariedade sacrificial, assim como os maiores medos de Bernick. Quando
Lona e Johan andam na rua,

Folk sto stille og så efter dem. Det lod
til at være gåt som en løbeild over byen
– omtrent som en brand på de vestlige
prærier. I alle hus sto der mennesker ved
vinduene og ventet på, at toget skulle
komme forbi. (p. 27)

As pessoas se viravam e olhavam para
eles. Era um fogo que corria na cidade
– como um incêndio nas pradarias do
oeste. Havia gente nas janelas de todas

as casas, as cabeças se grudavam atrás das cortinas, esperando a procissão passar. (p. 286-87)

A opinião pública, para o bem e para o mal, é terrivelmente contagiosa. Bernick fica particularmente alarmado quando Hilmar adverte que os jornais acabarão com esses "americanos", que no imaginário popular estão ligados à família de Bernick. Hilmar explica que um jornalista de seu clube o questionou, e que ele conhece a história, que Bernick deixou circular, de Johan roubando o dinheiro da empresa.

Como Karsten rapidamente descobre, Lona Hessel orquestrou esse espetáculo público, que tanto escandaliza Hilmar e toda a comunidade. Lona e Johan são um casal notável, no centro de uma turba moderna. Os dois sabem perfeitamente como se mobiliza a opinião pública, mas Lona está avidíssima por ela, e Johan, totalmente indiferente. A relativa imunidade de Johan aos prazeres das poses vanguardistas traz novas e valiosas intuições a respeito das práticas sacrificiais modernas hipócritas.

Bernick admite abertamente a Johan que o evento fundador por trás de seu sucesso é a designação arbitrária de uma vítima inocente, culpada por tudo que deu errado.

> BERNICK. Mit hus og hjem, min familielykke, min hele borgerlige stilling i samfunnet, – alt skylder jeg det. (...) Ikke en blant ti tusen havde giort hva du den gang giorde for meg. (...) – at du så høymodig kunde vende skinnet imod dig selv og rejse vækk – (p. 30)

BERNICK. Minha casa, meu lar, minha felicidade doméstica, toda a minha posição na sociedade – eu devo tudo isso a você (...) Não há uma pessoa em dez mil que fossem fazer por mim aquilo que você fez naquela época (...) – que você tenha tido a generosidade de voltar as aparências contra si e ir embora. (p. 298-99)

Se é verdade que o sacrifício primitivo também tenta garantir que a vítima se entregue de modo voluntário, o que exonera seus beneficiários da acusação de perseguição e do risco da violência recíproca e contagiosa (segundo a hipótese mimética), a afável disposição de Johan de assumir a culpa adquire um tom moderno, psicológico. Johan, quinze anos depois, discute calmamente seu autossacrifício com Karsten, como um exercício de gerenciamento da opinião pública.

> JOHAN. (...)Var vi ikke begge to unge og letlivede? En af os måtte jo dog tage skylden på seg –
> BERNICK. Men hvem var nærmere til det, end den skyldige?
> JOHAN. Stopp! Dengang var den uskyldige nærmest til det. Jeg var jo frank og fri, forældreløs (...) hvem vilde ikke have været det? Hvem vilde ikke gerne have ofret sig for dig; især når det ikke galdt andet end en måneds bysladder, og en så med det samme kunde løbe ud i den vide verden. (p. 30-31)

JOHAN. (...) Será que não éramos os dois jovens e um pouco imprudentes? Um de nós tinha de arcar com a culpa.
BERNICK. Sim, e o culpado foi a pessoa mais óbvia.
JOHAN. Pare! Então a pessoa mais óbvia era a pessoa inocente. Eu estava só, era livre, era órfão (...) Quem não ficaria feliz por servir de bode expiatório para você, sobretudo quando isso significava apenas um mês de fofoca na cidade e uma desculpa para fugir para o mundo maior? (p. 298-99)

Johan insiste que um deles tinha de arcar com *skylden*. Temos de nos segurar e não simplesmente transcodificar esses notáveis paralelos com Girard em uma expressão abrangente e já completa da hipótese mimética, a fim de ver como a articulação completa do sacrifício moderno, envolvendo diversos personagens, estabelece-se na peça. Ibsen nunca soa didático, nem quando é insistentemente lido na busca por suas ideias, porque os personagens desenvolvem a hipótese da peça da solidariedade sacrificial humana. Johan propõe a singularidade necessária da vítima sacrificial ao pensar que uma única pessoa, dentre todos aqueles homens enamorados da sra. Dorf, foi pega naquela situação tão comprometedora.

Bernick não discorda de que uma única pessoa deveria assumir a culpa, mas afirma que "a mais próxima" ("nærmere") deveria tê-la assumido. Sabemos o que Bernick quer dizer, mas o que Johan quer dizer quando responde que dessa vez a "inocente" era a mais próxima? (Archer traduz "nærmest" – literalmente, "a mais próxima" – como "a mais óbvia", trocando a lógica pela proximidade).

É perturbador ouvir Johan pôr de lado de modo tão casual, tão perfeitamente ciente do que faz, o ansioso compromisso de Karsten com o determinismo judicial da culpa e da punição, em prol de um recurso que pacificará a opinião pública. A literatura moderna sugere repetidas vezes que, no mundo da justiça, toda vez que nenhuma lei tiver sido obviamente quebrada, o mundo primitivo da reconciliação sacrificial reina no nível da psicologia coletiva.[19]

Cabe-nos continuar a honrar o compromisso de Ibsen com a caracterização crível. Há razões locais e específicas para aquilo que os personagens dizem, pois seu pensamento in(ter)dividual escava elementos da hipótese mimética. Johan trabalha do lado de dentro, e a peça trabalha para o lado de fora, no sentido de uma compreensão maior do sistema. Johan provavelmente usa "a mais próxima" antes de tudo porque tem certeza de estar usando o argumento de Bernick (e, portanto, suas palavras) contra ele mesmo. Ele elabora sua apropriação do uso de "a mais próxima" de Karsten recordando que ele não tinha nenhuma responsabilidade prévia para com ninguém mais. Johan não tem filhos, nem pais – ele poderia escolher por quem suportaria a culpa e a expulsão.

Karsten conclui sua discussão com Johan explicando como Martha, sua irmã, assumiu a responsabilidade por

---

[19] Em *A Violência e o Sagrado*, Girard fala das relações fora das fronteiras nacionais, que também sucumbem à reciprocidade primitiva.

Dina Dorf. A prolixa explicação de Johan de como cuidou de sua irmã, respondendo à preocupação de Johan, é bastante prejudicial. Karsten explica que se fez sócio de sua mãe na empresa da família. A parte "dela", feitas as contas, era nada, e por isso Martha herdou nada.

Quando Johan responde que nos Estados Unidos as mulheres não são vistas como meras servas em uma casa dominada por homens, Karsten replica que "aqui, em nosso pequeno círculo, onde, graças aos céus, a corrupção ainda não conseguiu penetrar – aqui as mulheres contentam-se com uma posição modesta e discreta" (p. 304). "As pessoas não devem pensar primeiro em si mesmas; isso vale sobretudo para as mulheres. Todos temos nossa comunidade, grande ou pequena, e temos de apoiá-la, e de trabalhar por ela" (p. 305).

Ironicamente, a explicação da própria Martha revela que ela se sacrificou por Johan, não por Karsten, "a fim de expiar aquilo (...) em que [ele] pecou" (p. 307).

> FRØKEN BERNICK. Har du glemt, at en kvinde døde i nød og skam for din skyld?
> JOHAN. (...) har han aldrig havt så meget som et undskyldende ord for meg? (p. 33)

> MARTHA. Será que você esqueceu que uma mulher morreu na vergonha e na necessidade por sua causa?
> JOHAN. (...) [Karsten] nunca disse uma palavra em minha defesa? (p. 307)

Martha sacrificou sua vida para pagar pela culpa de Johan. Ela "ficou em seu lugar" (p. 309), como sua "substituta" ("vært din stedfortræder" [p. 34]) – criando Dina, enquanto esperava a volta do filho pródigo. Karsten nunca pronunciou a palavra "exoneradora" ("unnskyldende ord") por Johan, o que também teria libertado Martha de seu autossacrifício.

Johan assumiu a culpa porque admirava Karsten, e só agora passa a suspeitar de leve que Karsten cultivou sua amizade para ficar com Betty. De todo modo, o "exílio" era preferível a ficar se matando no escritório. A essa altura, ele sente que sacrificou muito pouco de si. Na verdade, o mundo além da comunidade aumenta o *status* não apenas de Karsten, mas também de Betty; o retorno é cheio de *glamour*.

O sacrifício de Martha em assumir o lugar de Johan em casa custou-lhe bastante, mas talvez seja só em sua analogia com o filho pródigo que ela expresse ressentimento contra Johan, que ela tenha diligentemente, sem crédito, suportado seu fardo em casa ("her hjemme").

Karsten tenta evitar ter com Lona os problemas que teve com Johan, mas ela é uma interlocutora mais à altura, solapando suas poses em prol de si próprio. Karsten implora o perdão de Lona, mas Lona pede que ele não fique piegas – isso não combina com nenhum deles dois. Ele quer que Lona acredite que ele a amou, que seu envolvimento com a sra. Dorf foi uma aberração temporária. Por que isso teria importância quinze anos depois?

A linha dos comentários de Karsten deixa claro que ele está tentando exonerar (desculpar, "unskyld") a si próprio: "jeg kan ialfall unnskylde meg" (p. 35). Ele está listando seus comportamentos culpados, não preparando um debate. Lona o interrompe com uma pergunta: "O que você acha que me trouxe para casa agora?" (p. 313). A questão é pertinente – Betty já acusou Lona de ter retornado por ciúme.

Karsten é como o duque da Burgúndia de *O Rei Lear*. Ele não vai amar aquilo que a comunidade odeia; se de início, ele parece diferente da turba vulgar, assim como Lona, com sua sofisticação europeia, logo fica claro que ele macaqueia seu desejo. Lona o acusa de ser incapaz de suportar o desprezo que a comunidade dirige a ela (desprezo que ela pediu). Lona recorda a Karsten a fragilidade de seu amor – de como, quando ele voltou, foi reprimido pela atitude da comunidade para com Lona.

> FRØKEN HESSEL. (...) da du hørte spotteglosene, som haglet ned over meg; da du fornam latteren over alt det som de her kaldte mine forkjærtheter –
> KONSUL BERNICK. Du *var* hensynsløs dengang.
> FRØKEN HESSEL. Mest for at ærgre disse skørteklædde og bukseklædde snærper, som sjokket om i byen. (p. 35)

> LONA. (...) quando você viu o ridículo que recaía sobre mim; quando você ouviu os risos daquilo que chamavam de minhas excentricidades.
> BERNICK. Naqueles dias, você era rude.
> LONA. Principalmente para perturbar os moralistas, de calça e de anágua, que infestavam essa cidade. (p. 314)

Lona acredita que a principal razão de Karsten ter ficado encantado por Betty foi ela contar com a aprovação da comunidade inteira: "bela, jovem, endeusada por todos" (p. 314). A tradução de Archer não nos deixa ver como o comentário de Karsten a respeito da obstinada contrariedade ("forkjærtheter") corrobora a análise que Lona faz dele. Karsten não simpatiza com as pessoas que Lona "incomoda" ("egrer") por ser "rude" para com suas sensibilidades. Na verdade, ele acha que ela era "imprudente" ("hensynsløs") por ter deliberadamente colocado a comunidade inteira contra si. Ela apenas acrescenta, como segunda razão, que o fato de que Betty herdaria todo o dinheiro da tia tornou-se conhecido, enquanto Lona não herdaria nada.

Lona fica chocada quando Karsten lhe diz que escolheu Betty "apenas por causa do dinheiro" (p. 315; "for pengenes skyld ligefrem" [p. 35]). Ele diz que tinha de encontrar algum jeito de salvar a empresa da família. "Então você salvou a casa às custas de uma mulher" (p. 316). Bernick desculpa-se dizendo com indiferença que Betty o ama (de qualquer jeito), mas Lona nunca o deixa viver nessas mentiras. A rápida resposta de Lona – "Mas eu?" – recorda Bernick de que foi tudo às custas dela.

A conversa entre Bernick e Lona mostra o dom de Ibsen para representar o modo como a interdividualidade possibilita a investigação do comportamento humano. Lona não sabe de antemão a verdade a respeito de Karsten, mas sabe qual é o gosto da hipocrisia de uma resolução unânime, falsa e forçada, e resiste-lhe obstinadamente. Lona sabe que tem razão se a comunidade inteira fica contra ela. Karsten, por outro lado, trabalha compulsivamente para que a comunidade inteira fique do seu lado. Ele está sempre tentando encerrar uma disputa forçando um acordo; Lona está sempre tentando iniciar ou abrir uma disputa. Juntos, os dois se forçam a descobrir aquilo que ainda não sabem.

Bernick responde a lembrança de Lona daquilo que sua deserção custou a ela dizendo que ela não teria sido feliz com ele (de qualquer jeito). Então Lona lhe pergunta se foi por isso que ele a rejeitou – para poupar-lhe? Bernick dá uma resposta que já deu várias vezes, dizendo que ele não age para seu próprio bem, mas para o bem de toda a comunidade que depende dos negócios da família Bernick.

> FRØKEN HESSEL. Er det også for samfunnets skyld at du i disse femten år er bleven stående i løgnen? (p. 36)

> LONA. Então foi pelo bem da comunidade que você viveu uma mentira durante esses quinze anos? (p. 316)

Lona evita a resposta de Karsten perguntando por que ele mentiu para Betty, e depois ela chamará isso de mentira tripla: para ela, para Johan e para Betty. Quando Karsten responde que queria poupar os sentimentos de Betty, Lona não tem como ir adiante, exceto recomeçando, perguntando-lhe se é feliz. Sua resposta é suficiente para colocar qualquer plateia contra ele.

Rørlund tenta impedir que Dina Dorf vá com Johan, informando-lhe de que Johan foi a causa do infortúnio de sua mãe. Johan permanecera indiferente àquilo de que a comunidade o acusava, mas exige que Karsten agora "assuma ele mesmo a culpa" (p. 340; "tal skylden for" [p. 44]). O conflito verbal entre Karsten e Johan traz de volta todo o espetáculo de um entendimento hipocrítico da dinâmica sacrificial da sociedade.

Karsten insiste que sua reputação imaculada impede que ele seja esmagado pela comunidade que apoia. "Todos os meus adversários unirão forças e me derrubarão (...) Eles me esmagarão com o peso dos rumores e das calúnias" (p. 345). Ele está assustado o bastante para permitir que Johan reserve uma passagem para os Estados Unidos em um navio que ele sabe que foi indevidamente recalafetado em seu próprio estaleiro.

No Ato IV, Rummel (um dos sócios de Bernick no esquema da ferrovia) orquestra uma demonstração pública de apoio unânime a Bernick.

> É preciso que nossos adversários sejam esmagados por um pronunciamento avassalador da opinião pública. Os rumores espalham-se pela cidade; (...) Nessa noite mesmo, em meio a canções e discursos e o tilintar das taças – em suma, em meio a todo o efervescente entusiasmo da ocasião – cabe a vocês anunciarem aquilo que ousaram fazer pelo bem da comunidade. Com a ajuda desse efervescente entusiasmo, como falei, é impressionante o que se consegue fazer nessa cidade. Mas precisamos da efervescência, ou não conseguiremos. (...) E ainda mais quando é preciso tratar de algo tão complicado. (p. 367)

Rummel quer que todos se entreguem ao "efervescente entusiasmo"[20] para que sejam facilmente mobilizados em favor de Bernick. Rummel não deixa escapar nenhum ponto que possa trazer unanimidade. Quando uma procissão de moradores chega à casa de Bernick, as cortinas das janelas que dão para o jardim são levantadas para ver a "crescente multidão" (p. 371). Sandstad falará à multidão sobre a "harmonia entre as classes diferentes da humanidade"; Vigeland "expressará a fervorosa esperança de que nosso novo entendimento não perturbe a base moral sobre a qual repousamos"; e o próprio Rummel chamará atenção para "os direitos da mulher, cujos esforços mais modestos não são desprovidos de utilidade na comunidade" (p. 368).

Naquela noite, Rørlung apresenta Bernick a seus concidadãos, tocando em todos os temas da solidariedade hipocrítica, enfatizando a reputação imaculada de Bernick e também o benefício que a partida recente de Johan trouxe à comunidade. Quando Bernick olha a multidão, já foi providencialmente poupado da culpa pela morte de Johan e pela perda de seu filho fugido no mesmo navio.

O discurso de Bernick começa com o desejo de "que relembremos a verdade – a verdade que, até essa noite, esteve total e completamente proibida em nossa comunidade (p. 399; "sannheten, som indtil iaften gennemgående og i alle forholde, har været husvill i dette samfunn" [p. 62]). Bernick começa identificando-se como a pessoa

---

[20] As palavras "svulmente feststemning" (p. 52) significam literalmente atmosfera festival transbordante. Rummel tem um conhecimento prático da técnica imemorial da mobilização.

que vem secretamente comprando terra para a ferrovia proposta, porque ele "conhecia e temia a tendência de nossa sociedade para suspeitar que haja motivos impuros em qualquer coisa que um homem faça" (p. 400; "fordi jeg kjente og fryktet vårt samfunns tilbøjelighet til at skimte urene bevæggrunde bagved alt det, en mand her foretager seg" [p. 62-63]). Bernick ainda está na defensiva, claro, mas seu pré-aviso ajuda a preencher os alomorfes do paradigma mimético, o eu em relação com o outro e com outros numa sociedade hipocrítica. A vitória contra o outro e contra os outros só chega quando não se considera que alguém quer alguma coisa para si. A derrota acontece quando se considera que alguém quer alguma coisa para si.

Por fim, Bernick toma de volta a culpa que Johan tinha levado. "Quinze anos atrás eu fiquei acima desses rumores; se agora eu vou cair, com eles, é algo que cabe a vocês decidir" (p. 403). "Mas não decidam essa noite. Peço que cada um vá para casa – para recolher-se – e que olhe para si. Quando suas mentes tiverem se acalmado de novo, veremos se terei ganhado ou perdido por falar" (p. 404).[21]

O súbito abandono de Bernick de sua autoapresentação hipocrítica rompeu momentaneamente o laço que une

---

[21] Numa versão anterior, Bernick diz à multidão: "Aquele que não tiver pecado atire a primeira pedra" (*The Oxford Ibsen*, p. 193). Essa versão mostra que Ibsen está ciente das "coisas ocultas desde a fundação do mundo". Talvez ela tenha retirado a referência para manter a capacidade de Bernick de dispersar a multidão moderna, secular e hipócrita. Ainda assim, também é possível que Bernick seja mais hábil do que Thomas Stockmann, de *Um Inimigo do Povo*, que enfurece a multidão ao aplicar o exemplo de Cristo a seu próprio caso.

a multidão. A peça deixa seu líder com o máximo de influência – não sabemos se a comunidade vai reorganizar-se contra ele, agora no papel de inimigo.

Quando a multidão se dispersa, Bernick agradece a sua esposa, a sua irmã e a Lona, dizendo que elas são "os pilares da sociedade". Lona mais uma vez serve de voz recíproca para Bernick, que tenta fazer das mulheres o novo apoio divino da sociedade. Ela recusa uma nova mistificação do autossacrifício, afirmando antes que "os espíritos da verdade e da liberdade – esses são os pilares da sociedade" (p. 409; "sannhetens og frihetens ånd – det er samfunnets støtter" [p. 65]).

As peças subsequentes de Ibsen continuam a teorizar aspectos diferentes da hipocrisia da solidariedade sacrificial moderna. Em nenhum outro momento elas compartilham de modo mais intenso esse entendimento com a plateia do que na exuberância da libertação de Nora do autossacrifício em prol de outro ao final de *Et Dukkehjem* [Casa de Boneca], ou no escândalo abominável de *Vildanden* [O Pato Selvagem], em que uma criança sucumbe diante da ideia de que pode recuperar o amor do pai sacrificando-se por ele. Agora passaremos a *Um Inimigo do Povo*, sempre vista como par de *Pilares da Sociedade*, compartilhando personagens e tema. Então veremos o padrão completo de adulação e de perseguição do líder que começa como amigo do povo e passa a ser seu inimigo.

capítulo 3
"folkevenner og folkefiender"
Ibsen pesquisa o comportamento moderno

Poder-se-ia esperar que qualquer discussão do modernismo literário começasse com Flaubert, cujos amigos, ao acusá-lo de ser romântico, desesperadamente *passé* para os anos 1850, deixaram-no com tanta vergonha que o levaram a escrever a história irônica de uma sórdida adúltera provinciana, Emma Bovary. *Madame Bovary* representa, na relação entre o narrador e Emma, o doloroso reconhecimento por Flaubert do duplo vínculo (*double bind*)[1] da modernização mimética. Quanto mais moderno o narrador tenta ser, isto é, quanto mais invulnerável ele tenta parecer diante da acusação de estar obsoleto, mais parecido fica com Homais.[2]

Contudo, pode ser igualmente útil continuar a seguir um autor cujas circunstâncias culturais exigiram que ele atribuísse *a si próprio* a tarefa de inventar seus próprios

---

[1] *Double bind* é um termo de Gregory Bateson amplamente usado por René Girard para designar a relação de "duplo vínculo" entre um sujeito e seu modelo-obstáculo. (N. T.)
[2] Ver William Johnsen, "Madame Bovary: Romanticism, Modernism, and Bourgeois Style".

procedimentos de pesquisa sobre a cultura moderna. Para estabelecer mais uma relação produtiva entre as obras de Girard e de Ibsen, comecemos por desenvolver o comentário quase casual de Girard, em *La Violence et le Sacré* (1972) sobre o fato da cultura moderna persistir num estado de crise sacrificial. No modelo de Girard (já de *Mensonge Romantique et Vérité Romanesque* [1961]), a crise moderna é causada por uma perda da diferença cultural e do *Degree*; a destruição do *Degree* vem da competição inevitável das criaturas miméticas, que copiam tanto os desejos quanto os comportamentos uns dos outros.

Mas por que uma crise "sacrificial"? Na cultura primitiva, um sofisticado sistema de regras, de proibições e de tabus impede a rivalidade, impede o desejo de concentrar-se em um objeto comum a membros da comunidade. O tabu do incesto, talvez uma regra universal, impede os familiares de rivalizarem pela mãe, pelo filho, pela filha, pelo pai. O ritual complementa as regras. O ritual encena a perda das diferenças, forçando o estado de crise. O sacrifício ritual recupera a diferença apropriando-se dessa identidade ao fazer de um indivíduo o inimigo de todos, o bode expiatório de todos, unidos numa oposição.

Girard distingue entre a cultura primitiva e a moderna a partir de seu controle da violência. O sistema judicial substituiu o sagrado primitivo (representado pelo tabu e pelo ritual) ao tomar a justiça retributiva em suas próprias mãos, tirando-a das mãos dos ofendidos. A justiça tem a última palavra da violência, punindo a transgressão das regras com tanta força que qualquer resposta, qualquer novo irromper da violência se torna impossível. Mas sempre que o sistema judicial perder sua autoridade absoluta, os arranjos humanos que entram em cena para substituí-lo, assim como o próprio sistema enfraquecido, cada vez mais se parecem com um ritual abortado, um ritual *qui tourne mal*. A obra de Ibsen é crucial para a compreensão do estado moderno de crise sacrificial. Há três preocupações inter-relacionadas em *En Folkefiende* [*Um Inimigo do Povo*] que quero discutir: (1) a "persistência" do mito e do ritual na cultura moderna; (2) a estranha inclinação de alguns personagens pelo autossacrifício e por ser perseguido como fonte de poder e de influência sociais; (3) a copresença da prática mítica e da prática científica, ambas "purgativas".

Samfundets Støtter [*Os Pilares da Sociedade*], peça geralmente vista como o começo do período moderno de Ibsen, desmascarava aquilo que parecia ser formas residuais do ritual primitivo persistindo em atos hipocríticos de autossacrifício usados para obter o apoio da comunidade para a liderança. *Um Inimigo do Povo* é parte do projeto que durou a vida toda de Ibsen de teorizar a respeito do comportamento humano, sobretudo a respeito dos espaços em que os comportamentos individuais e sociais se fundem (o comportamento "interdividual" de Girard), num dado momento histórico.

Meu modelo aqui é o notável livro de Girard sobre Shakespeare, mas gostaria de enfatizar novamente que não tenho interesse em transcodificar todo Ibsen naquilo que Girard já conhece. Não aprenderíamos nada com Ibsen; só por isso, deveríamos ir para casa. Mas não aprenderíamos nada além do que já podemos aprender com Girard, e na verdade estaríamos violando o grande princípio de Girard de que os grandes textos literários têm um potencial quase teórico que pode acompanhar e até prenunciar o mais rigoroso trabalho teórico, além de contribuir para ele.

Em *Theatre of Envy* (1992),[3] Girard creditou a Shakespeare a descoberta quase completa da hipótese do bode expiatório como única solução dos conflitos miméticos, sugerindo também uma relação fascinante entre as descobertas teóricas de Shakespeare e seu trabalho dramático. Shakespeare descobriu que, tanto dentro quanto fora do teatro, as multidões (as plateias) precisam de bodes expiatórios. O apetite pela tragédia de vingança é um forte exemplo da crença da plateia em "inimigos do povo" ou bodes expiatórios. Mas Shakespeare não fez de si mesmo vítima da turba ao revelar-lhes seu apetite por bodes expiatórios, por travar seu mecanismo de solidariedade. Os dramas de Shakespeare revelam o processo de unificação social que depende de que se culpe uma única pessoa por tudo que dá errado; contudo, suas peças mantêm a simpatia da plateia por dar à imaginação popular as vítimas por que anseiam.

Ibsen evita o cuidado de Shakespeare, talvez por uma questão de temperamento, mas, sobretudo, por causa do *frisson* do escândalo desejado pelas plateias modernas. Em vez de mascarar sua descoberta do apetite das multidões por vítimas, Ibsen ganha prestígio ao esfregar isso na cara delas, iniciando uma tempestade de controvérsias. Podemos considerar a agilidade de Ibsen em manter sua

---

[3] René Girard, *Shakespeare: Teatro da Inveja*. Trad. Pedro Sette-Câmara. São Paulo, Editora É, 2010. (N. T.)

proeminência colocando-o entre Shakespeare e Oscar Wilde. Shakespeare aposentou-se antes que a multidão pudesse voltar-se contra ele. O comportamento de Wilde tornou-se arriscado demais: a multidão conseguiu derrubá-lo.

Aqui discutirei três proposições. A primeira é que a peça volta-se novamente para um assunto que fascina Ibsen e Girard, e também os demais autores modernos, que tentam teorizá-lo em suas obras: o processo social da polarização em torno de um "amigo" do povo, a dissolução dessa ordem, que se restabelece designando a mesma pessoa como inimigo do povo. Já demos uma olhada nesse processo tal como representado em *1984*, de George Orwell. Esse processo social tem uma relevância particular para Ibsen, porque sua plateia havia recentemente se voltado contra ele por causa da indecência de *Espectros* (*Genganere*), acusando essa peça a respeito da disseminação da poluição de estar ela mesma "maculando" a comunidade.

Se esse padrão imemorial do mito e do ritual que ainda persistem na modernidade é uma proposição, ela leva à segunda, que é a de que no período moderno as proposições são provadas por meio da modernização competitiva, isto é, que elas proponham aquilo que a maior parte da comunidade não pode suportar aceitar que seja verdadeiro, porque escandaliza. Tudo que escandaliza tem de ser verdadeiro, e um sinal da eficiência do intelectual moderno é que sua palavra divide a comunidade.

Por fim, a terceira proposição é o notável paralelo que existe entre a verdade científica emergente do comportamento celular e o comportamento "primitivo", entendido como mimético, turbulento e purgativo. O mito coexiste com a ciência, e Girard pode nos ajudar aqui a reconhecer até onde Ibsen nos leva.

O termo-chave, para *Um Inimigo do Povo* e para a cultura moderna em geral, é purgação. Purgação é originalmente a consequência buscada do sacrifício, com o fim de expulsar a violência e a doença da comunidade. A peça mistura maravilhosamente purgação mitológica com os benefícios verificáveis da purgação proposta pela medicina científica, que é o significado verdadeiro por trás da estranha mistura de heroísmo e de teimosia que há no dr. Stockmann. Para essa última proposição, é fundamental um entendimento mais detalhado e teorizado das vocações sucessivas de Ibsen: *apoteker*, jornalista e dramaturgo.

O conhecimento de Ibsen da prática médica merece um tratamento separado e especializado.[4] Mas o próprio drama oferece um laboratório de pesquisa único e quase científico para aquilo que se desenrola nas notícias – não só aquilo que acontece (como descrito no jornal), mas a relação entre a descrição jornalística do comportamento humano e a resposta da comunidade a ele, inclusive à investigação feita em seu nome, em nome de uma comunidade que nunca aparece em pessoa, "mobilizada" como grupo.

Ibsen descobriu diversas características adicionais do comportamento sacrificial moderno não elaboradas por Shakespeare ou por Girard: no período moderno, histórias

---

[4] Esse projeto começaria com *Pharmacopoea Danica* (Hafniae, 1805), livro de referência apotecária de Ibsen em Grimstad.

de multidões abstraídas por políticos e por jornalistas valem por multidões reais. Jornalistas e políticos falam por uma multidão grande demais para reunir-se, que talvez só exista na forma hipotética que eles lhe dão.

Em *Os Pilares da Sociedade*, Karsten Bernick tinha medo de que todos os jornais da Noruega falassem dele. Se é verdade que um construtor de navios tem interesses globais, Bernick temia as histórias que podiam ser contadas a seu respeito, não a aparição de uma turba nacional vingativa. Em *Um Inimigo do Povo* (assim como em *Os Pilares da Sociedade*), a multidão imaginária abstraída pelo jornalismo, que investiga, castiga e ridiculariza em nome do público, divide o palco com a existência residual de multidões barulhentas (sejam procissões ou turbas) que não conseguem agir de modo decisivo.

Assim como Karsten Bernick, Peter Stockmann identifica-se com a comunidade inteira para esconder seu interesse próprio. Somente sua reputação imaculada e sua negação ostentatória de si mesmo impedem a comunidade de voltar-se contra ele. Esses líderes afirmam não ter desejos pessoais que compitam com outros – eles só desejam por todos, por toda a comunidade. O termo moderno "autossacrifício" captura bem a nota psicológica privada e a similaridade com a função do sistema primitivo de realeza.

Como vimos no capítulo anterior, o que torna a liderança moderna diferente é a copresença do conhecimento público da mobilização das multidões, que coexiste com sua prática, ao contrário do desconhecimento (*misunderstanding*) eficaz da cultura primitiva, em que o sagrado governa e explica a ascensão e a queda da paz e da violência. A maneira mais fácil de marcar esse elemento essencial autorregulador da cultura moderna é considerar, como faz Girard, a presença e a função do termo *bode expiatório*, termo que vem para designar simultaneamente uma prática sacrificial antiquíssima e também denunciá-la, tornando instáveis seus efeitos.

Excetuando um estágio final no processo de culpar os outros, o processo do bode expiatório não pode coexistir com o entendimento de sua prática arbitrária, codificada no termo *bode expiatório*. Esse estágio final paradoxal da vitimação do bode expiatório consiste em acusar os outros de criar bodes expiatórios, tomado o lado da vítima (do bode expiatório) contra seus acusadores. Um elemento desse estágio final de unanimidade violenta é fazer do perseguido um ídolo de inocência única, endeusando o autossacrifício, em vez de reconhecer que o perseguido não é mais culpado do que os outros.

Petra, filha de Tomas Stockmann, faz uma observação notável que ajuda a ligar a relação da multidão abstraída invocada pelo jornalismo e pela mídia com o modernismo, e com a qualidade instável moderna de coesão social permitida pela preocupação com o banimento da vitimação do bode expiatório. Petra supõe que o jornalismo deve ficar do lado dos oprimidos e dos perseguidos.

> PETRA. (...) Å, de ter helig livskall De har valgt. Således å bane veien for miskjente sannheter og for nye modige synsmåter –; ja bare det å fryktløs frem og ta orden for en forurettet mann –
> (p. 185-86)

PETRA. (...) A carreira que você escolheu é maravilhosa: preparar o caminho para verdades impopulares, para opiniões novas e ousadas... Ou simplesmente se erguer bravamente ao lado de um homem que tenha sido injustiçado.[5]

Notícia é tudo aquilo que ninguém sabia nem esperava ("nye modige synsmåter") que mesmo assim acaba por ser verdade. Todos os outros (políticos, artistas, escritores) que dependem da atenção mercurial da multidão formada pelo jornalismo e pela mídia têm de agir de modo similar. A verdade vem de qualquer coisa que até há pouco era impopular e agora é ousado, e devemos entender que isso provoca discórdia. Compreendemos imediatamente a instabilidade da simpatia moderna quando tentamos combinar a minoria perseguida defendida pela imprensa com o número maior de leitores de que um jornal necessita para sobreviver. O jornal necessita de uma oferta rápida e pronta de vítimas inocentes com que identificar seus leitores, assim como de uma nova oferta de perseguidores *não* identificados com seus leitores.

A peça de Ibsen mostra o padrão completo do mito fundador dos irmãos inimigos que competem para ser o líder da comunidade, mas o conflito não é resolvido de maneira decisiva. Ao fim da peça, Tomas Stockmann prevê uma nova rodada de conflitos e de crises que agitarão novamente a comunidade. Pode-se presumir que ele aspira a

---

[5] Henrik Ibsen, *"Ghosts" and Other Plays*. Trad. Peter Watts. Harmondsworth, Penguin, 1964, p. 160.

recuperar o papel de amigo do povo, dessa vez sozinho, sem seu irmão. Como sugere Girard, a modernidade existe num estado de crise sacrificial contínua.

No começo, é fácil ficar do lado de Tomas. Assim como Cordélia e inúmeros outros, ele é o irmão mais novo, de quem os mais velhos, hipócritas, se aproveitam. Tomas é o irmão caçula que viajou para o norte, para o exílio, até que foi capaz de retornar a sua aldeia natal, graças a uma dispensa que nunca é claramente explicada, mas que depende da influência de seu irmão.

Por que ele partiu? Se estudou para ser médico, inicialmente tinha o apoio da família. Ninguém entenderia isso melhor do que o próprio Ibsen, que viveu a dificuldade de pagar pelo estudo da medicina sem apoio financeiro de sua família. No meio da peça, descobrimos que Morten Kiil, sogro de Tomas, foi "acossado" ("hundsvorterte" – p. 170) para fora do Conselho Municipal por Peter Stockmann e seus colegas. Se Kiil foi expulso após Tomas casar-se com sua filha, então um mentor natural, e um poderoso aliado de Tomas, foi banido em prol dos interesses de Peter.

No começo da peça, a grande hospitalidade de Tomas é ressaltada, antes mesmo que ele apareça. Em sua casa, não param de chegar convidados para a ceia, todos comem rosbife e bebem ponche. Peter aparece, em traje completo de prefeito, com chapéu e bengala. Seu desdém escancarado faz parte da tradição a respeito da qual Frye nos ensinou, daquele que recusa as festividades: ele recusa, em momentos distintos, a comida (faz mal para sua digestão) e a bebida (ele nunca toma parte em bebedeiras).

Peter é muito sensível quanto a sua proeminência e muito depreciativo quanto a seu irmão, como se as duas valorações fossem diretamente relacionadas. Hovstad, o editor, diz a Peter que segurou um artigo de Peter sobre os banhos municipais; Peter imagina que o texto não estava bom o suficiente para ser publicado. A sra. Stockmann acrescenta que Tomas trabalha sem parar pelos banhos; Peter responde que ele tem de trabalhar lá por ser empregado ali. A resposta de Hovstad, de que os banhos foram ideia de Tomas, irrita particularmente Peter:

> PREFEITO. Dele? Mesmo? Pois é, várias vezes ouvi dizer que tem gente que acha isso. Mas certamente eu imaginava que eu também tive uma participação modesta naquele empreendimento. (p. 108-09)

A sra. Stockmann tenta acalmar Peter mandando Hovstad de volta para a ceia, mas Peter está inconsolável. Quando ela pergunta "Será que você e Tomas não podem dividir a honra? Vocês *são* irmãos" (p. 109), Peter culpa Tomas por seu ressentimento e por sua rivalidade.

Ouvimos Tomas antes de vê-lo sair de sua própria casa, rindo alto ("ler og støyer der ute" – p. 161). Sua hospitalidade esfuziante sai melhor na comparação com a abstêmia de Peter. Depois, quando Peter vai ao escritório de Hovstad para dissuadi-lo de publicar a denúncia de Tomas de que a água dos banhos está contaminada, ele tira seu chapéu de prefeito, larga a bengala, tudo para esconder-se de Tomas em outra sala, para evitar ser visto nos escritórios de um jornal de oposição. Tomas vê seu chapéu e sua bengala, e anda pelo escritório usando-os, provocando e ridicularizando seu irmão.[6] Tomas é um clássico herói cômico: não há como a plateia não preferi-lo a seu irmão.

Peter faz tudo que pode para impedir a tentativa de Tomas de purificar os banhos. Ele persuade Hovstad a não publicar o aviso de Tomas de que os banhos estão poluídos, que causam doenças, e apropria-se da audiência pública organizada por Tomas para fazer esse mesmo anúncio. Por meio de procedimentos parlamentares, eles silenciam Tomas e o declaram inimigo do povo, em sua própria conferência. Quando Peter entrega a carta de demissão de Tomas do cargo de médico dos banhos no dia seguinte, ele realiza a mesma lustração enfurecedoramente hipócrita feita pelos demais traidores de Tomas e de sua família, não assumindo a responsabilidade por deixar de ficar do lado dele, colocando toda a culpa nos outros, cujos desejos não podem ser ignorados.[7]

---

[6] Ibsen prepara cuidadosamente essa encenação dando a Tomas (apenas nesse episódio) um chapéu e uma bengala, que ele tira quando entra no escritório do editor. Isso também aumenta a aparência de simetria/rivalidade entre os dois irmãos.

[7] O capitão Horster, que permite que Tomas use sua casa para dar a palestra quando todos os demais lugares públicos fecham-se para ele, é confrontado pelo proprietário de seu navio ao final da reunião. Descrito apenas como um gordo, que não cumprimenta devidamente a mulher de pé ao lado do capitão, ele elegantemente pergunta se ele oferece sua casa ao uso dos inimigos públicos. Quando o capitão Horster diz que a propriedade é dele, e que ele a usa como quiser, o homem diz que agirá de modo similar. Depois Horster o identifica como o sr. Vik (o sufixo que identifica aldeia em norueguês). Mas na manhã seguinte Horster diz que o sr. Vik é um bom homem, que lhe disse que gostaria de ter a audácia de manter Horster ("hvis bare torde" – p. 208). O sr. Vik resume o comportamento público da multidão moderna, que segue tanto a vitimação do bode expiatório quanto o imperativo contra essa vitimação.

O sinal mais evidente da perseguição de Tomas é talvez o próprio apedrejamento. A multidão de sua conferência apedrejou sua casa, quebrando as janelas. Tomas promete a sua esposa que "guardará essas pedras como relíquias sagradas. Eylif e Morten hão de olhá-las todos os dias, e quando crescerem as herdarão de mim" (p. 197). Depois, ele reclama que eles "me colocaram no pelourinho como se eu fosse um inimigo público, me marcaram" (p. 198). A sociedade norueguesa moderna já tinha deixado de colocar seus inimigos no pelourinho e de marcá-los, mas Tomas rapidamente recorda essa prática injusta e bárbara como referência histórica para a caracterização de seu *status* de vítima.[8]

Será que não há justiça nesse tratamento de alguém que começa como *folkevenn*, amigo da comunidade? De fato, Tomas também tem seu lado difícil. Detalhes pequeninos e formidáveis nos fazem ver com cuidado a acusação anterior de Peter a Tomas, de que ele tem

> inngrodd tillbøyelighet til å gå dine egne veie iallfall. Og de ter i et vel ordnet samfunn omtrent likså utilstedelig. Den enkelte får sannelig finne seg i å innordne seg under det hele, eller rettere sagt, under de myndigheter som har å vake over det heles vel. (p. 163)

> uma tendência enraizada de fazer o que quiser, quaisquer que sejam as circuns-

---

[8] Henrik Ibsen descreveu para Henrik Jaeger (seu primeiro biógrafo) suas lembranças do pelourinho que existia, sem ser utilizado, na praça principal de Skien. Jaeger, *The Life of Henrik Ibsen*, p. 10.

tâncias – e numa comunidade ordenada isso é quase tão repreensível [quanto agir de modo criminoso]. O indivíduo deve subordinar-se à sociedade como um todo – ou melhor, àquelas autoridades cujo dever é cuidar do bem-estar da sociedade. (p. 113-14)

Na crítica de Peter, encontramos a observação aguda de que Tomas sempre dá um jeito de ir contra qualquer direção que a comunidade vá.

Quando Tomas finalmente obtém o laudo do laboratório sobre a qualidade da água nos banhos, ele corre para seu escritório para lê-lo: "Tenho de ir ao escritório imediatamente – e vou precisar de luz, Katrina; imagino que, como sempre, não tenha uma lâmpada no meu escritório!" (p. 117-18). Aqui Ibsen está no ápice de sua capacidade de observação psicológica. Ouvimos a reclamação impaciente e injusta contra sua esposa como prova de que Tomas sente-se perseguido o tempo todo.

Uma das primeiras afirmações de Peter ajuda a mostrar a importância dos banhos para o bem-estar da comunidade. Quando Peter descobre o artigo de seu irmão no jornal de Hovstad (que se identifica com interesses políticos antitéticos a Peter e ao Conselho Municipal incumbente), Hovstad espera que ele arrume confusão. Mas Peter é cuidadosamente conciliador. Peter identifica os banhos como a fonte da "tolerância" da comunidade: "I det hele tatt råder det en smukk fordragelighetens ånd i vår by; – en riktig god borgerånd. Og det kommer derav at vi har et stort felles anliggende å samle oss om, – et anliggende som i like høy grad vedkommer alle rettsindige medborgere –" (p. 160; "Considerando tudo, há um esplêndido espírito de tolerância aqui em nossa cidade – um espírito municipal verdadeiramente bom. E tudo isso vem de termos um grande interesse comum a nos unir – um interesse de mesma monta para todo cidadão de bem" [p. 107]). A fala de Peter é claramente política, ainda que somente uma vez na peça seja dito, *en passant*, que logo haverá eleições para o conselho municipal. Ibsen está mais interessado na produção da unanimidade ou da concordância que a eleição interpreta, ou registra, ou formaliza, mas que não produz. Ibsen trata a votação como mera verificação ou tabulação de práticas sociais normalmente invisíveis, mais dignas de estudo.

À medida que Tomas prepara o ambiente para revelar os conteúdos do laudo do laboratório para sua família e para seus amigos, vemos a versão moderna do líder emergente que escandaliza a comunidade, acabando com suas crenças e com sua solidariedade. Tomas faz que todos repitam para ele aquilo que todos pensam, que os banhos são uma dádiva divina para a economia da cidade, uma bênção terapêutica para todos os visitantes, só para então lhes transmitir a notícia:

> DR. STOCKMANN. (...) Mas você sabe o que eles são mesmo, esses banhos esplêndidos, tão recomendados, que custaram tanto dinheiro? Você sabe o que eles são?
> HOVSTAD: Não, o quê?
> SRA. STOCKMANN: São o quê, afinal?
> DR. STOCKMANN: Os banhos estão totalmente contaminados! (p. 121)

O interessante é que a primeira pessoa para quem ele pretende dar a notícia, no dia seguinte (além do relatório que ele escreveu para o conselho diretor), é o "velho Texugo" (o apelido não muito cortês que a cidade deu ao sogro de Tomas). Ele explica que sua descoberta corrigirá a opinião que seu sogro divide com outros de que o doutor "não está muito bem da cabeça", mas não podemos ignorar aquilo que o próprio "velho Texugo" admite depois, que não quer que sua fábrica de curtumes seja identificada como a origem da poluição da fonte das águas; ele não quer que seu bom nome seja arruinado. Como pode Tomas permanecer tão alheio ao efeito que sua descoberta terá em seu sogro e no resto da comunidade?

A certeza de Tomas de que a cidade irá honrá-lo com desfiles, como seu *folkevenn*, no momento em que ele revelar que sua principal fonte de renda está poluída, parece ingênua, ou, na melhor das hipóteses, fingida, se olharmos para seu caráter ou para sua psicologia em busca de uma resposta. Ela é melhor entendida dentro da dinâmica da interdividualidade mimética e da "mobilização" pública moderna. Ele induzirá uma crise que só ele pode resolver, repetindo na verdade seu maior triunfo, a instalação dos banhos, que agora, porém, serão só dele, e não divididos com seu irmão (que derrotara os planos do irmão de instalar os canos longe da origem da poluição).[9]

Como em todas as rivalidades fraternas, há um pouco de verdade nas acusações de cada um dos irmãos ressentidos.

---

[9] O melhor exemplo da primazia da rivalidade é a ideia de Tomas de que Peter não vai ficar feliz por não ter descoberto ele mesmo a poluição.

> Efter min formening viser det seg kun at du igjen trenger til et avløp for din stridslyst. Du vil dine foresatte til livs; – det er jo din gamle vane. Du kan ikke tåle noen autoritet over deg; du ser skjevt til enhver der bekler en overordnet embedsstilling; du betrakter ham som en personlig fiende, – og straks er det ene angrepsvålen deg likså godt som det annet. (p. 177-78)
>
> Para mim, é totalmente óbvio que você está procurando outro canal para sua intransigência. Você quer atacar seus superiores – um velho hábito seu. Você não suporta que alguém tenha autoridade sobre você: você olha com suspeita para qualquer pessoa que tenha um posto superior ao seu, e considera-a seu inimigo pessoal... e imediatamente qualquer vergasta serve para bater nela.[10]

Claro que "alguém" que seja superior a Tomas é antes de tudo Peter, seu irmão.

Mas isso não é tudo. Peter e Tomas têm ciúme um do outro. Até a hospitalidade de Tomas é polêmica e competitiva. Como Peter nega-se tudo nas relações sociais e na alimentação, a fim de provar sua imaculada ausência de desejo, Tomas vive de excessos e torna-se um missionário dos apetites. É preciso que reformulemos seu

---

[10] Watts (trad.), "*Ghosts*" *and Other Plays*, p. 143.

antagonismo fora de nossa preferência fácil por Tomas, o personagem que agrada a nós e a nossas expectativas cômicas, uma forma mais avançada de vingança contra todos aqueles que nos oprimem.

Cada um dos irmãos afirma ter proposto os banhos como a salvação do turismo e da economia da cidade. Em si, é claro, é impossível separar a acusação de um irmão de sua rivalidade interminável. Eles são gêmeos inimigos como Etéocles e Polinice, como Rômulo e Remo, são sinais de uma crise social.[11]

Talvez agora estejamos preparados para considerar a acusação mais grave e mais extrema de Peter: que seu irmão Tomas tem mania de perseguição.

> Byfogeden. Ja, en gang må jeg dog tale lifefrem med deg. Hittil har jeg søkt å unngå det, da jeg vet hvor irritabel du er; men nu må jeg si deg sannheten, Tomas. Du gjør deg ingen forestilling om hvor meget du skader deg selv ved din fremfusenhet. Du beklager deg over autoritetene, ja, over selv regjeringen, (...) påstår at du et blitt tilsidesatt, forfulgt. Men kan du vente deg annet, –en så besvaerlig som du er. (p. 177)

---

[11] Num determinado momento, eles chegam a descer à marca mesma da rivalidade mimética, espelhando a própria linguagem das acusações mútuas: "PREFEITO: Como Chefe do Conselho da Gerência dos Banhos, eu deveria ter julgado que...
DR. STOCKMANN: E eu deveria ter julgado que..." (p. 113)

PREFEITO. Sim, ao menos uma vez, devo falar-lhes abertamente. Até agora, sabendo a facilidade com que vocês ficam ofendidos, tentei evitar isso, mas agora, Tomas, preciso dizer-lhe a verdade. Você não tem ideia do mal que a sua impetuosidade lhe faz. Você reclama das autoridades – sim, do Governo. Você os vilipendia, dizendo que você foi insultado, negligenciado – mas o que mais você pode esperar quando é tão intratável? (p. 142-43)

Ibsen capta de maneira bela a exasperação mútua. Claro que Peter não faz nada além de "falar abertamente" sobre a verdade da impetuosidade de Tomas. Mas a crítica de Peter à reclamação de Tomas de que ele foi negligenciado e perseguido ("tilsidesatt, forfulgt"), ao mesmo tempo que demonstra a qualidade interminável da recriminação mútua, é confirmada pela censura de Peter, que, na verdade, diz que ele foi negligenciado e perseguido porque se ressente e reclama disso. E nenhum deles nega que Peter está em posição de promover ou de não promover Tomas.

Devemos repetir nossa posição de que, na misteriosa repetição do mito imemorial no período moderno, até no apedrejamento de Tomas (ele quer guardar as pedras como relíquias religiosas!), não é preciso o atavismo ou o inconsciente coletivo para explicá-la. Os personagens sentem ou se inclinam para respostas que parecem estar funcionando. Conseguimos imaginar muitas jogadas intuitivas que levariam antes a uma perda do que a um ganho de poder, assim como deve ter havido inúmeras "sociedades" que nunca aconteceram em nenhuma versão de um processo sacrificial que fosse capaz de conter a violência mimética, que nunca entraram para a história porque não conseguiram manter-se por tempo suficiente para deixar registros.

O drama é o tipo de projeto de pesquisa que (como a história) volta-se para exemplos relevantes. Ibsen, como muitos autores modernos, está observando um mecanismo gerado de violência mimética que une a comunidade ao polarizá-la contra uma vítima sacrificial. Esse mecanismo se repete em lugares em que consegue sobreviver, alterar-se metabolicamente e gerar metástases de modo (muito) semelhante a uma doença que resista à erradicação completa.

A multidão e seu líder, Peter Stockmann, são quase primitivos, temerosos da contaminação. O cuidado de Peter em nunca parecer estar fazendo nada para si, em estar sempre buscando o consentimento da comunidade inteira, repete a estratégia do ritual primitivo, que faz que todos concordem ao participar na expulsão sacrificial da poluição. (Esse cuidado garante, num nível funcional, que não sobra ninguém para ficar do lado da vítima.)

Mas se Peter Stockmann parece reencarnar a solidariedade de uma sociedade sacrificial num líder que é perfeito, Tomas Stockmann reencarna o objeto sacrificial contra quem a multidão se polariza. Nos dois casos há equívocos metafísicos das relações miméticas e da interdividualidade. Em *Um Inimigo do Povo*, temos um erro simétrico ao senso excessivo que Peter tem da virtude: o senso excessivo que Tomas tem da perseguição, aquele cujo sacrifício e cuja perseguição prova sua inocência e sua virtude. Tomas Stockmann é o precursor dos grandes textos subalternos do século XX, que mantêm sua virtude pela medida de sua perseguição (injusta).

De fato, a cidade está em crise; a quantidade de ressentimento e de rivalidade correndo soltos é notável. (Aqui talvez esteja a visão de Ibsen da política moderna.) Morten Kiil, sogro de Tomas, ressente-se do novo conselho municipal formado por Peter e por seus asseclas. Qualquer coisa que os prejudique lhe agradará. Mas mesmo aliados em potencial como Tomas e seu sogro fazem o máximo para incomodar um ao outro. Tomas diz publicamente que a casa de curtumes de Morten Kiil é a maior fonte de poluição do sistema das águas, e Kiil, para provocar, investe um patrimônio destinado aos filhos de Tomas nas ações desvalorizadas dos banhos, para que Tomas desista da acusação de poluição e as ações recuperem seu valor.

Hovstad e Billing são coletas em *Folkebudet* [O Mensageiro do Povo], um jornal progressista comprometido com a mudança da sociedade. Mas eles também são rivais um do outro, mais uma dupla de gêmeos inimigos. Hovstad fica escandalizado quando Aslaksen, seu gráfico, revela que Billing candidatou-se à posição de secretário do conselho. Billing delicadamente diz que só fez isso para que fosse recusado, para afiar seu antagonismo contra o *establishment*. Mas Aslaksen já recordou Hovstad de que o conselheiro Stensgård já ocupou a cadeira de Hovstad nos escritórios do *Folkebudet*. Os "partidos" são rivalidades vazias por poder e por prestígio, pelo apoio ou pelo serviço da maioria.

Claro que a peça encena seu interesse na mobilização colocando a própria multidão no palco, na reunião de Stockmann no Ato IV. O momento mais forte da peça é a palestra em que Tomas apresenta seus princípios elitistas e modernistas, inspirados nele pela oposição, não pela convicção, pelo escândalo, não pela crença. Não é impossível que o próprio Ibsen tenha durante algum tempo acreditado naquilo que Tomas declara em seu discurso. Sabemos que o próprio Ibsen defendeu a palestra de Tomas em uma carta a seu editor. Mas os autores dedicam mais tempo e esforços a seu trabalho criativo do que a sua correspondência, e é mais provável que a peça nos leve mais longe na consideração dessas ideias do que o encerramento arbitrário de nosso raciocínio em deferência à autoridade pessoal de Ibsen. Ibsen também era uma figura pública, e nunca poderia ficar indiferente ao público ou à qualidade dramática do que quer que dissesse. Dramas e ficções, ao contrário de cartas, de ensaios e de discursos, repercutem em seu contexto e também em sua plateia.

Comecemos nossa análise desse discurso provocador lembrando que ao longo de toda a peça Tomas fala em nome da perturbação, da ebulição, do irromper, do alvoroço. Em sua primeira conversa, Tomas dirige a atenção de Peter de modo laudatório (e indiscriminado) a Hovstad, Billing, o capitão Horster e seus dois filhos, referindo-os como a nova geração que vai "sacudir as coisas e mantê-las em movimento para o futuro" (p. 110: "rote opp i det gjærende fremtids-stoff" [p. 161]). Peter pergunta, sem aprovar, o que é que precisa "ser sacudido", e depois censura a "natureza turbulenta, agressiva e rebelde ("uroligt, stridbart, opprørsk sinn" [p. 177]) de Tomas. Como Tomas é "nosso" herói cômico, seu temperamento turbulento parece melhor do que as personalidades de Peter e de Aslaksen, que falam de temperança, de guiar os fluxos. Essas metáforas se aplicam ao comportamento social, pessoal e metabólico, e esse comportamento é fundamentalmente mimético. Os elementos individuais copiam a turbulência ou o fluxo pacífico um do outro, como ovelhas (ou células, ou plateias), imitando um líder quieto ou perturbador.[12]

No começo do Ato IV, está claro que a plateia que se reúne no palco para a palestra de Stockmann veio disposta a causar confusão. É interessante que, enquanto Stockmann dá de ombros para isso, o capitão Horster fala de modo nefasto sobre o potencial violento da multidão – se não nessa, da próxima vez. As multidões e as procissões nas peças de Ibsen nos lembram da tribo caingangue, que despertou tanto interesse nos antropólogos do século XX, cujo comportamento violento tornou suas "festas" notórias, indistinguíveis de um quebra-quebra, uma baderna violenta.

Stockmann satisfaz a multidão até certo ponto. Eles urram de alegria quando ele zomba de seus superiores, sobretudo de seu próprio irmão. Ele alimenta seu apetite cômico pelo desregramento, por uma vítima, mas eles reagem enfurecidos quando ele se volta para eles.

Tomas conduz a plateia do modo como conduzira sua plateia doméstica antes do escândalo que só ele conhece.

---

[12] Para uma combinação da hipótese mimética com a termodinâmica, ver Michel Serres, *La Naissance de la Physique dans le Texte de Lucrèce*.

Como nos ensinou Northrop Frye, todos os proponentes de mudanças sociais seguem um modelo cômico imemorial de redimir a sociedade tirando-a das mãos dos superiores hipócritas e entregando-a (ou devolvendo-a) à grande massa da sociedade. Tomas já sugerira a Hovstad no Ato II que planeja uma série de artigos que ampliarão sua acusação de poluição para contextos sociais, mas ele transferiu seu alvo dos superiores, as vítimas imemoriais da comédia, para a própria plateia da comédia, o suposto reservatório de todas as novas sociedades redimidas. Eis uma empresa deveras perigosa. Peter fala por toda a comunidade quando diz que "Você não pode lançar uma acusação grosseira como essa contra uma comunidade inteira!" (p. 191).

Tomas propõe uma posição simetricamente oposta à do *Folkbudet*, afirmando que as pessoas são como gado, que só os mais puros são capazes de distinguir-se e de aprender. Talvez o maior escândalo de Tomas seja demarcar sua posição em relação ao próprio Cristo:

> DOKTOR STOCKMANN. Ingen bakveie, Katrine. (med hevet røst.) I skal få høre fra folkefienden før han ryster støvet av sine føtter! Jeg er ikke så godslig som en viss person; jeg sier ikke: jeg tilgit eder; ti I vet ikke hva I gjør. (p. 203)

> DR. STOCKMANN. Não há saída por trás, Katrina. [Levantando a voz.] Você vai ter notícias do seu inimigo público antes que ele sacuda a poeira desse lugar de seus pés! Não sou tão comedido

quanto era uma certa pessoa (...) Eu não digo: "Eu vos perdoo, porque não sabeis o que fazeis". (p. 195)

Tanto em *Os Pilares da Sociedade* quanto em *Um Inimigo do Povo* Ibsen tem em mente o paralelo entre as escrituras seculares e as sagradas. Tanto Karsten Bernick quanto Tomas Stockmann pensam na paixão quando consideram sua vulnerável singularidade diante da multidão. É verdade que Ibsen retirou a citação de Bernick da mais forte fórmula verbal jamais pronunciada contra práticas de vitimação do bode expiatório: "Que aquele entre vós que não tiver pecado atire a primeira pedra".[13] Sem dúvida foi prudente que Bernick (ou Ibsen) não inflamasse a multidão, mas essa é exatamente a intenção de Stockmann.

Mas e quanto à escritura secular? Quando recordamos, mais uma vez, a observação de Henrik Jaeger de que, entre os grandes escritores que conheceu, Ibsen era o único que não tinha uma biblioteca de trabalho, que ele só lia os jornais e a Bíblia (somente pelo estilo, afirmava), então podemos começar a entender que, para Ibsen, as histórias no jornal são elas mesmas a escritura secular.

No dia seguinte Tomas inverte as duas posições por que lutara: decide ficar em vez de emigrar, e afirma que vai iniciar uma escola para as crianças mais humildes e desafortunadas. Tomas ainda está ensaiando, explorando a posição do forasteiro em sua comunidade, procurando qualquer coisa que os provoque.

---

[13] Ver capítulo 2, nota 21.

Tomas, assim como Lona, adora a oposição do "alvoroço" da multidão. Se Tomas não se importa com a cautela do capitão Horster a respeito de como a provocação da multidão pode ser perigosa, James Joyce se importa. Agora estamos mais preparados para entender o medo de Joyce de sofrer a mesma traição e a mesma perseguição que Charles Stewart Parnell e que Oscar Wilde sofreram. O medo de Joyce sempre foi interpretado como uma esquisitice inofensiva ou levemente incapacitante, mas é talvez sua intuição mais valiosa quanto ao comportamento coletivo moderno. Devemos creditar a fidelidade de Joyce a um projeto que duraria a vida toda e que foi vislumbrado pela primeira vez em seu ensaio "A Portrait of the Artist" ["Retrato do Artista"], cuja publicação foi rejeitada em 1904:

> Para aquelas multidões que ainda não estavam nos ventres da humanidade, mas que certamente poderiam ser neles geradas, ele daria a palavra. Homem e mulher, de vós vem a nação que virá, o relâmpago de vossas massas a trabalhar; a ordem competitiva é usada contra si mesma, as aristocracias são suplantadas; e em meio à paralisia geral de uma sociedade insana, a vontade confederada surge em ação. (*A Portrait of the Artist as a Young Man: Text, Criticism and Notes* [Retrato do Artista quando Jovem], p. 265-66)

Contra tudo que já foi dito, a começar pelos próprios editores de *Dana*, a respeito da inadequação desse primeiro esforço de ser publicado, podemos responder que Joyce já enxerga a sociedade moderna num estado de crise contínua e contaminada de competição.[14] A superioridade ontológica (a aristocracia) é derrubada, e uma nova vontade confederada, não competitiva, agora é possível.

"Quem o Joyce moço pensa que é?" pode ser o modo de formular a reação comum ao tom desse ensaio, mas também devemos reconhecer que esse tom é astutamente político, absolutamente certo de sua repercussão e de seu efeito públicos, e, hoje em dia, quem nunca ouviu falar de Joyce?

---

[14] Como Ibsen, Joyce estudou medicina, sem completar o curso. "Paralisia geral do insano" é o termo usado na virada do século para o estágio terciário da sífilis.

capítulo 4
as irmãs de Joyce

Eis o maravilho romance, entregue a vós por minha 23ª irmã.
"Stephen Dædalus" (James Joyce), carta de 1904

– O que você está fazendo aqui, Stephen?
Os ombros altos e o vestido roto de Dilly. Fecha o livro, logo. Pode ver não.
– O que você está fazendo?, disse Stephen.
Uma cara Stuart de Charles ninguém, lisos fios escorrendo pelos lados. Brilhava enquanto ela se dobrava, alimentando o fogo com botinas rachadas. Falei de Paris. Tarde deitar na cama debaixo de uma colcha de sobretudos velhos, dedilhando uma pulseira de ouropel, presente de Dan Kelly. Nebrakada femininum.
– O que você tem aí?, perguntou Stephen.
– Comprei da outra barraca por um centavo, disse Dilly, rindo de um jeito nervoso. É bom?
Meus olhos dizem que ela tem. Será que os outros me veem assim? Rápido, longe e ousado. Sombra da minha mente.
Ele pegou o livro sem capa da mão dela. O livro-texto de francês de Chardenal.
– Para que você comprou isso?, ele perguntou – Para aprender francês?
Ela acenou que sim, ficando vermelha e apertando os lábios.
Não mostrar surpresa. Muita naturalidade.
– Olha, disse Stephen. Tudo bem. Cuidado para que Maggy não o penhore. Meus livros todos já se foram.
– Alguns, disse Dilly. A gente precisou.

> Ela está se afogando. Agenbite. Salvá-la. Agenbite.
> Todos contra nós. Ela vai me afogar com ela, olhos
> e cabelo. Lisos fios de cabelos de alga marinha em
> volta de mim, de meu coração, de minha alma.
> Morte de sal verde.
> Nós.
> Agenbite de inwit. Inwit de agenbite.[1]
> Tristeza! Tristeza!
> James Joyce, Ulysses
>
> > Enquanto isso, sua irmã, extraordinariamente dotada, imaginemos, ficou em casa. Ela era tão aventureira, tão imaginativa, tão sedenta de ver o mundo quanto ele. Mas ela não foi mandada para a escola. Ela não teve a oportunidade de aprender gramática e lógica, muito menos de ler Horário e Virgílio. Ela pegava um livro às vezes, talvez um livro de seu irmão, e lia algumas páginas. Mas então seus pais apareciam e falavam para ela cerzir as meias ou cuidar do cozido e não ficar avoada com livros e papéis.
> > Virginia Woolf, A Room of One's Own[2]

"The Sisters" ["As Irmãs"] foi a primeira obra de ficção publicada por James Joyce. Ela é adequadamente considerada um começo para *Dubliners* [Dublinenses], sob alguns aspectos, para toda a ficção de Joyce,[3] tendo recebido mais comentários cuidadosos do que qualquer outro conto. Particularmente Hugh Kenner e Marvin Magalanet, logo no começo, e depois Therese Fischer e Florence Walzl reconheceram a importância da evolução dessa história, desde *The Irish Homestead* até os manuscritos

---

[1] A expressão "*agenbite* de *inwit*" significa "remorso de consciência". (N. T.)
[2] As epígrafes deste capítulo vêm de (1) *Selected Letters of James Joyce*, p. 22; (2) *Ulysses*, org. Hans Walter Gabler, p. 521, 523; e (3) Virginia Woolf, *A Room of One's Own*, p. 49.
[3] Thomas Staley, "A Beginning".

"Yale" e "Cornell" e à versão final, como ato de autocrítica cada vez mais consciente.[4] Mas onde começa "The Sisters" e onde será que jamais termina? E *por que* suas revisões ficam cada vez mais autocríticas?

É verdade dizer que a revisão torna "The Sisters" cada vez moderno. Mas isso não é tudo. Se desenvolvermos o potencial teórico das revisões de Joyce, estaremos a caminho de considerar a obra de Joyce com a de Girard, de sugerir uma teoria alternativa do modernismo. Além disso, entenderemos como Joyce propôs a seu país uma tradição não violenta alternativa àquilo que Conor Cruise O'Brien recentemente descreveu como *Ancestral Voices*, aquelas vozes dos mortos (como Pearse) que pedem sacrifícios sangrentos, inclusive o autossacrifício, vozes que são mais persuasivas do que as vozes dos vivos que pedem paz.[5]

Contra essas ambições devemos novamente recordar a insistência do próprio Girard na força teórica dos textos literários para evitar que simplesmente transcodifiquemos Joyce em Girard desde o começo, um processo que não nos ensinaria nada mais a respeito de ambos. A hora de trazer Girard chegará quando tivermos elaborado o potencial teórico das muitas irmãs de Joyce.

---

[4] Hugh Kenner, *Dublin's Joyce*; Magalaner, *Time of Apprenticeship*; Fischer, "From Reliable to Unreliable Narrator" e *Bewusstseindarstellung im Werk von James Joyce*, p. 29-65; Walzl, "Joyce's 'The Sisters': a Development". Para elaboração extensiva das leituras de Magalaner, de Walzl, de Scholes e de Staley sobre a revisão de "The Sisters" recodificada na distinção *scriptible/lisible* de Roland Barthes, ver Morrissey, "Joyce's Revision of 'The Sisters'".

[5] Conor Cruise O'Brien, *Ancestral Voices*.

Joyce escreveu a primeira versão de "The Sisters" em julho de 1904. A história foi enviada a *The Irish Homestead* por causa de um convite, e foi revista até julho de 1906, quando foi revista mais uma vez para servir de introdução a *Dubliners*, com quatorze contos.[6] "The Dead" seria escrito mais de um ano depois.

A fim de entender melhor o contexto do processo de composição de "The Sisters", temos de começar com os comentários inestimáveis de Stanislaus Joyce, que explicam que seu irmão já tinha experimentado estilos de ficção curta, intitulados "Silhouettes", epifanias da sordidez das coisas, contadas por um narrador em primeira pessoa. Stanislaus lembrou-se da primeira história, que dava título à série, quando era um menino pelas ruas de Dublin, e subitamente observou, numa janela, uma briga de marido e mulher, encerrada pelo marido com uma pancada. Então a persiana foi abaixada. Depois de um tempo, reapareceu o perfil de duas figuras à luz de velas, dessa vez mãe e filho. A figura da mãe diz ao menor para tomar cuidado e não "acordar o pai".[7]

Stanislaus tem de maneira clara, no fundo da memória, nas suas lembranças de "Silhouettes", o progresso inteiro do trabalho inicial de seu irmão na prosa. Ele

---

[6] Segundo a datação de Hans Walter Gabler do manuscrito "Cornell" para *James Joyce Archive* (*JJA* 4, p. xxix). Assim, a datação de Gabler exige o reajuste de todos os comentários anteriores que relacionavam "The Sisters" a "The Dead". "The Sisters" ainda antecipa formidavelmente "The Dead", mas não do modo como antecipa, como insistiu Fritz Senn, *Finnegans Wake*: como portal de descoberta. Ver Fritz Senn, "'He Was Too Scrupulous Always': Joyce's 'The Sisters'".
[7] Stanislaus Joyce, *My Brother's Keeper*, p. 90.

conscientemente coloca "Silhouettes" antes de *Dubliners*, tramada através da dinâmica cruel de "Epiphanies", intermediário. Como explica Stanislaus argutamente, as epifanias expõem exatamente aquilo que o sujeito tenta esconder:[8] cada qual abaixa a persiana, cada qual se representa como um contorno, revelado.

Stanislaus Joyce é nossa única fonte para tudo que sabemos sobre esse material. Nossa gratidão para com ele deveria incentivar-nos a levar adiante as consequências de suas associações e também de suas análises. Ele julga que o método epifânico do irmão explica essas silhuetas/narrativas curtas iniciais porque ele acaba de descrever em sua própria narrativa como ele descobria que outras famílias de Dublin, aparentemente mais respeitáveis, escondiam a mesma vida familiar sórdida que os Joyce. Isso o leva a considerar, com preferência compreensível, que a franqueza de seu irmão é superior à hipocrisia mais generalizada.

Poderíamos simplesmente concordar com Stanislaus que a franqueza é superior à hipocrisia, mas uma especulação bem mais interessante se abre diante de nós. Se lembrarmos que Stephen derrotou o esnobismo dos colegas de Clongowes dizendo que tinha um tio magistrado e outro tio juiz, podemos ver "Epiphanies" como uma mão melhor no jogo que Girard chama de "rivalidade mimética".

A franqueza não está livre das pretensões que a circundam: na verdade, a franqueza caracteriza e até acusa seus colegas de hipócritas por comparação, a menos que eles

[8] Ibidem, p. 124.

consigam superá-la com maior audácia. Depois aprenderemos a perguntar: qual identidade é mascarada pela franqueza, quando ela zomba da hipocrisia de seu rival? Como as "Epiphanies" "epifanizam" seu autor, revelando precisamente a silhueta daquilo que *ele* gostaria de ocultar?

As poucas cartas e manuscritos de qualquer sequência que Joyce pretendesse que fizesse parte de "Epiphanies" dificultam o consenso, mas a maior parte dos críticos concorda que elas podem ser divididas em dois tipos:[9] confissões e observações – o êxtase confessado da vida seráfica e a rudeza observada em outros. Em qualquer combinação ou sequência, um tipo tende a servir, a validar o outro. O autor tem autoridade para desmascarar os outros, por ter desmascarado a si mesmo. O ressentimento de Oliver St. John Gogarty e de outros conhecidos de Joyce quanto a ser epifanizados não é respondido pela ressalva de Stanislaus, direcionada principalmente a Gogarty, de que os amigos raramente eram assunto dos textos de seu irmão. Eles tinham razões para sentir-se humilhados.

A recusa de John Eglinton e de Fred Ryan do texto enviado por Joyce a *Dana*, sua nova revista, e a resposta de Joyce à recusa deles sugerem que a rivalidade é a dinâmica de "A Portrait of the Artist" (janeiro de 1904) e também seu assunto. Nas palavras do ensaio rejeitado, o jovem artista, "adivinhando intrigas", compõe "uma espécie de enigma". Ele se apresenta como alguém indiferente à rivalidade para vencer a rivalidade, para reunir os filhos do espírito, ciumentos e há muito divididos por

---

[9] Ver James Joyce, *Dubliners*, p. 254.

uma ordem competitiva empregada contra si. "Mas ele viu entre os campos seu local de vantagem, oportunidades para o demônio zombeteiro."[10] O ensaio desmascara o artista de maneira audaciosa demais para *Dana*, mas o que se segue, em *Stephen Hero*, autobiografia disfarçada (a expansão exponencial desse ensaio), segundo Stanislaus, é zombaria dos outros.

O *Dublin Diary*, contemporâneo de Stanislaus, insiste na direção satírica da evolução de Stephen Hero após "A Portrait of the Artist" ser rejeitado por *Dana*. Além disso, Stanislaus identifica a sátira, o demônio zombeteiro, como um número de festa de família, tipicamente irlandês. Seus dois progenitores, inclusive Charlie, seriam omnicompetentes na mímica. Por fim, Stanislaus cita Yeats com total aprovação, por ter dito que Swift, catedrático da Sátira, deu alma aos dublinenses ao ensiná-los a odiar os outros assim como eles odeiam a si mesmos.

A longo prazo, a rejeição de *Dana* de "A Portrait of the Artist" provavelmente não mudou nada. A experiência comum dos primeiros editores de Joyce, Longworth no *Daily Express* e Hugh Kennedy no *St. Stephen's*, e até dos professores dele, sugere que tolerar, solicitar e até recusar o trabalho de Joyce nunca cegava, mas só afiava, "aquela canetinha mergulhada em tinta fermentada" (*Selected Letters* [doravante abreviado como *SL*], 76).[11]

---

[10] *JJA* 7, p. 83 e 84, 104.
[11] A imagem quase certamente vem de Tomas Stockmann. Mesmo dois exemplos anteriores da prosa do Joyce estudante parecem fisgar seus padrinhos. Joyce deve ter sentido uma satisfação irônica ao vingar-se do episódio da palmatória que foi depois descrito em *Portrait*, quando em "Trust Not

Admitindo que Joyce tinha aquilo que ele mesmo chamou de sensibilidade "demasiado irlandesa", o leitor mal poderia imaginar um convite mais provocativo para a carta frequentemente citada de George W. Russel (Æ), especialmente se considerarmos que ela foi enviada em algum momento de julho, após uma certa discussão na Biblioteca Nacional, que *Ulysses* data em 16 de junho de 1904.[12]

> Olhe o conto nesse jornal, *The Irish Homestead*. Será que você poderia escrever algo simples, rural? vivo? *pathos*?, algo que pudesse ser inserido sem chocar os leitores. Se você puder trazer um conto de umas 1800 palavras o editor vai pagar 1 libra. O dinheiro é fácil se você consegue escrever com fluência e não se importar jogar para o entendimento e para o gosto comuns de vez em quando. Você pode colocar qualquer nome de pseudônimo. (*Letters of James Joyce* [doravante *Letters*] 2, p. 43)

Appearances" ele concluiu que os olhos escondem a personalidade de uma pessoa ("See it in Your Eye" – *Ulysses* 561). "Force (The Futility of)" foi talvez a redação de admissão que Joyce teve de fazer, mas, pelos indícios do fragmento que sobrou, seu título provisório deveria ser "Subjugation", pelo qual Joyce subversivamente relaciona a disciplina comum e as consequências de ser "súdito" da igreja e da monarquia.

[12] Alan Denson, *Printed Writings by George W. Russell (A. E.): a Bibliography*, deixa claro que *New Songs*, de Æ, da qual a antologia "Stephen" foi excluída, foi publicada em março de 1904, e certos trechos foram concluídos talvez já na época do prefácio de Russell, em dezembro de 1903. Denson também nota que *New Songs* foi resenhado por Gogarty na primeira edição de *Dana*; uma leitura da resenha de Gogarty sugere um meio-termo incerto entre o exagero e a sátira, o toque de Yeats e o de Joyce.

Os contos em *The Irish Homestead* foram publicados regularmente com pseudônimos na coluna "Our Weekly Story" ["Nosso Conto da Semana"], por isso, ainda que Russell estivesse lendo os primeiros capítulos do manuscrito de *Stephen Hero* nessa época (*SL*, p. 22), não é certo que ele esteja referindo depreciativamente a "Stephen Dædalus", assunto deles.[13] Mas Joyce já tinha percebido insultos em ofertas menos ambíguas de ajuda. Ellmann nos diz que Skeffington, por exemplo, quando se tornou arquivista da universidade, enviou a Joyce uma carta oferecendo um emprego de professor de francês. Joyce foi em pessoa falar com o diretor acadêmico, baseado na teoria de que as autoridades universitárias queriam silenciá-lo, colocando-o em dívida com eles (Ellmann [doravante *JJ II*], p. 140).

Ninguém antes da edição de *Dubliners* feita por Hans Walter Gabler para a Garland Press jamais identificara *em livro* o conto-modelo de Russell para submissão.[14]

---

[13] De todo modo, a nota de Declan Kiberd em sua edição de Ulysses, que dizia que "O jovem Joyce sentia tanta vergonha do fato de que seu primeiro conto fora publicado em *The Irish Homestead*, 'o jornal do porco', que adotou o pseudônimo 'Stephen Dædalus' para esconder a embaraçosa conexão" (p. 956), porém isso não basta para explicar a insistência de Joyce em associar-se em manuscritos e em cartas com esse pseudônimo.

[14] *Dubliners* 2. Em uma bolsa de viagem da ACLS, em 1984, descobri sozinho o conto "Berkeley Campbell", lendo *The Irish Homestead* na Biblioteca de Jornais da British Library em Colindale Road. Identifiquei "The Old Watchman" num trabalho apresentado no Décimo Simpósio Internacional sobre Joyce em Copenhagen, em 1986, e o incluí em "Joyce's Many Sisters and the Demodernisation of *Dubliners*". *New Perspectives on Dubliners*, orgs. Mary Power e Ulrich Schneider, Amsterdã, Rodopi, 1997. Meu ensaio foi submetido em 1993, antes de eu conhecer a edição de Gabler, mas ela foi uma corroboração bem-vinda de um especialista modelar da abordagem genética de Joyce.

Por causa de um hiato na publicação de contos em *The Irish Homestead*, os três contos publicados mais à mão (uma vez que o tom e a construção da nota de Russell sugere pressa) seriam "Ryan Rascal", de Louise Kenny (11, 18 e 25 de junho de 1904), "The Old Watchman", de Berkeley Campbell (2 de julho de 1904) e "A Farmyard Tragedy", de Alice Milligan (16 e 30 de julho de 1904). A data tardia do último conto e a publicação em série tanto de Kenny quanto de Milligan (Russell fala de uma única edição: "olhe o conto *nesse* jornal") fazem delas escolhas menos prováveis. Por fim, a carta de H. F. Norman a Joyce aceitando "The Sisters" tem data de 23 de julho de 1904 (*JJ II*, p. 164).

Por outro lado, "The Sisters" tem uma semelhança impressionante com o conto de "Campbell".[15] O narrador descreve seu interesse, aos doze anos, num velho vigia que roubou aquilo que ele chamava de sua "fantasia". Ele parecia ter 65 anos, e seu rosto sem barba, cheio de rugas, tinha uma expressão triste e solitária". O narrador acrescenta que ficou "surpreso ao ouvir que ele [o velho] falava com um sotaque bem bonito e com uma voz educada". O menino fica próximo do velho vigia, "meu velho", que é como ele o chama, por causa do hábito do pai de andar do teatro até em casa, "porque papai disse que era bom para nós respirar um pouco de ar fresco após sair daquele teatro abafado". Por fim, o pai conversa com o vigia, que admite ter uma séria doença: "às vezes minha tosse está ruim demais e não consigo sair, e

---

[15] O *Dictionary of Literary Pseudonyms*, de Atkinson, lista "Berkeley Campbell" como pseudônimo de Charles Lionel Duddington, mas as datas de Duddington impossibilitam isso.

James, o outro vigia, pega meu turno. Tenho tosse desde que tive pleurisia, e acho que ela não vai me deixar aqui por muito mais tempo". A caminho de casa, o narrador recorda "as muitas conjeturas diferentes a que chegamos (...) a respeito de qual era a história dele. Então tive um resfriado bem forte, e não pude sair com papai por uns quinze dias" (Campbell, p. 556).

Por fim, o velho no conto de Berkeley Campbell confessa sua história de oportunidade perdida: ele era o filho caçula do deão da Catedral de São Patrício, que deveria ter ido estudar em Trinity College para depois ser advogado. Mas "eu só ficava acordado até de madrugada bebendo e jogando, perdendo mais dinheiro do que eu jamais poderia sonhar em pagar". Fugiu para a Austrália depois de seu pai ter-lhe oferecido uma chance de recomeçar no Canadá. Quando por fim ele voltou, não conhecia mais ninguém, e agora aguarda a morte. O pai do menino o leva a um hospital: "Eu costumava ir visitá-lo muitas vezes, mas ele só durou algumas semanas, e senti muito mesmo quando ele morreu. Mas hoje eu sempre olho para os vigias na linha do bonde e me pergunto se eles têm uma história como 'a do meu velho'!" (Campbell, p. 557).

A atenção de primeira pessoa de um menino à narrativa de um velho fornece muito material para que a mente satírica de Joyce trabalhe em versões sucessivas de "The Sisters" e também em histórias posteriores. Assim como o padre Flynn, que se contrapõe ao velho Cotter, o velho vigia opõe-se a um defensor de novos ares, sua educação superior não lhe serviu de nada e ele está próximo da morte. O narrador menino de Campbell é, também, um observador cuidadosamente paciente do declínio de seu pai: seu interesse, assim como o interesse do narrador de "The Sisters" pelo padre Flynn, é uma "fantasia" – "Veio-me a fantasia" (*Irish Homestead*, p. 677; *Dubliners* [doravante *D*], p. 14). O menino desenvolve uma doença respiratória "simpática", um aspecto de contaminação que Joyce certamente gostaria de ter superado em "The Sisters" com um prognóstico semioculto de paralisia ou de paresia.[16]

A primeira versão de "The Sisters" parece uma sátira bem maldosa dos testemunhos inequivocamente edificantes característicos da ficção e dos poemas publicados no *Irish Homestead*. Leituras da história mais impróprias ou feitas disfarçando o riso (como a sugestão de que a "loja discreta, registrada com o vago nome de *Tecidos*, tem o objetivo de evocar, a um cavalheiro dublinense, uma loja conhecida de preservativos)[17] ou histórias posteriores[18] pegaram o espírito, ainda que nem sempre a letra, de *Dubliners*. Joyce violou ardilosamente todas as precauções de Russell, com histórias que chocam os leitores do *Homestead*, e, depois, o gráfico de Grant Richard.

O primeiro Joyce, o dublinense, o Joyce dos ensaios universitários, das resenhas e do folclore literário de Dublin, controversamente se aliava com a modernidade no drama

---

[16] Ver Florence Walzl e Burton Waisbren, "Paresis and the Priest". Há também as "investigações" de J. B. Lyons, *Thrust Sypphilis Down to Hell and Other Rejoyceana*, sobretudo p. 21-96, e Kathleen Ferris, *James Joyce and the Burden of Disease*.
[17] Ver Zack Bowen, "Joyce's Prophylactic Paralysis", e também James E. Carens, "Some Points on Poynts and Related Matters".
[18] Edmund L. Epstein, "Hidden Imagery in James Joyce's 'Two Gallants'", p. 369-70.

e na prosa, sugerindo que todos os demais, Yeats inclusive, estavam muito velhos para ser modernizados. "The Sisters" moderniza "Our Weekly Story" segundo a fútil disciplina aperfeiçoada por Flaubert: a dinâmica de moda da modernização exige que qualquer texto que aspire à virtude por abrir novos territórios desconstrua a obsolescência de um texto rival, mas esse procedimento deve, em última instância, levar à automodernização, à autorrivalidade, à autodestruição. Esse modernismo só pode terminar voltando para trás a maravilhosa observação de Yeats sobre como o ressentimento espiritual dos outros começa no ódio de si mesmo. Após ter "modernizado" o *Irish Homestead*, "The Sisters" tem de progredir, ineluctavelmente, à modernização de si mesmo.

Contudo, por ser o começo de *Dubliners*, deve modernizar a si mesmo – como sugere Hans Walter Gabler – no contexto de momentos sucessivos e estratégicos de reflexão a respeito de *Dubliners* como um todo: outubro de 1905, logo antes de escrever "Grace" para o final de uma coletânea de doze contos, e julho de 1906, quando Richards enviou o manuscrito com quatorze contos de volta a Joyce, para que ele fizesse grandes revisões e retratações.

A versão de "The Sisters" do manuscrito "Yale", que Gabler data de outubro de 1905 (*James Joyce Archives* [doravante *JJA*] 4, p. xxviii), é bastante similar à versão do *Irish Homestead*. Primeiro, Joyce melhora a exatidão: o padre Flynn recebe uma igreja de verdade (removendo uma revisão editorial de H. F. Norman), e, segundo a pesquisa de Stanislaus (*Letters* 2, p. 114), ele é enterrado de hábito, não paramentado. Mas o narrador continua a ser um agente estável e complacente – ainda que precoce – da linguagem e da assertividade. Nos parágrafos de abertura, a "providência" ("pro-videre") guia suas tentativas de *prever* a queda de Flynn, e ele é para si mesmo um profeta por *prenunciar* seu desapontamento. (Por contraste, o parágrafo de abertura da versão de 1906 enfatizará os poderes concedidos à linguagem que controlam o narrador.)

Em 1905, ele ainda fala sem dificuldade de como "as pessoas vão tropeçar naquilo que você planejou cuidadosamente" (*JJA* 4, p. 335), fala com desprezo de "três mulheres do povo" com sua tia, "que têm o que chamam de bom coração" e supõe que o padre Flynn prefira sua própria inteligência à falta dela nas irmãs. Não surpreende que ele tolere o "desprezo egoísta por todas as mulheres do povo" do padre Flynn (*JJA* 4, p. 341). Seu desdém precoce pelos outros continua inconteste.

O que é mais interessante é que, na revisão, o narrador vai se distanciando gramaticalmente de Dublin. A versão do *Irish Homestead* trazia "agora eu acho (...) [Cotter] um tédio" e sua tia "é meio fofoqueira". O tempo presente de 1904 faz de "Stephen Dædalus", assim como de "Berkeley Campbell" ("Agora eu sempre fico olhando os vigias") ainda um dublinense, provavelmente no mesmo endereço. "Depois ele passou a ser tedioso" (*JJA* 4, p. 334) e "ela era fofoqueira" (*JJA* 4, p. 345), assim como a assinatura no manuscrito de "The Boarding House" em 1º de setembro de 1905 ("Stephen Dædalus" / Via S. Nicolò, 30 / "Trieste, Áustria", *JJA* 4, p. 45), mostram o quanto parecem fáceis o distanciamento e a mudança em 1905, em Trieste, antes de começar o complexo conflito entre Joyce e Richards.

Foi só depois, na revisão de julho de 1906 (manuscrito "Cornell"), que "The Sisters" admitirá os prós e contras de Dublin. O narrador ainda recordará Cotter como uma pessoa tediosa, mas ele também se lembrará de quebrar a cabeça para entender o sentido de suas sentenças interminadas, de modo que sugira que ele *ainda* está quebrando a cabeça.

Os críticos sempre querem discutir de novo os sentidos da simonia no catecismo, do gnômon nos *Elementos* de Euclides e da paralisia em *The Principles and Practice of Medicine*[19] enquanto sinais relevantes da revisão de "The Sisters". Essas revisões ocorrem pela primeira vez na versão de 1906; a versão de 1905 preserva o primeiro parágrafo original do *Irish Homestead*. Podemos acrescentar a esse constante refinamento em nosso entendimento dessas três palavras que esses aprimoramentos de 1906, assim como os nossos refinamentos, acontecem às custas do menino.

"Stephen Dædalus" em 1905 trata com confiança um material, uma linguagem e uma plateia já dominadas. O narrador de 1906 não é um mestre de suas próprias palavras; na verdade, ele ouviu uma voz adulta dar um significado elíptico a simonia e a gnômon (provavelmente em aulas de geometria e de catecismo), bem como a paralisia (sempre que se discute o padre Flynn), sem explicação suficiente. Essas vozes adultas são mais propensas a negar-lhe competência do que a atribuir-lha. Além disso, ele não tem como concluir

---

[19] Ver Florence Walzl e Burton Waisbren, "Paresis and the Priest".

sua própria tentativa imaginativa de extrair sentido das frases usadas por Cotter para confundi-lo.

A série de notas a respeito do tédio de Cotter, ao longo das versões sucessivas de "The Sisters", marca bem o "progresso" do narrador na modernização como autodesconstrução. A versão de 1905 "abaixa a persiana" para a versão de 1904 do *Irish Homestead* ("Ele costumava ser muito interessante quando o conheci, falando de 'síncopes' e de 'minhocas'. Agora o acho um tédio") do modo como Stanislaus recorda "Silhouettes" ("depois ele se tornou tedioso" – *JJA* 4, p. 335). O narrador de 1905 se distancia em sentido duplo: gramaticalmente, como já vimos, ele não está mais presente, em tempo ou em lugar, para achar Cotter tedioso; além disso, Cotter *é* tedioso, e não considerado tedioso pela subjetividade do narrador.

A versão de 1906 traz: "Quando nós o conhecemos, ele era bem interessante, falava de síncopes e de minhocas; mas logo eu me cansei dele e de suas intermináveis histórias sobre a destilaria" (*JJA* 4, p. 355). Essa frase, que muda o pronome "nós" para "eu", mostra como o menino se modernizava, alienando-se dos outros, tornando o velho Cotter, sua tia e seu tio obsoletos. Além disso, ele reforça o paralelismo entre Cotter e Flynn como pedagogos rivais do menino.

Aqui vemos a dinâmica local do ressentimento fútil afiliar-se à modernização cultural. A ironia é a técnica do ressentimento moderno, tanto artístico quanto sexual, e um rival derrotado é necessário para o senso de superioridade do ironista. Ser derrotado, por sua vez, é ver-se como rival vencido, ser denunciado como mero imitador ou seguidor daquele ser superior. Em 1907, Joyce dará a esse herói irônico o nome de "irlandês sem amor".

A nova e abrangente versão de "The Sisters" de 1906 torna-se o primeiro conto de *Dubliners* em sentido estrutural e cronológico. Além de ter sido o primeiro conto a ser escrito, ele apresenta três narrativas de autoderrota e de ódio de si mesmo antes de passar, após "Araby", ao ódio dos outros. Podemos tomar qualquer um dos contos subsequentes, mas talvez "The Dead" seja o mais importante, porque encerra as revisões de "The Sisters" ao finalizar a estrutura de *Dubliners* (e nossa leitura do livro). Joyce escreveu mais dois contos no início de 1906 antes de revisar "The Sisters" – "A Little Cloud" e "Two Gallants" –, mas colocou-os numa série que ainda terminava com "Grade". "The Dead" torna-se o novo e último final. Somente "The Dead" poderia encerrar as revisões de "The Sisters" e completar *Dubliners*.

Girard é leitura obrigatória sobre o assunto da rivalidade moderna; e, como afirmei, sua obra também supõe uma teoria da modernidade. Em *Mentira Romântica e Verdade Romanesca*, Girard analisa o narcisismo e a coqueteria como sintomas dos avanços da emulação como rivalidade moderna. Nos estágios mais avançados (modernos) do desejo mimético ou triangular, o *terzo incommodo* tornou-se desnecessário e, na verdade, obsoleto. A coquete aumenta sua autoestima instigando e depois frustrando o desejo do amante, produzido por sua imitação e por sua rivalidade fracassada com *o amor-próprio dela*. Segundo esse modelo do desejo, se Gretta parecia manter-se distante, ainda que pouco, de Michael Furey, então ele emulava sua aparente autossuficiência com o narcisismo definitivo, do autossacrifício, que faz dele, por sua vez, um modelo inatingível de desejo metafísico, um mediador externo sem rival. O melhor que se poderia fazer seria segui-lo no autossacrifício, mas mesmo assim ele continuaria a ser o primeiro.

Não podemos nos dar ao luxo de fazer de Gretta bode expiatório, tornando-a a coquete responsável por instigar toda essa emulação. Assim como a Isabel Archer de *Portrait of a Lady*, de James, à época ela era incapaz de resistir a interpretação lançada sobre ela por pretendentes que representavam um sistema avançado de emulação disfarçada que nós mesmos ainda servimos. Também não podemos nos dar ao luxo de exonerá-la completamente, de endeusá-la como o único ser inocente de rivalidade mimética. Não podemos negar-lhe nossa identidade, exilando-a abaixo, ou exaltando-a acima de nossa sociedade.

Se a carta de Gretta a Michael Furey foi escrita com um propósito, similar de algum modo ao aparente coquetismo da irmã de Mangan, ou às brincadeiras da menina, entreouvidas no bazar de Araby (ainda que agora, à moda de Gabriel, devamos avisar a nós mesmos de que o ressentimento talvez faça de nosso narrador um mau guia daquilo que está na mente das mulheres que conhece), essa mulher que agora vemos não é uma coquete. Basta (apenas) um esnobe para reconhecer outro, para conhecer o esnobismo alheio, como diz Girard, mas é preciso uma mudança revolucionária no coração para renunciar *unilateralmente* ao ressentimento e à rivalidade.

– Não dissemos nada, disse Gabriel, um pouco temperamental. Ela só queria que

fizéssemos uma viagem para o oeste da Irlanda e eu falei que não ia.
Sua esposa apertou suas mãos empolgada e deu um pulinho.
– Ah, vá, Gabriel, gritou ela. Eu adoraria ver Galway outra vez.
– Pode ir se quiser, respondeu Gabriel com frieza.
Ela olhou para ele por um momento, e depois se voltou para a sra. Malins, e disse:
– Veja que ótimo marido para você, sra. Malins.

Ao contrário do narrador (e da maior parte dos leitores *sofisticados*), Gretta não suspeita de que Molly Ivors seja sua rival e apresenta-se sem segundas intenções como companhia para ambos. Gretta Conroy também é nossa irmã, e sentimos, sem precisar ver, que ela cuidou da sra. Conroy em sua última doença *sem ressentimento* contra sua rival primária pelo amor de Gabriel. Assim como Christopher Newman, Lona Hessel e, sobretudo, Nora Helmer, Gretta aprendeu como romper o ciclo da rivalidade mimética, recusando-se a imitar uma tentativa de encarnar a divindade por meio do autossacrifício, a última modernização da violência como sagrado. É com modelos como Gretta que podemos aprender o que é o coração e o que ele sente.

Em suma, enquanto leitores precisamos dar mais atenção à leitura que Gretta faz de Michael e de Gabriel do que à leitura do narrador, que é irmão espiritual de Gabriel. Ela quer que Gabriel viva com ela. Ela se arrepende, em vez de se orgulhar, de Michael Furey ter morrido por ela. Gretta tem razão a respeito de seu marido. Gabriel é generoso, ainda que sua generosidade seja mutilada pela ironia e pelo ódio de si. Gretta é melhor do que a leitura irônica de Gabriel, do que a do narrador, ou do que a do leitor, em afirmações como "Eu era ótima com ele na época" (*D*, p. 220).

Nos primeiros contos de *Dubliners*, o narrador e o leitor perspicaz zombam da ignorância dos simples dublinenses quanto à ironia daquilo que se pode tomar como o sentido de suas palavras. Aqui, em "The Dead", as sutilezas de uma leitura escrupulosamente maldosa voltam-se contra si mesmas, envergonhando os que as fazem. Para os críticos, não é poesia suspeitar que Gretta concebeu um filho de Michael Furrey. Gretta Conroy e Nora Barnacle são irmãs, irmãs de Joyce, sinais incipientes (mas sem mitigar o necessário reconhecimento do machismo de Joyce, que resiste ao desenvolvimento completo da irmandade feminina) do potencial da esclarecedora *suposição* de Virginia Woolf ("suponhamos" – *A Room of One's Own*, p. 49) de imaginar a carreira da irmã de um grande autor. Virginia Woolf é ela mesma irmã gêmea de Joyce – eles são filhos de 1882, o futuro do modernismo, mas isso tem de ser deixado para um capítulo posterior.

"The Dead" *supõe* a remodernização de *Dubliners*, em parte por fazer um retrato mais generoso da irmandade feminina do que o de Mangan, em "Araby", no próprio "The Sisters", ou em "Clay". Não há laço familiar claro entre o menino e as irmãs no primeiro conto. As irmãs dirigem-se respeitosamente à tia do menino usando "senhora", e o narrador não tem a menor culpa de ressaltar sua vulgaridade.

A cumplicidade do narrador de "The Dead", porém, não torna inevitável ou inalterável a visão autodepreciativa "moderna" de Gabriel de que ele tem falado aos grosseirões, servindo de menino de recados para suas tias. Gabriel denigre os outros sempre que entra na zona de ódio de si. Quando lemos do modo como Gretta lê, conseguimos ver que essas irmãs amam os filhos de sua irmã, sobretudo Gabriel, seu predileto. Também aprendemos a ouvir o amor de Gabriel por essas tias por trás de seu discurso de depois do jantar (ou talvez até no amor do narrador por Parnell, quando ele cita o poema "Ivy Day in the Committee Room", de John Hynes), agora abafado só em parte pelo demônio perverso da consciência literária.

O perverso demônio da sátira, que impede a simpatia, fazendo que ela retorne de maneira mais sentimental e mais autossabotadora, assim como a narrativa suicida de *Madame Bovary*, continua a dominar Gabriel e o narrador. O fracasso do tratamento irônico dispensado por Gabriel a Gretta (e a si próprio) é representativo de todos os dublinenses. Quando Gabriel, a seus próprios olhos, não aos de Gretta, não consegue superar Michael Furey, o rival que ele enxerga, ele se sacrifica com sua própria ironia. É melhor ousadamente passar àquela outra região de influência superior, os mortos. É melhor manter sua precedência matando-se antes que aquele "ser impalpável e vingativo" (*D*, p. 220), seu modelo sagrado, derrote-o. Em suma, ele se torna discípulo de Michael Furey, numa rivalidade metafísica.

O narrador de *Dubliners* continua a ser majoritariamente um rival-discípulo do *Irish Homestead*. "The Dead" foi escrito "em sentido diverso" de "Christmas Eve", interminado (*JJA* 4, p. 5-11), que claramente tinha o objetivo de zombar dos "Celtic Christines" (a expressão com que Joyce zombava dos contribuintes regulares da edição anual "Celtic Christmas" do *Irish Homestead*; ver *Letters* 2, p. 77). O fracasso da ironia de Gabriel, e sua resposta autossacrificial (ao autossacrifício de Michael Furey), instiga uma emulação de autossacrifício no narrador que é tão completa que muitos leitores enxergam um narrador único desconstruído pelos mediadores fantasmagóricos que falam através dele.

Mas o que significa para nós preferir a leitura de Gretta às leituras de Gabriel e do narrador (ou dos narradores)? Quando Gretta diz "acho que ele morreu por mim" (*D*, p. 220), falando de Michael Furey, ouvimos um eco da paixão, mas certamente Gretta quer dizer que Michael Furey cometeu um erro terrível, que ela nunca gostaria que fosse repetido para o *sake* dela. Essa alusão à paixão é mais propriamente responsabilidade de seu autor, o próprio Michael Furey, e também do leitor. O narrador, como Gabriel, abandona-se à glamorosa autodestruição de Michael Furey, enfeitando seu suicídio com as imagens do Calvário: cruzes, lanças, lápides, espinhos.

A escolha entre a leitura de Gretta e a leitura de Gabriel (com que o narrador se identifica), da paixão de Michael Furey, é a escolha entre uma unanimidade sacrificial e outra pós-sacrificial dos vivos e dos mortos, que é fundamental para a análise de Joyce daquilo que faz seu país comer seus filhos. "O país mais católico da Europa" (palavras de Joyce) identifica-se com a paixão no sentido hostil da "identifizierung" de Freud – a identificação como apropriação, a rivalidade. A Irlanda imita e satiriza a paixão sacrificando a si mesma, e observa a comunhão comendo seus filhos – isto é, para Joyce, os irlandeses se identificam exatamente com as práticas de violência coletiva denunciadas pela paixão.

Segundo a análise de Girard, sacrifícios humanos periódicos nas culturas primitivas são oferecidos a totens, aos ancestrais, aos deuses, para satisfazer o insaciável apetite que *eles* têm por vítimas violentas, na esperança de que *eles* deem a paz que só eles podem dar. Em *A Violência e o Sagrado*, Girard desconstruiu essa explicação mítica e expôs um mecanismo cultural de geração de unanimidade. Girard também afirmou que uma análise como a dele é possível hoje, no período moderno, porque os mecanismos da unanimidade violenta estão eles mesmos desconstruindo e revelando sua dinâmica secular de violência humana. Até seu livro seguinte, Girard basicamente silenciou a respeito de qual força exatamente estava acelerando a dissolução da prática sacrificial, que possibilitava sua análise.

A partir de *Coisas Ocultas desde a Fundação do Mundo*, Girard propôs a hipótese de que o agente dominante na cultura ocidental para a desconstrução da prática sacrificial, incluindo as práticas violentas do cristianismo sacrificial, são os próprios evangelhos. A boa-nova solapa, ao longo do tempo, a mitologia disfarçadamente violenta do cristianismo histórico, e até a própria leitura sacrificial da Paixão mesma, por meio da singularidade absoluta de vítima inocente.

Segundo a leitura pós-sacrificial de Girard, Jesus aproveitou a oportunidade histórica de levar adiante a desconstrução da unanimidade sacrificial já escrita na história do povo hebreu como desenvolvida no Antigo Testamento, que se afastou dos cultos sacrificiais vizinhos e aproximou-se de um momento apocalíptico: a oportunidade de paz unânime sem exclusões, o reino de Deus que se aproxima.

Nos Evangelhos, Jesus descreveu o pai desse reino como alguém para quem o sacrifício é uma abominação, alguém que ama todos os seus filhos, os difíceis, os fáceis, os diligentes, os pródigos, e que pede que eles amem seus inimigos, unilateralmente se necessário for, reconciliando todos com todos por meio de um irmão comum cujo compromisso absoluto com a paz mostra que ele é o filho de Deus. Na leitura de Girard, Jesus não busca masoquística ou romanticamente o autossacrifício, a divindade por meio da violência, mas ele não pode relativizar seu compromisso com o reino de Deus quando esse compromisso se torna perigoso à sua pessoa.

A clareza da análise de Jesus da unanimidade violenta, como em "aquele dentre vós que não tiver pecado que atire a primeira pedra", provoca uma crise. A comunidade dos acusadores é ameaçada de desintegrar-se. Se sua sociedade vai continuar existindo, ou eles vão seguir o caminho da reciprocidade positiva, unanimemente, sem qualquer exclusão, ou vão expulsar essa ameaça à unanimidade menos um da violência sacrificial. A comunidade escolhe a reciprocidade negativa, unindo-se na oposição a essa vítima que serve à função ritual habitual de gêmeo inimigo, de inimigo do povo. O reino de Deus é retardado, mas a crucificação de uma vítima inocente introduz um elemento desestabilizador nas sociedades sacrificiais que a partir de então marcará todo marginal com o sinal de Cristo.

É importante não seguir uma leitura equivocada moderna (semiformulada por Nietzsche de modo brilhante), que masoquisticamente heroizará as vítimas e as identificará com os acusadores. Esse sinal de Cristo representa a análise de Jesus da vitimização, não o ser divino da vítima. As vítimas da violência unânime não são perfeitamente inocentes; na verdade, seus acusadores também são culpados daquilo que acusam. Assim, em 1909, em "Oscar Wilde, il poeta di 'Salomé'", Joyce, seguindo o raciocínio do próprio Joyce, chama Wilde de bode expiatório, e insiste que somente aqueles que são culpados sabem o suficiente para acusá-lo.[20]

Michael Furey exerce uma influência fortíssima sobre Gabriel e sobre o narrador porque sintetiza o entendimento de Joyce: uma motivação demasiado irlandesa, demasiado suscetível a imitar a autoimolação. Michael morrer por causa de Gretta é tornar Gretta culpada da inocência de Michael. O autossacrifício imita e satiriza a singularidade da inocência de Cristo, sua Paixão, num discipulado negativo de rivalidade com a divindade, uma *imitatio Christi* demoníaca. Em *Mentira Romântica e Verdade Romanesca*, Girard chama essa motivação de transcendência desviada.

E que nome Gabriel lhe dá? "Ele nunca se sentira assim em relação a mulher nenhuma, mas ele sabia que esse

---

[20] James Joyce, "Oscar Wilde: Il Poeta di 'Salomé'", *Il Piccolo della Serra*, 24 mar. 1909; reimp. em *Scritti Italiani/James Joyce*, por Joyce, p. 60-66.

sentimento havia de ser o amor" (*D*, p. 223). Os recursos do ódio a si são infinitos: Gabriel sabe que o amor é qualquer coisa que ele nunca tenha sentido. Todos os rivais ciumentos sabem que só eles estão excluídos da verdadeira paixão que os outros têm. Michael Furey, Gabriel e o narrador são aquilo que Joyce identificou para sua plateia em Trieste no dia 27 de abril de 1907, poucos meses antes de completar "The Dead", como "o irlandês sem amor": essas estranhas almas, friamente entusiasmadas, rudes artística e sensualmente, "pieni di idealismi ed incapaci di aderirvi, spiriti franciulleschi, infedeli, ingenui e satirici" (*Scritti Italiani* [doravante *SI*, p. 123). Esses irlandeses abortam seu entusiasmo com frieza, estão cheios de idealismo mas são incapazes de aderir a ele ("aderire"), são ora infiéis, ora ingênuos, ora satíricos.[21] Esse é o mesmo padrão autossabotador que Joyce admitiu a Stanislaus em seu remorso a respeito de *Dubliners*.

Será que Gabriel não desprezará Gretta e a si próprio na manhã seguinte, com a mesma infidelidade daquele "índio relutante" que narra "An Encounter"? O narrador de "The Dead" já está sendo desleal à generosidade, valendo-se do humor rude, vil e fálico de "uma bota que permanecia ereta, dobrada para baixo no lado de cima; sua companheira estava deitada a seu lado" (*D*, p.222),

---

[21] A tradução em *The Critical Writings of James Joyce*, Ellsworth Mason e Richard Ellmann (orgs.), omite "infedeli" (infiel) e traduz erradamente "incapaci di aderirvi" como "incapaz de ceder-lhe" (p. 173). A diferença, é claro, é que eles cedem muitas vezes, mas não conseguem "aderir". *Critical Writings* traduz alhures "aderire" literalmente como "aderir": "non aver potuto aderire scrupolosamente" (*SI*, p. 132) é vertido como "não ter sido capaz de aderir escrupolosamente" (*The Critical Writings of James Joyce*, p. 180). Esses equívocos foram corrigidos na nova edição Oxford dos textos críticos.

e a possibilidade deixada aberta pela formulação cuidadosa (contrastando com a franqueza da Gretta) de que a generosidade das lágrimas de Gabriel descreve mais seu tamanho do que sua qualidade.

A possibilidade de escolher Gretta e não os testemunhos de Michael Furey, de Gabriel e do narrador faz da liberação espiritual da Irlanda apenas uma suposição em *Dubliners*, mas a reescritura de *Stephen Hero* como *Portrait* pede uma mudança revolucionária de disposição, que constitui a redefinição de Joyce do modernismo como tradição positiva, pós-sacrificial, vislumbrada em "The Dead".

O contraponto irônico de êxtase e adubo na feira agrícola em *Madame Bovary* só permite uma conclusão. Os discípulos da ficção moderna sabem que devem ser lidos ironicamente, desde o ponto de vista do excremento. Saber que o desejo de Emma por uma vida melhor é adubo é ter a última palavra na violência satírica do romance. Antes de um julgamento tão unânime, que ninguém ousa contradizer, narrador e leitor traem, nos dois sentidos da palavra, sua identidade (*c'est moi*) com Emma Bovary, sua irmã.

Mas a justaposição estruturalmente similar de Stephen e seus colegas zombeteiros de escola ao final do capítulo 4, potencialmente irônico, insta antes a que se escolha aquilo que Tom Paulin certa vez chamou de "futuro da Irlanda" e não de ironia, que não tem futuro nenhum. Ao se recusar a sacrificar a si mesmo pela Irlanda, Stephen escolhe, no mesmo espírito em que Gretta escolhe a generosidade de Gabriel, o "grande desejo" que a Irlanda, viva e morta, tem por *todos* os seus filhos, apesar de sua confusão, provocada pelas formas historicamente comprometidas com que eles precisam expressá-lo: viver, não morrer, por eles. Stephen tem de encontrar, como *não* encontrara ao final de 16 de junho de 1904, uma companheira como Gretta, a fim de ter o espírito de escrever um romance feliz como *Portrait*, a fim de libertar espiritualmente seu país das tradições violentas.

capítulo 5
viver, não morrer, pela nação
Stephen D(a)edalus e o futuro da Irlanda

Até o presente toda a história humana não foi mais do que uma imolação perpétua e sanguinária de milhões de seres humanos em nome de alguma abstração impiedosa: Deus, a pátria, a força do Estado, a honra nacional, os direitos históricos, os direitos jurídicos, a liberdade política, o bem público. Assim foi até hoje o movimento natural, espontâneo e fatal das sociedades humanas. Não podemos fazer nada a respeito, temos de suportar isso quanto ao passado, assim como suportamos as fatalidades atuais. É preciso crer que nisso estava o único caminho possível para a educação da espécie humana. Porque é preciso não se enganar: mesmo que a maior parte delas seja obra dos artifícios maquiavélicos das classes governantes, devemos reconhecer que nenhuma minoria teria sido forte o suficiente para impor todos esses sacrifícios às massas se não houvesse, nelas mesmas, um movimento vertiginoso, espontâneo, que as empurrava a sacrificar-se sempre, ora a uma, ora a outra dessas abstrações devoradoras que, vampiras da História, sempre se alimentaram de sangue humano.
Michel Bakounine, *Dieu et l'État*

Ele tem um afeto pela máquina feudal, e não deseja nada com mais intensidade do que ela o esmague – um desejo comum do adorador humano, quer ele se coloque aos pés de Jagannatha ou reze a Deus com lágrimas de afeto para mortificá-lo ou desmaie sob a mão de sua amante.

James Joyce, *Stephen Hero*

Nenhum homem honrado e sincero, disse Stephen, deixou de dar-lhes sua vida, sua juventude e seus afetos, dos dias de Tone aos dias de Parnell, sem que você o tivesse vendido ao inimigo, ou o abandonado em necessidade, ou o vilipendiado e o trocado por outro. E vocês me convidam para ser um de vocês. Prefiro que vocês se danem.

James Joyce, *A Portrait of the Artist as a Young Man*

De fato, não é um Deus indiferente que encontramos nos Evangelhos. O Deus apresentado neles deseja dar-se a conhecer, e só pode dar-se a conhecer se obtiver do homem aquilo que Jesus lhes oferece. Esse é o tema essencial, repetido diversas vezes, da pregação de Jesus: a reconciliação com Deus pode acontecer sem reservas, sem sacrifícios intermediários, por meio das regras do reino. Essa reconciliação permite que Deus se revele como é, pela primeira vez na história humana. Assim a humanidade não tem mais de basear as relações harmoniosas em sacrifícios sangrentos, em fábulas ridículas de uma divindade violenta, e em toda espécie de formação cultural mitológica.

René Girard, *Coisas Ocultas desde a Fundação do Mundo*

Joyce deu à Irlanda seu épico e seu futuro.
Tom Paulin[1]

---

[1] As epígrafes deste capítulo vêm de Michel Bakounine, p. 67; James Joyce, *Stephen Hero*, p. 250; Joyce, *A Portrait of the Artist as a Young Man*, p. 220; René Girard, *Things Hidden*, p. 183; e de uma declaração dada por Tom Paulin na Universidade de Leeds em 1982.

O tremendo desafio de tentar contribuir para os estudos de Joyce é estar em dia tanto com as pesquisas quanto com a teoria crítica, sem perder aquele maravilhamento inicial dos colegas de Dedalus: "Mas que nome é esse?" "Você é mesmo irlandês?" (*Portrait of the Artist as a Young Man* [doravante *P*] 9, p. 202). O acesso inicial que Richard Ellmann teve ao diário inédito de Stanislaus Joyce leva a crer que o próprio Joyce, antes de começar a formidável recriação do manuscrito interrompido de *Stephen Hero* em *Portrait*, perguntava-se se valia a pena naturalizar Stephen Dædalus como Stephen Daly (*JJ II*, p. 264). Vestígios dessas dúvidas sobre o caráter irlandês do sobrenome de Stephen aparecem e são respondidas em *Portrait* pelo próprio Stephen, que se baseia na autoridade de Giraldus Cambrensis e do Departamento da Heráldica ("pernobilis et pervetusta família", *P*, p. 250). Por fim, Joyce normalizou a grafia de Dædalus como Dedalus, mas a questão continua a fascinar: por que um nome que servira por quatro anos como assinatura figurativa e até mesmo literal de suas primeiras ficções foi rejeitado e depois reabilitado?

O crescimento da alma de Stephen Dædalus é composto da rejeição condescendente de *Dana*, em janeiro de 1904, de um ensaio ("A Portrait of the Artist") que Joyce julgara ter sido encomendado pela revista (*JJ II*, p. 144-48), e, posteriormente naquele verão, do conselho condescendente de George W. Russell para passar a mão na cabeça do público irlandês escrevendo ficção curta que fosse "simples, rural? vivo? *pathos*?, algo que pudesse ser inserido sem chocar os leitores" (*Letters* 2, p. 43). O diário dublinense de Stanislaus afirma que Joyce adotou o nome e a forma autobiográfica de *Stephen Hero* como resposta satírica à traição de

Dana. Os textos de "Stephen Dædalus" despertaram tanto ressentimento nos leitores urbanos e rurais de "Our Weekly Story" que o *Irish Homestead* foi forçado a recusar outros contos (*JJ II*, p. 165).

Após Joyce ter concluído "The Sisters", para que fosse publicado no lugar de "Stephen Dædalus", mandou a seu amigo C. P. Curran, que estava lendo na época os primeiros capítulos de *Stephen Hero*, um aviso, também relacionado ao nome Dædalus: "Estou escrevendo uma série de *epicleti* – dez – para um jornal. Escrevi um. Dei à série o nome de *Dubliners* para trair a alma daquela hemiplegia ou paralisia que muitos consideram uma cidade" (*Letters* 1, p. 55). O uso de "Dædalus" da palavra "traição" prenuncia uma revelação da paralisia alheia, mas permite, involuntariamente, apenas um reflexo próprio, livre de qualquer autocrítica. O "santo ofício" de Stephen Dædalus é pagar a traição com a sátira: "E mesmo que me enxotem porta afora / De minh'alma os enxoto desde agora" (*Critical Writings* [doravante *CW*], p. 152).

Mas a violência crescente das transações de sátira e traição de Joyce começa a incluir exemplos de vitimações menos alheias à cultura católica irlandesa do que Dædalus. Um ano depois, numa carta enviada de Trieste a seu irmão, que começa com perguntas fatuais para diversos contos de *Dubliners*, Joyce observa com satisfação e morte recente e, esperava ele, a danação de um jornalista que escrevera sobre Tolstói de modo condescendente. Ele se distancia por um instante de querer essa retribuição violenta ("Pelo Senhor Jesus Cristo, tenho de me livrar de algumas dessas vísceras judias que ainda tenho aqui dentro"), mas logo retorna a essa região agradável e maligna: "por Jesus crucificado, se eu não afiar aquela peninha e não colocá-la em tinta fermentada e não escrever pequenas frases sobre as pessoas que me traíram e que me mandaram para o inferno. Afinal, há muitos modos de trair as pessoas. Não foi só o galileu que sofreu isso" (*Letters* 2, p. 109-10). As cartas de Joyce costumam zombar do modo irlandês de afetar familiaridade ("Jaysus"), mas aqui ele não tem como evitar reconhecer uma traição exemplar escrita em linguajar tanto popular quanto educado. O exemplo da paixão, mesmo como "grito na rua" informa-o imediatamente de seu instinto de sacrificar seus adversários, suas vísceras judias e seu próprio *status* de vítima. A satisfação mal disfarçada de Joyce com a violência e com a nobreza de sua própria paixão acabará por transformar-se numa intuição revolucionária sobre as vísceras irlandesas: elas traem umas às outras assim como traem a si mesmas, perpetuando uma tradição fútil de vitimização nascida da rivalidade metafísica em vez de rompê-la.

A traição é o grande tema de Joyce, a estrutura revelada das relações humanas tanto em sua poesia quanto em seu jornalismo, em *Exiles* e também em sua ficção, de *Dubliners* a *Finnegans Wake*. A perspectiva que Joyce desenvolve sobre esse tema demasiado irlandês é a cumplicidade das vítimas com aqueles que as traem. Ele começou em 1906 com um caso particularmente doloroso: a cumplicidade do artista nos atos de traição que representa.[2]

---

[2] Para uma discussão completa da reflexão de Joyce sobre *Dubliners* enquanto sátira, ver, de minha autoria, "Joyce's *Dubliners* and the Futility of Modernism".

O prolongado debate com Grant Richards a respeito da publicação do manuscrito com os quatorze contos escrupulosamente maldosos de *Dubliners* forçou Joyce, por meio de uma notável série de cartas a Richards e a Stanislaus, a examinar suas intenções de maneira mais crítica. O resultado desse itinerário da sátira dos irlandeses como raça de traidores até uma consciência autocrítica do papel do narrador na paralisia que representa pode ser talvez resumido na comparação da nota a Curran, já citada anteriormente, com a nota cautelar de Joyce a respeito do título alemão proposto para *Dubliners*. Joyce preferia "Wie Wir Sind in Dublin" a "Wie Sie Sind in Dublin" (*SL*, p. 328): não como "eles" (ou talvez um "vós" falsamente polido), mas como "nós" estamos em Dublin.

O sinal mais forte do aprofundamento dessa autorreflexão é a impressionante revisão de "The Sisters" em julho de 1906, quando Joyce reuniu os quatorze contos de *Dubliners* para submetê-los novamente a Richards, cada vez mais na defensiva. As revisões, como muitos sugeriram, melhoram a relação introdutória e expositória de "The Sisters" com o resto da série. Em particular, a revisão explicita o laço de simonia com que o padre Flynn e o menino combinam de trair-se mutuamente, prenunciando o sistema de troca representado nas histórias subsequentes, que une cada dublinense a todos os vivos e a todos os mortos. (A simonia também une o padre Flynn a Simon Dedalus como traidores da autoridade paterna.)

Especificamente, a ênfase cada vez maior na vida interior do próprio narrador, educado pelo padre Flynn, incrimina os atos subsequentes de observação representados pelos contos seguintes. O acréscimo do notável primeiro parágrafo, que termina com "[a paralisia] (...) encheu-me de medo, e ainda assim eu quis estar mais próximo dela, e olhar para sua obra mortífera" (*D*, p. 19), supõe os ritmos aparentemente sinceros da sátira e do remorso, encontrados tanto nas hesitações "pró e contra" das cartas de Joyce quanto na própria atitude narrativa. A alternação entre medo e anseio é agora melhor entendida como ritmo interno do ódio de si do que como resposta pedida pela hospitalidade ou pela grosseria da própria Irlanda. O repensar de "Stephen Dædalus" implicado por essa revisão radical de "sua" história é revolucionário.

São os dez anos passados sob o feitiço de Dædalus, de 1904 a 1914, em que Ellmann estabelece seu diagnóstico de masoquismo incipiente para o cortejo de Joyce à traição entre familiares e amigos. Os críticos que seguem esses vestígios masoquistas devidamente enfatizam aqueles dublinenses que consentem em ser imolados.[3] Mas se a versão revista em 1906 de "The Sisters" leva mais conscientemente a uma série que "trai" os traidores, a composição de "The Dead", em 1907, como último da série, apresenta um dublinense com ao menos uma oportunidade de libertar-se do masoquismo, e impulsiona Joyce diretamente ao repensar fundamental de *Stephen Hero* como *Portrait*, Dædalus como Dedalus.

Dominic Manganiello e Mary Reynolds deram prosseguimento à discussão de Ellmann do interesse por Joyce naquele momento nas "biografias" de Jesus escritas por

---

[3] Ver Edward Brandabur, *A Scrupulous Meanness*.

Renan e por Strauss,[4] que lhe serviram de autoridade constante para as tribulações de Stephen em *Stephen Hero*, e também para seu próprio sofrimento, expressado nas cartas. Mas por que Joyce compara-se a Jesus Cristo? Quem ele pensa que é?

Pelo menos desde a redação escolar sutilmente irônica de 1898, que recebeu o enganoso título de "Force" ["Força"] pelos editores de *The Critical Writings*,[5] Joyce procurava desmascarar a acomodação entre os dois mestres da Irlanda, Inglaterra e Itália, aos quais estava subjugada. O método histórico moderno de Strauss e de Renan, que supostamente desconstruía a divindade de Cristo, deveria ter fornecido, conduzido por sua própria lógica, uma explicação secular da influência de Cristo, além de esclarecer o momento histórico de sua própria revelação na natureza global da vitimação. Como veremos mais uma vez, Girard completa o procedimento de comparação típico do mais ambicioso trabalho intelectual do século XIX.

O método histórico do século XIX, junto à catalogação antropológica de todos esses mitos, inclusive os Evangelhos, na categoria de deuses que morrem e que ressuscitam, faz de Cristo apenas mais um bode expiatório, tardio talvez, um entre muitos. Esse pensamento acrítico e a-histórico não só perpetua a leitura sacrificial da Paixão como, de modo mais geral, perpetua a vitimação como laço universal e intranscendível de coesão social.

---

[4] Dominic Manganiello, *Joyce's Politics*; Mary Reynolds, "Torn by Conflicting Doubts: Joyce and Renan".

[5] Já corrigido na nova edição Oxford dos textos críticos de Joyce: *Occasional, Critical and Political Writing*, org. Kevin Barry.

A figura histórica de Parnell, retratado como rei não coroado, traído, negado, aguardando a ressurreição, a mitologia na qual Stephen e Joyce cresceram, é, em sentido girardiano, uma interpretação "religiosa" da unanimidade violenta, perfeitamente coerente com a violência como o sagrado. O interesse de Joyce por Strauss e por Renan, sobretudo durante os anos de D(a)edalus, levou não a outra vida de (outro) Jesus, mas a uma biografia de sua influência única: diretamente sobre Dædalus, em *Stephen Hero*, como deixa claro Mary Reynolds, e depois, de modo geral, sobre a Irlanda, começando com "The Dead".

O *Dublin Diary* de Stanislaus e as cartas de Joyce a Stanislaus e a Grant Richards são textos auxiliares necessários a *Stephen Hero* e aos quatorze contos de *Dubliners*. Quando Stanislaus juntou-se a seu irmão em Trieste, suas cartas entre si ficaram majoritariamente superficiais; o importante diário inédito de Stanislaus, exceto por meio da leitura de Ellmann, resumida em *James Joyce*, continua inacessível, e tanto Joyce quanto Richards, a essa altura, tinham pouco a dizer um ao outro. As obras reunidas em *Scritti Italiani* (1907-1912) são os acompanhamentos teóricos necessários aos "sete anos perdidos"[6] de Dedalus: elas começam logo antes da composição de "The Dead" e seguem suas consequências enquanto elas complementam a reescritura de Dædalus como Dedalus.

A nova submissão do manuscrito de *Dubliners* a Richards logo antes de deixar Trieste em julho de 1906 não deu a

---

[6] Ver Hans Walter Gabler, "The Seven Lost Years of *A Portrait of the Artist as a Young Man*".

Joyce qualquer senso de conclusão: ele pensava em outros contos, mas não conseguia escrevê-los e também não conseguia voltar para Stephen Hero. Em Roma, Joyce escreveu pouco mais do que algumas novas páginas de "A Painful Case" (*Letters* 2, p. 151), talvez nunca utilizadas.[7] "Escrevi bastante e antes que eu produza mais na mesma linha preciso ver alguma razão para isso – não sou um Jesus Cristo literário" (*SL*, p. 106). O convite para dar palestras e para publicar na Irlanda, em italiano, que Joyce recebeu quando voltou a Trieste, ajudou a incentivá-lo a renovar sua análise das relações fracassadas em *Dubliners* e em *Stephen Hero*.

O trabalho de comparar as raças irlandesa e hebraica para acréscimos a *Dubliners* intitulados "Ulysses" e "The Last Supper" nunca foi além de seus títulos em Roma (*Letters* 2, p. 209). Como Joyce deu muita importância ao paralelo entre o celta e o semita em seus últimos anos, é importante observar que ele apresenta a história *primitiva* da ilha de santos e sábios como algo muito diferente do retrato que Renan pintava dos semitas, que deu a Joyce a ideia para aquilo que ele chamou, em sua carta para Stanislaus, de "vísceras judias". Para Renan, "um dos principais defeitos da raça judia é sua dureza na controvérsia e o tom abusivo que ela sempre lhe infunde. Nunca houve no mundo disputas tão venenosas quanto as dos judeus entre si mesmos".[8] Se a descrição de Renan dos judeus se encaixa no próprio caso irlandês de Joyce, assim como nos outros casos dolorosos à sua volta, a Irlanda *antiga*, como Joyce afirma em "L'Irlanda: Isola dei Santi e

---

[7] Hans Walter Gabler, prefácio a *JJA* 4, p. xxvii.
[8] Ernest Renan, *The Life of Jesus*, p. 257.

dei Savi", alimentava o saber e a teologia, convidava ao discurso e à especulação. A Irlanda era o único país a ter recebido de modo cortês os primeiros missionários e a ter sido convertida "senza lo spargimento di una goccia di sangue", sem derramar uma gota de sangue. Além disso, a história eclesiástica na Irlanda não tinha "il martirologio", o martirológio (*SI*, p. 118).

Joyce claramente aprova a inocente hospitalidade espiritual da Irlanda antiga, que a torna receptiva a novas doutrinas, e ele também aprova a história eclesiástica subsequente, sem mártires, que a torna à prova de zombaria. "Derramar" uma gota de sangue traduziria melhor "lo spargimento" do que "deixar cair" (*CW*, p. 169), porque captura melhor os ecos sacrificiais e cristãos latentes nos verbos cognados italiano e latino (*spargere/ aspergere*), que Joyce certamente não há de ter perdido, por ter passado pelo latim, ensinado nas escolas católicas irlandesas, antes de chegar ao italiano.[9]

---

[9] "Aspersion" ["aspersão"], a palavra inglesa mais próxima para "spargimento", é impossível por causa das conotações condenatórias e seculares que se desenvolveram junto às conotações rituais; "fazer aspersões". Os manuscritos de Joyce contêm diversas referências pueris à aspersão ritual, mas o tom de zombaria sugere a suspeita última de que havia uma realidade maligna a temer. Joyce acrescenta ao final do capítulo XX de *Stephen Hero*: "Se eu lhes dissesse que não há água na fonte para simbolizar que, quando Cristo nos lavou com sangue, não temos mais necessidade de outras aspersões" (*JJA* 8, p. 395). O Fragmento B, o breve episódio antes planejado para o final de *Portrait*, que traz Doherty, que se tornará o Mulligan de *Ulysses*, começa assim: "derramou seu sangue para todos os homens, de modo que eles não necessitam de outras aspersões" (*JJA* 10, p. 1219).
Mas o uso mais notável e mais revelador de *aspergere* acontece no Caderno de Trieste, numa das primeiras entradas, sob o título "Giorgino" (seu único filho, que recebeu o nome de seu irmão falecido): "Segurei-o no banho de Fontana e senti com humilde amor o tremor de seus frágeis

Seria absurdo ver a Irlanda antiga como uma sociedade pós-sacrificial não violenta sem necessidade de purificação por meio do sacrifício de uma única vítima, ou da revelação cristã da vitimação, mas Joyce é deliberadamente absurdo e quer encontrar uma época anterior à ninhada contemporânea de zombeteiros da Irlanda, anterior aos produtores contemporâneos de um martirológio político feito de traição, de negação, de sacrifício. O que deu errado? Como foi que a Irlanda ficou moderna? O inglês "seminò la discórdia fra le varie razze" – semeou a discórdia entre as diversas raças – perseguindo a Igreja quando esta se rebelava e abrandando quando ela se tornava apenas um instrumento de subjugação ("strumento efficace di soggiogazone") (*SI*, p. 114).

O italiano de Joyce usa a imersão escolar comum em Ovídio de sua plateia de Trieste para recordar Cadmo semeando ("seminò") dentes de dragão num campo, de onde brotaram soldados, cada um de uma raça, mas inimigos fraternos, presos no conflito mimético. É clara a influência da Inglaterra para colocar em oposição essas raças que até a chegada dela permaneciam em paz numa identidade irlandesa comum.[10] Mas como é que a

ombros: *Asperge[s] me, Domine, hyssopo et mudabor; lavabis me et super nivem dealbalor*. Antes de ele nascer, eu não tinha medo da fortuna" (*The Workshop of Dædalus*, p. 99). Essa passagem comovente expressa o espírito de *Portrait* e antecipa minha conclusão de que a tradição abraâmica nos assegura de que nosso Pai não quer que seus filhos sejam sacrificados.
[10] Na fantasmagoria do capítulo de Circe em *Ulysses*, parece que Spenser é culpado por sua história demasiado irlandesa.
"Está chovendo dentes de dragão. Heróis armados brotam dos sulcos. Eles trocam amigavelmente os tíquetes de cavaleiros da cruz vermelha e lutam duelos com sabres de cavalaria: Wolfe Tone contra Henry Grattan, Smith O'Brien contra Daniel O'Connell, Michael Davitt contra Isaac Butt, Justin

igreja começa revoltosa e depois se torna instrumento eficaz de subjugação?

Não devemos deixar Joyce de lado, colocando palavras em sua boca ou dizendo aquilo que achamos que ele não pode dizer. A menos que acreditemos que Joyce sabe de alguma coisa que ainda não sabemos, estamos perdendo nosso tempo. Ainda que Joyce pinte uma Igreja Católica irlandesa ortodoxa, fiel e sem martirológio, ele não identifica aqui especificamente essas virtudes cristãs como ameaça ao domínio inglês. Será que então somos incapazes de compreender esse processo de transformação, por que meios, em que momento, a igreja defende a subjugação?

As conotações religiosas de "perseguição" (*perseguire*) sugerem, por inferência, o transplante da violência sacrificial inglesa para a Irlanda. "La veritá é che il governo inglese innalzó il valore morale del catolicismo quando lo mise sotto bando" (*SI*, p. 117; "A verdade é que o governo inglês aumentou o valor moral do catolicismo quando o proibiu" [*CW*, p. 168]). Para a Irlanda, a dinâmica secular da luta mimética determina que o inimigo de seu senhor é seu amigo, a Igreja Católica e a Irlanda do mesmo lado, segundo a oposição inglesa. Proibir ("lo mise sotto bando"), como em "Mammon faz proibir / o

McCarthy contra Parnell, Arthur Griffith contra John Redmond, John O'Leary contra Lear O'Johnny, Lord Edward Fitzgerald contra Lord Gerald Fitzedward, os O'Donoghue de Glens contra os Glens de O'Donoghue." (*Ulysses*, p. 695)
A história irlandesa vira farsa na medida em que passa de aliados potenciais que se encontram trancados na rivalidade mimética a seres que parecem ter nascido exclusivamente da rivalidade e para a rivalidade.

Leviatã de agir" (*CW*, p. 152), é uma tradução melhor do que "baniram-no" (*CW*, p. 168), porque "banir" sugere deslocamento e exílio, ao passo que o "proibir" de Joyce sugere um objeto ainda disponível localmente mas agora transformado em tabu, tornado atraente, como a Cordélia de Lear, pela violência da proibição do senhor.[11] Por fim, "innalzó" deve ser traduzido literalmente como "exaltou", não "aumentou" (*CW*, p. 168), porque descreve o sacrifício (*sacré-fier*, fazer sagrado) da igreja como o momento exato em que a rivalidade violenta entre a Inglaterra e a Irlanda tornou-se metafísica.

Questões reais e inevitáveis entre a Inglaterra e a Irlanda são carbonizadas como combustível para uma luta sobre nada. A Inglaterra perverte a Igreja Católica irlandesa para a única exaltação de virtude moral que a reciprocidade negativa pode oferecer: a transcendência desviada. A igreja é marcada pela perseguição da Inglaterra como único acesso a um ser agora definido como aquilo que a Inglaterra não quer que a Irlanda possua. O drama central da igreja, a repetida celebração da *singularidade* da Paixão, é pervertida para modelar uma resolução sacrificial do conflito secular que a Inglaterra semeia em solo irlandês.

O sinal de Cristo torna-se o masoquismo cultural. O que sai disso é um martirológio político, feito ostensivamente à imagem da igreja, mas na verdade uma sátira

---

[11] Ver *Stephen Hero*: "Apesar do ambiente, Stephen continuou seus esforços de pesquisa, e de modo ainda mais fervoroso, uma vez que imaginou que eles tinham sido proibidos" (p. 39). No manuscrito, "proibidos" está sublinhado com lápis de cera (*JJA* 8, p. 105).

monstruosa da Paixão. No entendimento de Joyce, líderes individuais dão um passo adiante, em sucessão cada vez mais rápida, em atitudes mais abertamente autodestrutivas, cada qual tentando interromper a crise de raças rivais causada pela peste inglesa. A Irlanda multiplica suas vítimas enquanto se aproxima da violência espontânea, da crise cultural e do suicídio, da guerra civil, em que todos são rivais-zombeteiros uns dos outros, complemento, paraíso de fingidores, todos filhos do rei.

Joyce inicia "Il Fenianismo. L'Ultimo Feniano" tocado pela ironia da morte de O'Leary no dia de São Patrício e observa, sinistramente, que os irlandeses sempre traem seus líderes "exatamente no momento certo" (CW, p. 190). Por fim, ele prevê que os irlandeses exaltarão O'Leary por causa do culto aos ancestrais, "porque os irlandeses, ainda que fiquem de coração partido por aqueles que sacrificam suas vidas por sua terra natal, nunca deixam de demonstrar respeito pelos mortos" (CW, p. 192). Joyce insiste que a Irlanda segue a mecânica imemorial da reconciliação sacrificial.

Joyce claramente reconhece como o autossacrifício domina a motivação religiosa e a secular, a pública e a pessoal, talvez porque ele já tenha meditado sobre como a Paixão se sobrepunha a Stephen Dædalus, dez anos antes da Páscoa de 1916. Em "L'Irlanda: Isola dei Santi e dei Savi" e naquilo que temos das duas palestras propostas seguintes, nunca dadas (ver *JJ II*, p. 255), Joyce dá a esse reconhecimento sua forma teórica mais abrangente: "Le nazioni hanno i loro egoismi come gli individui" ("As nações têm seus egoísmos, assim como os indivíduos") (*SI*, p. 97). Isto é, a vontade de identidade da Irlanda, sua vontade de unanimidade, rima com suas vítimas, cada qual obtendo o ser às custas de outros exaltados ou desprezados por seu *sake*.

O sacrifício exalta a comunidade às custas da vítima. Mas o autossacrifício moderno exalta o ser da "vítima", que está segura a sós na convicção da ignomínia incurável daqueles que perseguem ("Da batalha material e espiritual que tão dura se travou em sua Irlanda, saiu com muitas lembranças de crenças, e com uma crença – uma crença na ignomínia incurável das forças que a dominaram" [*CW*, p. 105]). O público se torna a última vítima do processo do bode expiatório ao ser acusado de fazer bodes expiatórios. Como vimos nos capítulos anteriores sobre Ibsen, os líderes (e autores) modernos mostram simultaneamente seu valor e a venalidade da multidão dando testemunho de seu estigma.

Daí a "anomalia" das pessoas citadas em *Scritti Italiani*: O'Leary, Mangan, Myles Joyce, Wilde, Parnell, cada qual um Édipo irlandês, cuja curiosa cumplicidade em sua própria queda só pode ser entendida como uma tomada do comando e do crédito por sua própria vitimação. Toda tentativa de descrever esse "ser" irlandês é, inevitavelmente, uma tentativa de descrever um ego modelo numa crise de competição e fatores inconciliáveis: "quegli starni spiriti, entusiasti freddi, artisticamente e sessualmente ineducati, pieni di idealismi ed incapaci di aderirvi, spiriti fanciulleschi, infedeli, ingenui e satirici" (*SI*, p. 123), "o irlandês sem amor".

Segundo Girard, o sacrifício ritual na cultura primitiva, realizado periodicamente, economiza a violência e promete, na linguagem da divindade, um ritmo produtivo de simpatia e de rejeição, de solidariedade e de exclusão. No mundo moderno, a violência está basicamente nas mãos do mecanismo judicial, nos níveis micro e macro, no nível do interpessoal e do geopolítico, em que ser, ego, pessoal e nacional são decididos como outrora. A "heteroglossia" atual das articulações judiciais e primitivas do conflito violento na vida moderna ajuda a explicar a sugestão de Girard de que a expressão "mundo moderno" é sinônima de "crise sacrificial".[12]

Quando esses ritos modernos irregulares e injudiciais dão errado em nível pessoal ou internacional, acontece uma ciclotimia inflacionaria, a hospitalidade ingênua e a sátira disputando o mesmo objeto, ao mesmo tempo, levando todos os seres ao conflito. A intensa atenção do narrador de "The Sisters" à paralisia imita perfeitamente o apetite incurável da mídia moderna pela crise social: "Ela me encheu de medo, e mesmo assim quis estar mais próximo dela e observar seu mortífero trabalho" (*D*, p. 9). Os trabalhos paralelos de Joyce na literatura e no jornalismo mostram que, no lugar do ego, os irlandeses têm uma crise de "tendências contrastantes".

Na segunda palestra, "Giacomo Clarenzio Mangan", incompleta e nunca dada, Joyce deixa claro, em seu ensaio de 1902 sobre Mangan, que serve de rascunho, por que os irlandeses veem Mangan "como alguém que faz penitência por algum pecado ancestral" (*CW*, p. 76). De fato, "os semelhantes se reconhecem" – o ego de Mangan

---

[12] René Girard, *Violence and the Sacred*, p. 188-89.

tem a forma da turba que o acusa. "Vi sono certi poeti, i quali, oltre il mérito di averci rivelato qualche fase della coscienza umana fino al loro epoca ignota, hanno pure il mérito più discutible dia ver riassunto in sà stessi le mille tentenze contrastante del tempo loro" (*SI*, p. 125; "Há certos poetas que, além da virtude de nos revelar alguma fase da consciência humana desconhecida até sua época, também têm a virtude mais duvidosa de resumir neles mesmos as mil tendências contrastantes de sua época" [*CW*, p. 175]).

Joyce dedicou a maior parte de sua palestra ao mérito mais discutível ("discutibile") de Mangan "reunir" ("riassure") em si "as mil tendências contrastantes" de sua raça. *Reassuming* ["reassumir"] no lugar de "riassure" seria uma palavra de valor dubitativo forte demais em inglês; uma sutileza legalista normanda tardia em relação à franqueza normanda; a tradução de "summing up" em *Critical Writings* (*CW*, p. 175), ainda que lexicamente possível, traz uma sugestão enganosa, disfarçada pela discussão de Joyce de que Mangan de algum modo resolve essas tendências contrastantes em sua própria pessoa.

Essencialmente, Mangan é o poeta da rivalidade mimética, e Joyce avisa sobre o perigo da tirania à espreita de todos aqueles que, seguindo os passos de Mangan, deixem de romper com essa "tradição afrouxada e dividida contra si mesma" (*CW*, p. 184). Boa parte da poesia irlandesa, diz Joyce, está cheia de injustiça de tribulação, mas nenhuma outra obra está tão repleta de "infortúnios sofridos com nobreza" (*CW*, p. 184) - em outras palavras, ninguém é melhor do que Mangan para retratar a ignomínia dos perseguidores. "O amor da tristeza, o desespero, ameaças estrondosas – eis as grandes tradições da raça de James Clarence Mangan, e naquela figura empobrecida, magra e fraca, um nacionalismo histérico recebe sua justificativa final" (CW, p. 186).

O Mangan do ensaio de Joyce não propõe a idolatria do artista-indivíduo à custa das massas, o artista como inimigo do povo, a ideologia do modernismo devidamente rejeitada pelo pós-modernismo. Joyce *não afirma* que a poesia lírica de Mangan vale o preço das tribulações da Irlanda, assim como Joyce não nos *mostra* (apesar das ressalvas de Stephen) Stephen pensando na ofensa de Mulligan a si, nem em sua mãe, nem, depois naquela noite, esperando que a Irlanda morra por ele. Essas são as afirmações que Stephen diz ao ser ferido, mas, certamente, são as máscaras das vastas feridas no coração que nós (ao contrário dos colegas de Stephen) temos a permissão de ver. Se seguirmos as consequências da contraposição de Joyce entre os egos nacional e individual, podemos na verdade ver que Mangan "justifica" a histeria da Irlanda conquistando-a para eles, por meio de sua própria vitimação, transformando a crise no ser da Irlanda à custa de uma vítima monstruosa.

A estrutura que as palestras implicavam, com diversas características do ensaio sobre Mangan, sugere fortemente que a visão geral teórica que Joyce tinha da Irlanda estava se aproximando de seu próprio doloroso caso. No esquema histórico de Joyce, Mangan representava a quarta parte de cinco estágios da literatura irlandesa e o último exemplo da tradição da tripla ordem dos bardos celtas. Seria praticamente impossível que Joyce considerasse "o movimento literário contemporâneo" (*CW*, p. 177), tema da terceira palestra proposta, sem considerar a traição do bardo Stephen Dædalus pela Irlanda.

O fragmento manuscrito "Cornell 42", acrescentado pelo *James Joyce Archive* (3, p. 156) à descrição de Joyce de como Mangan, assim como outros heróis e poetas, acima de tudo, como Parnell, serão "honrados" por seus concidadãos, retrata claramente o herói como bode expiatório.

> (...) molti altri poeti ed eroi, tanto più perchè egli, come pure il Parnell, peccò contro quella castità incorrigibile, la quale l'Irlanda pretende da qualunque Giovanni che vorrebbe battezarla o da qualunque Giovanna che vorrebbe liberarla, come la prima prova essenziale e divina dello loro idoneità a cotali alti uffici. (*JJA* 3, p. 140)

> (...) muitos outros poetas e heróis, ainda mais porque, como Parnell, ele pecou contra aquela castidade incorruptível que a Irlanda exigiria de qualquer João que pretenda batizá-la ou de qualquer Joana que pretenda libertá-la, como se fosse o primeiro teste essencial e divino de sua aptidão para esses excelsos ofícios. (*Occasional, Critical and Political Writings*, p. 130)

Conor Deane lamentavelmente copia trechos do ensaio de Joyce de 1902 sobre Mangan sempre que Joyce traduz seu próprio ensaio anterior em seu ensaio de 1907 em italiano, mas deixa passar aqui uma passagem de *Stephen Hero*:[13]

> [Lynch] começara a suspeitar que no zelo e na pompa da fala de Stephen ao menos uma afirmação daquela virgindade incorrigível que a raça irlandesa exige tanto de qualquer João que pretenda batizá-la quanto de qualquer Joana que queira libertá-la, como se fosse a primeira prova celestial da capacidade para esses altos ofícios. (*Stephen Hero*, p. 151-52)

Após repensar Mangan como complemento à Irlanda, dentro do contexto cultural maior expressado na palestra de Trieste, Joyce ficaria ainda menos disposto a servir de bode expiatório, a realizar seu santo "ofício de Catarse. / Meu escarlate os deixa brancos como a lã". "Eles sonham seus sonhos sonhadinhos / enquanto eu levo longe seu sujinho" (*CW*, p. 151). Agora Joyce é mais capaz de ver que desprezar os outros porque eles o desprezaram, ou proativamente, antes que eles tenham a oportunidade, levá-lo-ia a escravizar-se perante aquela figura adorada por Mangan, a "regina abietta", a deusa da rivalidade mimética, deusa da "vendeta" (*SI*, p. 137), para quem "la pazzia è venuta" (*SI*, p. 139), ainda que seja uma loucura ("pazzia") disseminada por contagio metafísico, não sifilítico.

---

[13] Ver *JJA* 8, p. 491, em que essa frase está marcada na margem por uma linha perpendicular em lápis de cera.

Apesar da justificativa de Mangan da violência irlandesa, há uma zona em seu ego que resiste à cumplicidade, que preserva, como certos artistas e heróis exemplares, o potencial para revelar "qualche fase della coscienza umana fino al loro epoca ignota" (*SI*, p. 125), um futuro verdadeiro para a Irlanda. De algum modo, apesar do grau em que é demasiado irlandês, ele manteve sua

> anima poetica pura da ogni macchia. Benchè scrivesse un inglese così mirabile ricusò di collaborare per le riviste od i giornali inglesi, benchè fosse il foco spirituale dei suoi tempi ricusò di prostituirsi al popolaccio of di farsi il portavoce dei politicanti. Era uno di quegli strani aberrati spiriti i quali credono che la loro vita artistica non deve essere che la continua e vera rivelazione della loro vita spirituale, i quali credono che la loro vita interna vale tanto da non aver bisogno alcuno di appoggio popolare e quindi si astengono di proferire confessioni di fede, i quale credono, insomma, che il poeta è sufficiente a sè stesso, erede e detentore di un retaggio secolare, e quindi non ha alcun bisogno urgente di farsi strillone, predicatore o profumiere. (*SI*, p. 137)

> alma poética imaculada. Ainda que escrevesse maravilhosamente em inglês, recusou-se a colaborar com os jornais e com as revistas ingleses; ainda que fosse

o foco espiritual de sua época, recusou-se a prostituir-se perante o populacho ou a tornar-se o megafone dos políticos. Ele era uma daquelas estranhas almas anormais que acreditam que sua vida artística não deve ser nada além de uma contínua e verdadeira revelação de sua vida espiritual, que creem que sua vida interior é tão importante que não tem necessidade de apoio popular, e que por isso abstêm-se de fazer confissões de fé, que creem, enfim, que o poeta basta a si próprio, herdeiro e detentor de um patrimônio secular, que, portanto, não tem necessidade urgente de tornar-se alguém que grita, que prega ou que encena. (CW, p. 184)

Gramaticalmente ("Benchè..., benchè..."), Joyce enfrenta a aparente contradição de Mangan ter dominado a prosa inglesa e o ressentimento irlandês sem servir à turba inglesa ou à irlandesa, mas como o poeta basta a si próprio? Ao contrário do "patrimônio" de Critical Writings (CW, p. 184), Joyce claramente evitou "patrimônio" no lugar de "retaggio" para tornar o poeta herdeiro e "detentor" ("detentore", no sentido de "titular") se uma herança secular – como se existisse a forma *(e)retaggio – independentemente de religião e de família, duas redes de cumplicidade na grande tradição irlandesa. Em 1909, Joyce será capaz de lamentar a vaidade de Wilde quanto a cada um de seus nomes demasiado irlandeses, cada qual simbolizando a vitimação, porque àquela altura ele terá reconsiderado em sua própria ficção o patrimônio de todo filho cujo primeiro nome seja Stephen, cujo pai se chama Dædalus, cujo pai se chama Simon.

O jornalismo subsequente de 1907 segue as palestras da Universitá del Popolo, e continua o pensamento provocado pela morte de O'Leary. Assim como "L'Ultimo Feniano", "L'Home Rule Maggiorene" termina em sacrifício, ao repetir pela enésima vez o tropo do jornalismo político irlandês contemporâneo, a associação entre a traição de Parnell à traição de Cristo. Os irlandeses "diedero prova del loro altruísmo soltanto nel 1891, quando vendettero Parnell, loro maestro, all coscienza farisaica di noncoformisti inglesi senza esigere i trenta scudi" (*SI*, p. 54: "deram prova de seu altruísmo só em 1891, quando venderam Parnell, seu líder, à consciência farisaica dos dissidentes ingleses, sem cobrar as trinta moedas de prata" [*CW*, p. 196]).

Podemos talvez recordar o quão perto Joyce está chegando de *Dubliners* e de "The Dead" primeiro observando as datas de publicação dos dois artigos remanescentes sobre a *Home Rule* e a violência criminal para *Il Piccolo della Sera*, de 19 de maio e de 16 de setembro de 1907, e depois considerando que a hipocrisia farisaica é, na verdade, a prática social da sátira swiftiana, acusando a todos menos a si de violar códigos cujo propósito primário é justificar o ser dos acusadores. (Após mais dois anos de trabalho em *Portrait*, em que o destino de Stephen fica à sombra do de Parnell, o Joyce jornalista identificou Oscar Wilde como bode expiatório apedrejado por aqueles que sequer poderiam tê-lo acusado se não fossem eles mesmos culpados daquilo mesmo que acusavam.)

O espelho perfeitamente polido em que Joyce dá uma boa olhada em si mesmo é provavelmente "L'Irlanda alla Sbarra", que caracteriza a justiça irlandesa como uma jornada a oeste, para County Galway, "a terra de Joyce", a fim de considerar o exemplo de Myles Joyce, que só falava irlandês, e por isso não era capaz de defender-se no sistema judicial inglês, tendo sido injustamente acusado de matar uma família de Joyce, e que foi executado em 1882 (ano em que Joyce nasceu). Quando o sistema judicial pratica genocídio e o masoquismo cultural é abençoado com o sinal da cruz, os irlandeses mostram-se capazes daquilo que Cristo disse que era impossível: servir a dois mestres.

Mas como o processo analítico que acompanhamos no jornalismo italiano de Joyce leva a "The Dead", completado, segundo a leitura do diário inédito de Stanislaus (*JJ II*, p. 264), um mês após a publicação de "L'Irlanda alla Sbarra"? E como *Portrait* pode vir depois de "The Dead"? "As nações têm seus egos, assim como os indivíduos."

O modelo girardiano de desejo triangular como hipótese tem uma força superior a "a natureza humana" ou a "os instintos" para explicar as contradições do desejo. Em *Mentira Romântica e Verdade Romanesca*, Girard desenvolve seu modelo concentrando-se no retrato do esnobismo feito por Cervantes, Stendhal, Proust e Dostoiévski. O que é um esnobe? É alguém que compreende a secundariedade e o esnobismo alheios, sem jamais admitir seu próprio esnobismo, o qual permite essa compreensão. Em outras palavras, o esnobismo é uma poderosa lente analítica com a qual o observador vê todo mundo, menos a si mesmo. Só um esnobe reconhece outro, mas é preciso ser cego quanto a si para acusar todos os demais, para reconhecer a rivalidade nos outros, mas não em si mesmo.

Quando o ego copia seu desejo de um modelo, eles se tornam rivais. Se esse discípulo se apropria com sucesso dos objetos desejáveis do modelo, eles misteriosamente deixam de ser desejáveis. Quando Gabriel pensou em como a amada de Michael Furey era agora sua esposa, "Não quis dizer nem para si mesmo que seu rosto não era mais belo, mas que ele sabia que aquele não era mais o rosto pelo qual Michael Furey enfrentara a morte" (D, 222). Enquanto o ego associar sua desilusão ao objeto, não à estrutura do desejo mimético, ele está efetivamente fadado ao fracasso.

Girard vê no masoquismo dos amantes modernos (cavaleiros tardios, maridos complacentes e homens do subsolo) não um desejo instintivo pela dor, mas uma compreensão mais lúcida dos objetivos do desejo mimético, que tenta colocar-se de modo mais seguro numa relação direta com um ser maior do que o seu próprio. Esses amantes modernos não buscam a dor em si, mas não conseguem mais crer, como discípulos mais inocentes, que a posse de certos objetos indicados pelos modelos pode algum dia vir a proporcionar o ser que aparentemente falta a cada um deles.

Cada um busca uma relação direta com um modelo cuja rejeição decisiva dele como igual já indicou que ele é uma divindade, um modelo permanente. Assim, o instigador mais forte do desejo para um masoquista é o narcisista ou o coquete, porque é preciso que haja uma rivalidade fracassada com o amor-próprio deles, que intensifica imediatamente seu desejo e sua desejabilidade, a cada vez que vence aqueles que os desafiam. O narcisista e o coquete são, por autodefinição, autossuficientes.

Por fim, os indícios da determinação de gênero no "narcisismo" e na "coqueteria" têm de ceder diante do reconhecimento de uma posição estrutural única dentro de um conjunto de relações. Não há futuro em recair no curioso histórico de interpretações das mulheres em Joyce que Suzette Henke e que Elaine Unkeless propuseram deixar para trás, que "as meninas todas não eram tão boazinhas quanto pareciam, se ao menos alguém soubesse"[14] (*D*, p. 26).

Assim, Michael Furey pode redirecionar, ou reengendrar, sem perda de sentido, o lamento de "The Lass of Aughrim", que *ela* dirigira a lorde Gregory, a Gretta, porque ele, como a jovem, superou a deserção de sua amada (para um convento de Dublin) com outra maior ainda. A jovem, assim como Michael Furey, tornam-se mediadores externos, inimitáveis, que censuram a mortalidade de seus rivais desde o país dos deuses, os mortos.

Gretta não responde de igual para igual com aquilo que Christopher Newman chama de "um sacrifício ainda mais estéril do que o seu próprio", mas continua a lutar contra as grandes tradições irlandesas, sobretudo em seu marido. Gabriel, apesar do inequívoco incentivo de sua generosidade e de seu novo sentimento de pena amigável e sem ressentimento por sua dor, interpreta de modo

---

[14] Henke e Unkleless (eds.), *Women in Joyce*.

equivocado e trágico essa experiência ao final do conto. Ele confunde Michael Furey com um rival superior pelo afeto de Gretta, tornando-se discípulo daquela paixão que acha mais fácil morrer do que viver por Gretta. O último parágrafo extremamente emotivo do conto não permite escapar da cumplicidade com o autossacrifício de Gabriel por "Stephen Dædalus", por esse narrador, ou pelo leitor. Cada qual é o aquilo de que gostaria de estar mais próximo, um dublinense, *hibernes hiberniores*.

Em retrospecto, pode parecer inevitável que Girard fosse trazer seu modelo de desejo triangular (desenvolvido em *Mentira Romântica e Verdade Romanesca*) ao exemplo talismânico de Freud, para reler os "instintos" de Édipo de maneira radicalmente mimética (em *A Violência e o Sagrado*). "Stephen Dædalus" tem a mesma importância talismânica para o pensamento de Joyce sobre o destino dos artistas e dos heróis irlandeses. (E, como veremos adiante, o romance da família de Joyce, desde o começo de *Portrait*, tem a mesma força revisionista para o triângulo edipiano de Joyce.)

Como vimos, o pseudônimo de "Stephen Dædalus" e o manuscrito de *Stephen Hero* foram deixados de lado no início do verão de 1905, à medida que *Dubliners* progredia. Ainda que os textos italianos sejam jornalismo no sentido progressista em que Guglielmo Ferrero era jornalista, Joyce há de ter percebido que a "sociologia diletante" (*CW*, p. 173) e Gabriel Conroy não poderiam cumprir a promessa de um futuro "engendrável" para a Irlanda, feita em "A Portrait of the Artist" no início de 1904. As frases ocasionais de autocrítica em *Stephen Hero*, que talvez devam ser atribuídas ao próprio Stephen Dædalus enquanto autor,[15] exigiram uma releitura radical para que se progredisse até o entendimento mais fundamental da sátira como autovitimização em *Dubliners*.

"O que há num nome?" Saber, graças a *James Joyce's Schooldays*,[16] que o Livro VIII de *Metamorfoses* de Ovídio foi parte importante do exame para a bolsa de latim a que Joyce concorreu em 1896 explica só em parte por que um ilhéu sob ocupação estrangeira daria a si próprio um sobrenome que efetivamente faria de todos os filhos de sua família ícaros em potencial. Stephen, um precedente igualmente traiçoeiro, estava pronto a ser imitado por Stanislaus, de acordo com o que ele chama ora de princípio satírico, ora de onomatopaico: "Eufuístico Stephen", "Simos Suspirante", etc.[17]

Joyce poderia ter escolhido "Dædalus" de modo inocente, como algo que não fosse nada além de um augúrio não irlandês de fuga. Sobre a escolha do nome de Jesus, Renan diz que "assim, mais de uma grande vocação na história foi causada por um nome dado impremeditadamente a uma criança. As naturezas ardorosas nunca chegam a perceber nada do acaso naquilo que lhes diz respeito".[18] Uma natureza igualmente ardente, de tipo mais desconfiado do que a de Renan, pode chegar a ver como a premeditação insuficiente não leva a nada de

---

[15] "[A] fim de identificar-se ainda mais com seu herói, ele anunciou sua intenção de acrescentar ao final de seu romance a assinatura *Stephanus Dœdalus Pinxit*." Stanislaus Joyce, *My Brother's Keeper*, p. 244.
[16] Bruce Bradley, *James Joyce's Schooldays*, p. 129.
[17] *The Complete Dublin Diary*, p. 12.
[18] *The Life of Jesus*, p. 82.

fortuito. A carreira comum aos dublinenses, aos artistas e aos heróis irlandeses, é que os traços da vitimação reapareçam nas narrativas alternativas que cada qual escolhe para si.

> Oscarre Fingal O'Flahertie Wills Wilde. Tali furono i titali altisonanti ch'egli, con alterigia giovanile, volle far stampare sul frontispizio della sua prima raccolta di versi e con quel medesimo gesto altiero con cui credeva nobilitarsi scolpiva, forse in modo simbolico, i segni delle sue pretese vane e le sorte che già l'attendeva. (*SI*, p. 60)

> Oscar Fingal O'Flahertie Wills Wilde. Foram esses os títulos sonorosos que, com juvenil arrogância, ele inscrevera na folha de rosto de sua primeira coletânea de poemas, e, nesse gesto orgulhoso, com que pretendia chegar à nobreza, estão os sinais de suas vãs pretensões e do destino que já o aguardava. (*CW*, p. 201)

Os nomes com que Oscar Wilde pretendia enobrecer-se estão, naturalmente, enredados por família, raça e linguagem. Traduzir o trecho anterior como "nesse gesto orgulhoso (...) estão os sinais" (*CW*, p. 201) omite a observação fundamental de Joyce de que esse "mesmo (medesimo) gesto orgulhoso" (de autoenobrecimento) "esculpe, talvez de modo simbólico" os sinais da vaidade e do destino da vitimação. O que está em jogo aqui é a força das "grandes tradições" irlandesas, latente nos nomes de família e na força do poeta como fazedor. Se os sinais de vaidade e de vitimação já estão no gesto, o destino é irrevogavelmente carregado nos mesmos nomes. Mas se o gesto "esculpe" esses sinais, "talvez de modo simbólico" (como "medesimo", essas palavras são totalmente omitidas da tradução de *CW*), então o poeta consente com sua própria imolação de modo tal que sua cumplicidade era necessária para completá-la, no qual, por conseguinte, a resistência, talvez também de modo simbólico, era também possível, mesmo para alguém assim nomeado e enredado.

De modo similar, ao menos temporariamente, em 1907, "Daly" pareceria um sobrenome mais adequado do que "Dædalus", de som estranho, por causa da cotidianidade comum da autotraição do artista. ("Daly" ainda está no texto, como um dos pseudônimos de Dedalus na loja de penhores – *P*, p. 174.) Mas, em última instância, Daly não basta para explicar a irlandesidade de Stephen sem negar o início do itinerário que levou a essa percepção, sem negar o jovem Dædalus, autoenobrecido, autor do conto semanal ("The Sisters") do *Irish Homestead*, que, em 1904, escapara da ilha.

Assim, quanto à primeira questão, por que voltar ao nome Dædalus? A resposta de Joyce seria, recordando 1904, "porque esse *era* seu nome". A grafia simplificada talvez traduza o nome em irlandês anglófono, mas certamente admite que a Irlanda fez dele o que ele é. O que é mais interessante, é claro, é a questão "que futuro se segue de a Irlanda ter produzido um Stephen Dedalus?". *A Portrait of the Artist as a Young Man*.

Essa breve resposta exige uma prova um tanto mais longa. A única maneira de um filho de Dedalus sobreviver é como um futuro Dedalus. Isto é, como um futuro pai. Para evitar tornar-se um ícaro, um filho de Dedalus tem de ser capaz de ver-se como um pai o veria. Quando Stephen desce à sala de estar vestido para a missa, "seu pai havia chorado. Isso aconteceu porque ele estava pensando em seu próprio pai. E o tio Charles também tinha dito que era isso" (*P*, p. 30).

Primeiro temos de reconhecer que o sr. Dedalus, ao olhar para seu filho, pensa em seu pai, não nele mesmo. Ele não estava presente na primeira ceia de Natal de seu próprio pai, e é improvável que ele esteja pensando em alguma semelhança fotográfica entre Stephen e seu pai na mesma idade. Na verdade, agora Simon sabe, tardiamente, sendo ele mesmo pai, o que o pai *dele* sentiu quando *ele* desceu para ir à missa, vestido para a primeira ceia de natal *dele*. Não é difícil imaginar o pai de Simon chorando também, e seu filho só entendendo parcialmente o porquê.[19] Esse comovente momento, compartilhado por Simon, Stephen e até pelo tio Charles, em que o amor paterno é passado adiante pela repetição de um ato de fé religiosa, mostra que havia muito mais do que o jantar de Simon, que foi estragado pelo sacrifício de Parnell.

Simon tenta dizer a Stephen, quando eles viajam a Cork, que nenhum Dedalus quer que seu filho seja um ícaro. O pai de Simon tratou-o mais como outro Dedalus, e Simon

---

[19] Em "Ecce Puer", podemos enxergar as lágrimas nos olhos de Joyce. Stephen Joyce leu o final de "The Dead" em Copenhagen em 1986 com lágrimas nos olhos.

faria o mesmo. Simon ama seu próprio pai, talvez mais agora do que nunca, porque descobriu, sendo ele mesmo pai, como um pai ama seu filho. Ele se lembra de "ficar (...) com alguns tampinhas como eu, e certamente nós achávamos que éramos grandes sujeitos porque tínhamos cachimbos metidos no canto da boca". Simon agora se enxerga do modo como seu pai o enxergava à época, um jovem tentando enobrecer o ser diminuído dos tampinhas com a posse mistificada (sob tabu) de modelos adultos. O pai de Simon evitou a armadilha da exaltação do tabaco fazendo dele um presente, não um obstáculo.

Simon, por *sua* vez, está tentando aqui em Cork recuperar, para Stephen, diante do empobrecimento e da subjugação crescentes, o senso de plenitude herdável que sentiu que poderia oferecer a Stephen no começo, na abertura de *Portrait*, contando-lhe mais uma vez uma história, como fazia então. "Era um filhote de *tuckoo* (...) Seu canto era assim" (*P*, p. 7), repete aquilo que o pai tinha acabado de assegurar ao filho e a todos que tinham se dado ao trabalho de ouvir momentos antes, na voz feliz da criança que reconhece os bons presentes do pai. Esse senso inicial de plenitude capacitou Stephen a imitar seu pai e sua mãe sem desejar as posses *deles*, os lugares *deles*, como sinais de um ser de que só ele carece, sem rivalizar com eles como modelos-obstáculos. "Quando eles crescessem, ele iria se casar com Eileen" (*P*, p. 8). O conflito edipiano não surge no começo do romance porque a *identificação* (no pensamento de Joyce, ao contrário do de Freud) não é intrinsecamente, por natureza, antes de tudo, um desejo de tomar o lugar do outro. A identificação expressa o grande desejo de *estar com*, de *ser como* (*mitsein*), o grande desejo de reciprocidade positiva por trás de todas as práticas pedagógicas, de todos os ritos de passagem, de todas as formas culturais, inclusive as mais violentas.

Quando Stephen é punido por seu desejo de casar-se com Eileen, a reconciliação potencial de raças rivais, católicos e protestantes, como "irlandeses unidos", é impedida pelo cristianismo sacrificial, o instrumento perfeito da subjugação irlandesa. Stephen é, a partir de então, levado, através de *Portrait*, àquilo que ele virá a chamar, em *Ulysses*, seguindo antes Aquino do que Freud, o *incesto*, definido como "avareza das emoções", a recusa de afeto ao forasteiro (*Ulysses* [doravante *U*], p. 203).[20] Além disso, aquilo que poderia ser considerado narcisismo em Stephen, segundo o freudismo ortodoxo, é a perfeição do desejo transgressor, a internalização do incesto pela internalização do modelo externo.

Já à época da viagem para Cork, quando Simon chora de afeto por seu pai, Stephen sofre porque não consegue entender absolutamente o grande desejo que o pai tem por ele. Em vez disso, ele se sente monstruoso, derretendo ao Sol, como Ícaro, além dos limites da realidade. Ele se recompõe contando uma história a respeito de um menino que aprende geografia como se alheio fora a si mesmo.

Primeiro o filho se afasta do pai, e depois começa a dilacerar-se. A resposta de Stephen a sofrer o destino de Ícaro, derretendo ao Sol, é imaginar-se, como outros dublinenses de compostura, compondo "em sua mente,

---

[20] Devo essa intuição a Edward Brandabur.

de tempos em tempos, uma frase curta a respeito de si mesmo, contendo um sujeito em terceira pessoa e um predicado no passado" (*D*, p. 108). O filho ainda sofre o destino de Ícaro (Stephen data sua morte da vitimação de Parnell), mas agora à sua imagem, uma narrativa gerada pelo próprio filho.

Nessa narrativa, que ele mesmo compõe, ele consente em sua própria imolação, consente em ser Ícaro a fim de tornar-se seu próprio pai, um Dedalus apartado que olha estranhamente para Ícaro. Ver que o filho não consegue voar como um Dedalus é reconfirmar o próprio ser dedaliano de quem vê à custa de outro. Então o Stephen reconstituído reaparece por um momento, um menino de terno de cinto cinza.

A paternidade metafísica de Stephen é indiferente ao calor da de Simon, ou da de Dædalus em Ovídio, assemelhando-se antes ao projeto narcisista de tornar-se pai de si mesmo.[21] Ele assume o comando de sua própria imolação ao sacrificar o filho por causa do pai, prolongando, desse modo, a abominável versão do pai que demanda vítimas. Ele se torna à prova da necessidade de pai ou de filho, em vez de um Dedalus entre outros Dedalus.

Os artifícios de eternidade de Stephen ao longo de *Portrait* são, como os de Yeats, instáveis. Por fim, Stephen sente-se menos filho do que seu pai fora: "ele nunca tinha se sentido daquele jeito (...) mas agora ele sabia que

---

[21] "inter opus monitusque genae maduere seniles et patriae tremuere manus; dedit oscula nato non iterum repetenda." (*Metamorphoses*, VIII, p. 210-12)

esse sentimento havia de ser amor" (*D, p.* 223). Como Gabriel Conroy, Stephen imita uma rivalidade que nunca foi intencionada, porque não consegue sentir amor do modo como foi levado a acreditar nele, algo que surgisse espontaneamente. Ele precisa aprender o que é o coração e o que ele sente.

Stephen está igualmente excluído do "simples fato" do amor de seu pai; ele acha que, na imagem da Trindade, o pai contemplando a si mesmo e gerando o filho é mais fácil de aceitar racionalmente por causa de sua "augusta ininteligibilidade" (*P,* p. 149). Essa imagem do pai gerando o filho como que num espelho e do verbo procedendo dessa transação rima com o projeto narcisista de autossuficiência de Stephen. É esse, de fato, o masoquismo intelectual ensinado pelo padre Flynn, a preferência por um obstáculo dominador ("augusto"), divino precisamente porque o eu jamais pode entendê-lo, por causa de um "simples fato". Novamente, tanto os modelos seculares quanto os religiosos ensinam a subjugação. Um "simples fato" é ser ouvido pelo leitor como aquilo que diz a Stephen alguém que se julga autônomo, que não precisa de lições naquilo que Stephen não consegue sentir absolutamente. Mas um fato como o amor do pai só pode ser simples para aqueles capazes de ver como um pai vê, de sentir como um pai sente.

> Pedi e vos será dado; buscai e achareis; batei e vos será aberto; pois todo o que pede recebe; o que busca acha e ao que bate se lhe abrirá. Quem dentre vós dará uma pedra a seu filho, se este lhe pedir pão? Ou lhe dará uma cobra, se este lhe

> pedir peixe? Ora, se vós que sois maus sabeis dar boas dádivas aos vossos filhos, quanto mais vosso Pai que está nos céus dará coisas boas aos que lhe pedem! (Mateus 7,7-11)

As consequências sociais do interdito são legião, sobretudo em sociedades avançadas, em que a rivalidade é sagrada, e recebe licença absoluta em todos os domínios não protegidos especificamente pelas leis da propriedade. A maturidade pode se tornar o ser arbitrariamente designado que os adultos expressam através da dependência dos filhos, cada adulto fingindo ter recebido o patrimônio, a bênção paterna que todo jovem recebe de ser no futuro, mas que parece ter sido negada a todos na idade adulta.

Contudo, a mitologia social derivada das instituições humanas também é humana, imperfeita e aplicada imperfeitamente, deixando zonas de resistência possível. Essa passagem de Mateus se dirige a essa zona, perguntando aos pais se eles realmente querem escandalizar seus filhos, tornar-se obstáculo para eles. Mesmo "sendo maus" ("πονηροι οντεσ", articuladores do conflito violento), eles conseguem ter reciprocidade positiva, impedindo que a necessidade real se torne sinal de um ser diminuído.

Como Stephen (assim como Ícaro, apesar das boas intenções que Dædalus tinha por trás de seus interditos) vê seu pai como obstáculo, ele não consegue ver a si mesmo como seu pai vê, e, portanto, não pode levar esse amor adiante até alcançar o Pai amoroso dos Evangelhos. Na verdade, o Pai da Trindade que Stephen aceita dá-lhe autoridade para o artista divinal de sua teoria estética. Uma vez nascidas da maturação própria, suas criações não têm acesso a seu Pai indiferente, que foi "refinado além da existência".

> A imagem estética da forma dramática é a vida purificada e retroprojetada a partir das imaginações humanas. O mistério da estética, assim como o da criação material, é realizado. O artista, como o Deus da Criação, permanece dentro ou atrás ou além ou acima de sua obra, invisível, refinado para fora da existência, indiferente, lixando as unhas. (*P*, p. 214-15)

Essa paternidade, como no episódio de Cork, contempla narcisisticamente suas perfeições à medida que desiste de seu destino. O pai é tão externo a sua obra que a mediação interna de suas "coisas boas" (peixes, pães, bênçãos) para seus filhos é impossível. Porém, essa recusa aparentemente irrevogável e inimitável da reciprocidade trai uma afinidade com a obra de Tusker Boyle e de Simon Moonan, discípulos que conseguem sua própria punição pelas mãos de seus modelos.

Mas temos de ter cuidado ao exercer nosso dom moderno para a compreensão satírica e desconstrutiva, para não descrever Stephen de um modo que ignore ou que perca aquilo que a Irlanda gerou: seu primeiro herói de uma "fase dela coscienza umana fino AL (...) [sua] epoca ignota" (*SE*, p. 125), "dos dias de Tone aos dias de Parnell" (*P*, p. 203), que se recusa a ser sacrificado.

Onde podemos aprender a ver como o padre vê, como *Portrait* vê Stephen, aquilo que a Irlanda gerou? A leitura de Ellmann do diário inédito de Stanislaus sugeriu-lhe que a revisão de *Stephen Hero* como *Portrait* "atolou" no capítulo III em 7 de abril de 1908 (*JJ II*, p. 264). Pelo menos, Ettore Schmitz (Italo Svevo) viu apenas três capítulos e uma "amostra" posterior do desenvolvimento de Stephen no sentido de "uma religião forte sentida de maneira forte e vigorosa ou melhor vivida em todos os seus detalhes" (*Letters* 2, p. 226), quando comentou sobre o manuscrito em 8 de fevereiro de 1909.

A "amostra" deve ser da primeira parte do capítulo 4, que a maioria dos leitores modernos, que têm o benefício de um manuscrito completo e de um trabalho crítico coletivo e cumulativo, interpretam ironicamente, como a passagem sobre a Trindade já discutida. De fato, Kenner inaugurou a leitura irônica de Stephen quanto a esse material, e o começo de cada capítulo subsequente ironiza o programa heroico do anterior, e toda fuga prometida termina no atoleiro: o campo de futebol, um laticínio, uma tigela de cozido gorduroso, uma poça escura de líquido amarelo.

Porém, qual leitor moderno não quereria para si a intimidade maravilhada *in loco* da leitura parcial de Schmitz? Essa é a disputa interminavelmente encontrada entre os modos romântico e irônico. Flaubert como Emma ou como Dieu, Pound como trovador ou como Mauberley, Stephen como herói ou como Alazon, o problema de *Dubliners* (particularmente "Araby"), o problema do modernismo mesmo. Desde o ponto rival do futuro, qualquer herói moderno já está obsoleto, já é romântico, adolescente.

A datação Dublin 1904/Trieste 1914, que encerra *Portrait*, insiste que seu artista escapou do destino de Ícaro, assim como seus dois últimos capítulos insistem que Joyce foi além do lugar onde atolou. Como? Gabler data o capítulo 4 e as primeiras treze páginas do capítulo 5, do manuscrito hológrafo de Dublin (*JJA* 9, p. 739-893; *P*, p. 147-80), como inscricionalmente as mais anteriores, datadas talvez do manuscrito de 1911, salvo de incêndio.[22] Dizer que essa seção é a primeira a chegar à forma final é talvez dizer também, olhando para onde Joyce "atolou" em 1908, que ela representa o passo decisivo para a forma final de *Portrait*.

O trabalho no capítulo 4 e no começo do capítulo 5 é cronologicamente paralelo ao ensaio de Joyce sobre Oscar Wilde (29 de março de 1909), cujo primeiro parágrafo considera as funestas consequências para o artista que se confirma em seus prenomes e em seus nomes de batismo. No último episódio do capítulo 4, Stephen confirma-se ao assumir o chamado de seus dois nomes como profecia do fim que ele nasceu para servir, enquanto seus amigos zombam dele por isso, chamando-o de vítima sacrificial ("Bous Stephanoumenos! Bous Stephaneforos!" – *P*, p. 163), provavelmente com a mesma voz que ele ouve "de além do mundo". A justaposição do sublime êxtase de Stephen e da sátira irlandesa atravessa níveis ainda mais intensos de contenciosidade.

Kenner continua a ser o leitor mais influente desse episódio: "as vozes que se sobrepõem obviamente são as

---

[22] "The Seven Lost Years", p. 26-28.

dos banhistas, mas sua adequação irônica ao 'pairar na direção do Sol' icariano de Stephen não deve escaparnos: os mergulhadores também têm seu 'sublime êxtase', e Ícaro foi 'afogado'".[23] Os buracos e as elipses de justaposição irônica suprimem as explicações de que os "outros" necessitam: cabe-nos saber que as êxtases de Stephen vão sempre "atolar". Kenner está invocando os protocolos da ironia, o modo dominante do modernismo, que insiste que a interpretação mais debilitante é a mais forte. (A desconstrução é uma fase tardia do modernismo.) Se for preciso escolher entre Emma e adubo, na cena da feira agrícola de Flaubert, todos sabemos o que escolher.

A intervenção de Wayne Booth em meados do século na crítica de Joyce, em *The Rhetoric of Fiction* (1961), nasceu de sua observação de que a ironia finamente nuançada do narrador em relação ao protagonista de *Stephen Hero* foi refinada para fora da existência em *Portrait*, de modo que os críticos de Joyce não tinham certeza de como entender Stephen, e as leituras irônicas e heroicas aconteciam juntas.[24] Como sabemos que Stephen é um esnobe e como explicar o conflito de interpretações?

Joyce e Girard parecem dar a mesma resposta para a primeira questão. Considerar Stephen (ou Oscar Wilde) culpado é incriminar a si próprio. Considerá-lo inocente é incentivar o projeto masoquista do sujeito de

---

[23] *Dublin's Joyce*, p. 131.
[24] *The Rhetoric of Fiction*, p. 323-36; ver também Robert Scholes, "Stephen Dedalus, Poet or Esthete?"; Richard F. Peterson, "Stephen and the Narrative of *A Portrait of the Artist as a Young Man*".

ganhar inocência por meio da autovitimação, à custa da culpa do "perseguidor".

O que está presente na situação de Stephen, e na persuasiva retórica de Stephen, é a forte predisposição da modernidade, e particularmente dos irlandeses, para a ironia e para a zombaria. Stephen está maduro para a zombaria de seus "amigos", mas, sob condições modernas, quem não está? Podemos ser irlandeses, isto é, na análise sem concessões de Joyce, falsos quanto a Stephen, mas uma leitura irônica por si jamais entenderá o que a Irlanda gerou.

Joyce não estava livre da história, livre para escolher entre a ironia e a simpatia. Na verdade, o que Joyce realizou aqui, o passo decisivo da versão final de *Portrait*, é a destotalização parcial da ironia preexistente e a abertura maior de uma zona potencial de resistência numa situação tipicamente irônica. Podemos, se ousarmos resistir o modo dominante do modernismo como modernização irônica, sentir, por Stephen, em circunstâncias difíceis, aquilo que sentiria um pai, um grande desejo por ele.

A diferença entre o final de "L'Ombra di Parnell" (16 de maio de 1912) e o fim que Stephen nasceu para servir é fundamental.

> La tristezza che devastò la sua anima era forse la profonda convinzione che nell'ora del bisogno uno dei discepoli che intengeva la mano con lui nel catino stava per tradirlo. L'aver combattuto fino all fine con questa

> desolante certezza nell'anima è il suo primo e il più grande titolo di nobilità. Nel suo ultimo fiero appello al popolo suo implorò i suoi connazionali di non gettarlo in pasto ai lupi inglesiu che gli urlavano attorno. Ridondi ad onore dei suoi connazionali che non mancarono a quel disperato appello. Non lo gettarono ai lupi inglesi: lo dilaniarono essi stessi. (*SI*, p. 83)
>
> A tristeza que invadiu sua alma era talvez a profunda convicção de que, na hora da necessidade, um dos discípulos que mergulharam a mão na mesma tigela que ele o trairia. Ter combatido até o fim com essa desolada certeza na alma é seu maior direito à nobreza. Em seu apelo desesperado a seus concidadãos, ele implorou-lhes que não o lançassem como ovelha aos lobos ingleses à sua volta. Contribui para sua honra não ter fugido a esse apelo. Eles não o lançaram aos lobos ingleses; eles o fizeram em pedaços eles mesmos. (*CW*, p. 229)

Joyce segue a tradição popular de ver a traição de Cristo por trás da traição de Parnell, com o aprimoramento notável de que o próprio "il re senza corona" (*SI*, p. 83) compreende que fim é atendido por esse "modo simbólico". Quando Parnell pede aos irlandeses que não o traiam para a violência da turba inglesa, os irlandeses honram esse pedido de um modo que mostra quão bem a Inglaterra subjugou a Irlanda. Cada matilha de animais sugere que os recursos sacrificiais de cada país estão praticamente exauridos; não há diferença entre os lobos ingleses e os irlandeses, excetuando que os irlandeses deram o último passo para o suicídio cultural ao dilacerar um dos seus.

A sugestão de Joyce em 1912 de que o próprio Parnell sabia que estava marcado para a traição talvez indique o quão cuidadosamente ele estava reconsiderando quais fins o simbolismo do romance servia. "The Sacrificial Butter", de C. G. Anderson, da mesma época que os primeiros trabalhos de Kenner sobre Joyce, ensinou-nos a ler Stephen em modo simbólico como Cristo e a unificar os símbolos de Dædalus, de Deus Pai e da traição-crucificação. Outros, nos passos de Kenner, acharam mais fácil referir a identificação simbólica com Cristo à egomania de Stephen, mas talvez Stephen observe a formação desse simbolismo não para glorificar-se, mas para marcar cautelosamente, até alegremente, as preparações feitas por outros para mais uma crucificação irlandesa, "forse in modo simbólico", de que ele acha inconveniente participar.[25]

---

[25] J. F. Byrne enviou uma carta para Joyce, datada de 19 de agosto de 1904, em que disse que não poderia emprestar a Joyce a libra que ele pedira. "Miro cur habes satirizatum amicos vestros, num pecúnia eorum defuit? (...) Fleo quod non habeo pecuniam, sed impossibile est ex petro trahere lactam aut ab ille qui summis in locis terrae nudus vivet, arripere quod non habet super crures ejus. Sim, sicut dicunt Populi, vester S. S. Joannes." (*Letters* 2, p. 47) Ellmann identifica a sátira como "The Holy Office", mas é particularmente interessante que Byrne culpe o "populacho" por designá-lo percursos de Joyce, sugerindo que esse simbolismo é zombaria pública.

Aceitar, mesmo provisoriamente, ao final do romance e de seu diário, a prece de sua mãe de que ele conheça "o que é o coração e o que ele sente" (uma prece que seria respondida em 16 de junho de 1904, quando Stephen sofre "dor, que ainda não era a dor do amor" – *U*, p. 5), pedir ajuda de seu pai, talvez (*pace* Anderson) de todos eles, é de algum modo conhecer o grande desejo que todos eles têm para esse menino, por trás dos papéis augustamente incompreensíveis de mãe dolorosa e artífice, de pai simoníaco, de que ele *viva*, não de que se sacrifique por eles. Com esperanças, em 1904, longe de casa e dos amigos, na companhia de alguém bem parecido com Gretta Conroy, ele conseguirá começar a aprender a escrever um romance alegre como *Portrait*, que vê com a mesma força com que seu pai e sua mãe veem, uma consciência futura de sua raça.

capítulo 6
encontrando o pai
Virginia Woolf, feminismo e modernismo

> *Os espelhos são essenciais para toda ação violenta e heroica.*
> Virginia Woolf, *A Room of One's Own*
>
> *Quando você acender a luz, você o verá. Ele fica sentado atrás da porta (...) suas sobrancelhas pesadíssimas, a testa levíssima (...) só em seu corpo inteiro, esperando por você.*
> Robert Bly, "Finding the Father"

O novo milênio há de ser um grande momento para estudar Woolf. Diários, cartas e ensaios foram recuperados e editados; há contínua atenção biográfica e crítica; e sua obra inteira está em catálogo. Temos oportunidades de aprimorar nossa compreensão por meio de uma leitura global que não era possível durante a vida de Woolf. Todavia, um número excessivo de críticos, defendendo ou restringindo sua reputação, perde essa oportunidade de aprender mais ao confiná-la ao prenúncio de nosso conhecimento (mais pleno); na verdade, perdemos essa oportunidade ao ficar dizendo a Woolf o que ela devia saber.

Ao ler a respeito de Woolf, encontramos o problema recorrente da crítica contemporânea, que estranhamente se julga obcecada com a teoria e julga que essa obsessão com a teoria é sua credencial para participar nas ciências humanas que professam conhecimento. O que, de acordo com qualquer teoria aplicada até agora, aprendemos ao ler Woolf? Por que tanta gente se dá ao trabalho de escrever livros sobre Woolf, se as ideias dela são sempre explicadas por meio das ideias de outra pessoa? E, se estamos tão preocupados assim com a teoria, por que é tão raro que os teóricos aprendam com os autores que discutem algo que já não soubessem graças à própria teoria? Devíamos saber que o conhecimento de Woolf e o conhecimento da teoria nunca progridem, nem são ampliados, quando Woolf se torna o arquivo secundário de um documento mesclado que poderia facilmente acomodar Jean Rhys, Dorothy Richardson, ou Djuna Barnes.

Deveríamos pedir de uma leitura de Virginia Woolf aquilo que pedimos de qualquer pesquisa séria: o que descobrimos que ainda não sabemos? A fórmula simples de Thomas C. Caramagno é exemplar: "devemos deixar que ela nos instrua".[1] A potencial contribuição de Woolf para o conhecimento que já temos está em sua tentativa de teorizar uma origem para aquilo que os outros acham mais fácil chamar de feminismo, no comportamento observado das mulheres, antes de encontrar analogias em outros empreendimentos liberacionistas. Ainda que ela pareça constantemente atenta às analogias, o feminismo de Woolf não tem sua origem em Marx ou em Freud, e não

---

[1] Thomas C. Caramagno, *The Flight of the Mind*, p. 140.

começa no conflito de raça ou de classe. (É por isso que os comentários de Woolf sobre raça e sobre classe são esclarecedores – porque ela não está reciclando intuições já contidas no arquivo de racismo/classismo.)

Em sua carreira de escritora e intelectual, a questão da liberdade das mulheres tornou-se para Woolf uma questão de momento histórico, de possibilidade estratégica. A biografia de Quentin Bell sugere que Woolf considerou o feminismo pela primeira vez bem cedo – por volta dos quinze anos, ela projetou uma história das mulheres.[2]

A teoria social e psicológica da época de Woolf incentivava apenas um tipo de história das mulheres, sempre igual: como o patriarcado reprimia as mulheres. Para Woolf, as teorias existentes de raça, de classe e do inconsciente não bastavam porque essas teorias da repressão, no que tinham a oferecer ao feminismo, não conseguiam responder adequadamente a uma questão essencial, a questão das origens: como alguém como Virginia Woolf era então possível? De onde ela veio? Por que Julia Stephen ou Stella Duckworth não nasceram Virginias?

Woolf propõe seriamente que tentemos compreender o comportamento humano moderno caracterizando as desigualdades *peculiares* ao sexismo e o momento histórico de crise e de oportunidade do feminismo no período moderno. Na pesquisa de Woolf, o sexo (e o sexismo) são ambos mais íntimos e mais formalizados do que a

---

[2] Quentin Bell, *Virginia Woolf*, p. 55.

raça ou do que a classe: os homens e as mulheres vivem legalmente um com (isto é, um legado a) o outro, como irmãos, esposos, pais, filhos. Os preconceitos culturais estão mais intensamente estruturados, mas também correm mais risco, na intimidade da família.[3]

É talvez por causa das circunstâncias íntimas e familiares do gênero que o feminismo inglês foi perdido e encontrado, diversas vezes, nos arranjos de vida mistos dos sexos. "Quase as mesmas filhas pedem quase os mesmos irmãos quase os mesmos privilégios. Quase os mesmos cavalheiros entoam quase as mesmas recusas por quase as mesmas razões. Parece que não houve nenhum progresso na raça humana, mas só repetição."[4] Para encontrar progresso, é claro que o feminismo moderno precisa historicizar-se, para caracterizar como os momentos históricos sucessivos, críticos, permitiram que ele fosse encontrado, permitiriam que ele fosse "quase" perdido.

Como? Se as filhas pedem os mesmos privilégios, estão antes de tudo pedindo aquilo que veem que os filhos já possuem. Elas estão, histórica e estruturalmente, numa posição de rivalidade e de atraso. Se "mesmo" indica idêntico ao privilégio masculino, também indica que o desejo permanece idêntico filha após filha, por meio de seu discipulado da recusa masculina. A consciência de

---

[3] Os primeiros textos de Woolf, segundo Quentin Bell, foram para a *Hyde Park Gazette*, jornal manuscrito que tratava dos acontecimentos familiares do número 22 de Hyde Park Gate. Também se pode supor que o entendimento de Woolf de classe social venha de como a intimidade da família com seus servos mudou ao longo de sua vida.
[4] *Three Guineas*, p. 66.

cada geração é fundada pelo mesmo "não" pronunciado pela autoridade paterna.

"Quase" mede diferença e também repetição; mais importante, expressa o momento de consciência crítica que se encontra a si mesmo. A ficção de Woolf dedica-se a representar as origens da consciência crítica feminista moderna. Como pode o senso de uma falta de progresso expressado por Woolf anteriormente se tornar possível dentro do patriarcado?

O feminismo teórico de Woolf é melhor estudado *junto* de trabalhos como a teoria de Lukács da consciência de classe (não reduzida a Lukács), como companheiro de pesquisas do comportamento humano.[5] Para Lukács, o capitalismo reduz os trabalhadores a coisas, a isolados separados e alienados. A consciência de classe torna-se possível sempre que os trabalhadores reconhecem que compartilham com os outros o isolamento e a alienação daquilo que produzem e que criam.

Woolf traz a força particular da representação histórica para caracterizar o momento de reconhecimento, que é também momento de resistência, quando uma mulher reconhece o isolamento e a alienação como algo comum às mulheres, mas muitas vezes também a outros.[6] Porém, para Woolf, a consciência (e o trabalho humano) está

---

[5] Para uma interessante conjunção entre um texto literário e outro teórico, ver Scholes, *In Search of James Joyce*, p. 174-77.
[6] Para Woolf, a ficção é o meio modelar de compreensão de como alguém, como Clarissa Dalloway, compreende Septimus Smith através de linhas de classe e de gênero.

muitas vezes presa menos às mercadorias do que ao reflexo de trocas sociais comuns, mas nem por isso desprezíveis: gestos, rostos, propagandas.

Não é possível pensar no feminismo inglês em *A Room of One's Own*. O tom das palestras dadas em 1928, reescritas a fim de produzir o livro de 1929, reflete a consolidação de Woolf, ao longo de sua carreira exemplar como escritora inglesa, mulher de maior destaque, de uma voz pública que fala pelo bem-estar daqueles que leem.[7] A voz dessas palestras é lúcida, sã, certa do apoio da plateia. Será que alguém consegue imaginar uma pessoa capaz de discordar, desde algum ponto de vista teórico superior, quando Woolf diz "sabe, muitas vezes eu gosto das mulheres".

Three Guineas (1938) é o grande complemento para *A Room* na obra de Woolf, mas as diferenças são notáveis e dão o que pensar. *A Room* imagina-se falando a um pequeno grupo de mulheres, mas com o mundo inteiro podendo ouvir. (Woolf não estava errada – é difícil achar um estudante de graduação que não conheça o livro dela.) *Three Guineas* foi concebido como uma série de correspondências postais, três respostas tardias a pedidos de dinheiro recebidos pelo correio. Não se pede a Woolf que venha falar, e sim que mande dinheiro.

As condições discutidas em *Three Guineas* solaparam a premissa de *A Room of One's Own*: dê a uma mulher um

---

[7] Essa é a melhor utilidade dos ensaios reunidos, além de anotar aquilo que Woolf estava lendo enquanto escrevia outras coisas.

quarto só para ela e quinhentas libras por ano, e nada pode afetá-la. *Three Guineas* considera as circunstâncias que podem afetá-la, mesmo ali: os regimes da Alemanha e da Itália acabam com a segurança das contas bancárias e dos quartos em todo lugar.

As diferenças entre esses dois livros mostram-nos a perspicácia de Woolf na discussão das oportunidades e dos limites do seu próprio momento histórico, ao imaginar o papel de trabalho do escritor visto como intelectual. Em 1928-1929, as possibilidades do feminismo só parecem limitadas pela incapacidade de imaginá-las, de convocá-las coletivamente ao ser. Por que não deveríamos libertar-nos da não liberdade de modo tão completo que possamos retornar à tarefa mais gratificante de pensar nas coisas "em si mesmas"?[8] A expressão maravilhosamente comum de Woolf para a sanidade comum contrasta com a loucura obsessiva da desigualdade de raça, de classe e de gênero. O preconceito é visto como uma anomalia persistente, desnecessária, um anacronismo que pode ser posto de lado.

Em 1938, Woolf não representa sua voz como foco de uma comunidade em que os valores feministas são comuns. Essa é uma questão para *os seus* três guinéus, pedidos em separado: ela pode dá-los, sem heroizar as consequências, mas guardá-los também não vai mudar muita coisa.

---

[8] Andrew McNeillie, em suas valiosas notas a *The Essays of Virginia Woolf*, v. 3 (1919-1924), p. xv, identificou que essa frase recordava *Principia Ethica*, de G. E. Moore, mas não creio que Moore ou seus apóstolos poderiam tê-la popularizado.

Contudo, o que é comum a ambos os livros é a importância dada por Woolf a afirmar que está criando uma história, sem jamais abdicar de sua credibilidade para propor teorias a respeito de acontecimentos históricos e do comportamento humano. Não é o mero hábito que faz Woolf contar histórias. As representações ficcionais estão no fulcro da prática de Woolf de pesquisar o que as pessoas querem. Qualquer tentativa de leitura global de Woolf tem de começar aí.

A *Room of One's Own* e *Three Guineas* funcionam em conjunto com seus romances. Woolf produz uma história para sua plateia a fim de mostrar-lhe como pode pensar sobre o que as pessoas fazem e sobre o que elas querem. Isto é, as histórias não se limitam a relatar os resultados de sua consideração do comportamento humano. As histórias repetem os passos do processo de pesquisa, convidando a plateia a acompanhar seu pensamento desde as origens. Woolf ensina sua plateia a fazer seu próprio tipo de pesquisa. Em última instância, suas histórias verificam o potencial de pesquisa da representação ficcional. "Nesse caso, a ficção conterá mais verdade do que os fatos."[9]

Contudo, é exatamente essa relação que "Mary Beton" pede entre os romances que ainda não foram escritos e os romances que Woolf tinha acabado de escrever, e que escreveria depois, que sempre perturbou os leitores. Por

---

[9] Ver Evan Watkins, *Worktime*. O argumento de Watkins a respeito da possibilidade de críticas contrárias em departamentos de Letras, apesar daquilo que as análises globais do comportamento institucional, como a de Foucault, julgam possível, é ainda mais provável na própria elaboração da ficção.

que Woolf não simplesmente deu forma escrita à mulher confiante profissional moderna que Mary Beton deseja?[10]

A conexão entre os romances e *A Room* é simultaneamente mais básica e mais pessoal: a ficção de Woolf pesquisa as origens de sua própria possibilidade de pronunciar-se, nos pesquisadores protofeministas antecedentes (e basicamente anônimos) que tornam possível (emissível, audível, compreensível) a voz informada de *A Room*.[11]

Se olharmos primeiro para os romances, seguiríamos a cronologia de publicação, mas não a ordem de pesquisa. Escrever os romances não permitiu a Woolf dizer que o que ela diz em *A Room* – ela sempre pôde dizer aquilo (ao menos a parte que sempre resumimos). Na verdade, a pesquisa sobre o comportamento humano que seus romances corporificam ajudou-a a compreender *como* ela sempre foi capaz de dizer que as mulheres precisavam de quartos e de renda, desde o princípio. Veremos como a ficção de Woolf escrita logo antes de *A Room of One's Own* serve como parte do projeto que manteve durante toda a vida de escrever uma história das mulheres, agora compreendido de modo que inclua a questão das origens: o que possibilita a consciência feminista? Uma vez que sua possibilidade seja compreendida, ela pode tornar-se progressiva e positivamente moderna, libertada do ciclo de modernizações futilmente competitivas e vingativas.

---

[10] Ver em particular o trabalho de Jane Marcus: *Virginia Woolf and the Languages of Patriarchy* e *Art and Anger*.
[11] Ver Strachey, *The Cause*, que Woolf refere, em que ele observa que as mulheres que planejavam uma reunião em um salão público não tinham experiência e por isso não estimaram bem a força de difusão da voz de uma mulher.

A fim de afinar-se, bem como sua plateia, com as possibilidades do momento histórico do feminismo em 1928, Woolf primeiro renegocia as condições pouco promissoras do convite que recebera para falar. Tinha-se pedido a ela, como mulher escritora célebre, que desse aos alunos de Girton e de Newnham uma palestra sobre mulheres e ficção. Isto é, as alunas perdem a promessa da pesquisa ao fazer a Woolf uma pergunta cuja resposta já conhecem.[12]

Para dar-lhes o que elas ainda não sabem, Woolf reescreve sua tarefa, sua forma e sua identidade. Ela pede a sua plateia que a veja como Mary Beton ou como Mary Seton (não como Virginia Woolf). No lugar de uma palestra pronta, formato de que ela zomba diversas vezes, ela conta a elas uma história a respeito do que lhe aconteceu enquanto tentava escrever a palestra. "Aqui é provável que a ficção contenha mais verdade do que os fatos".

O que ela oferece a sua plateia, na verdade, é tanto uma representação das condições do trabalho intelectual para as mulheres (ela repete o insulto comum do local de trabalho a que as mulheres alunas de "Oxbridge" estão acostumadas) quanto uma demonstração do potencial de pesquisa da ficção.[13] Não nos resta nada melhor a fazer

---

[12] "Quando você me pediu para falar sobre mulheres e ficção, sentei na beira de um rio e comecei a pensar em que sentido teriam essas palavras. Elas poderiam significar apenas algumas observações sobre Fanny Burney; outras mais sobre Jane Austen; uma homenagem às irmãs Brontë e um esboço de Haworth Parsonage debaixo da neve; alguns gracejos, se possível, sobre Mary Russell Mitford; uma alusão respeitosa a George Eliot; uma menção da sra. Gaskell e tudo estaria resolvido." (p. 3)
[13] "Oxbridge" refere-se ao univeso cultural próprio formado pelos estudantes das universidades de Cambridge e de Oxford. (N. T.)

do que passar ao exemplo de Mary Beton inocentemente transgredindo o turfe masculino em Oxbridge enquanto pensava em sua palestra próxima.

> Imediatamente a figura de um homem surgiu para interceptar-me. Não entendi que os gestos de um objeto de aparência curiosa, de paletó de dia e camisa de noite, voltavam-se para mim. Seu rosto expressava horror e indignação. O instinto, e não a razão, veio ajudar-me; ele era um bedel; eu era uma mulher. Era esse seu turfe; ali estava sua pista. Somente os membros e os acadêmicos podem entrar aqui; meu lugar era no saibro. Essas considerações não duraram mais do que um momento. Como eu retomasse a pista, os braços do bedel abaixaram-se, seu rosto assumiu o repouso de costume, e, ainda que seja melhor andar no turfe que no saibro, não houve grande mal. A única acusação que eu poderia fazer aos membros e aos acadêmicos do que quer que fosse o colégio era que, ao proteger seu turfe, que se estendia havia 300 anos ininterruptos, eles fizeram que os pequeninos como eu se escondessem. (*A Room*, p. 6)

A vantagem da re-presentação ficcional garante que sua plateia rapidamente verá por si (sem precisar de explicações) como Mary Beton enxerga a si própria. Uma vez que elas peguem o jeito de imaginar a ficção, podem analisar e re-presentar para os outros os "fatos" que as rodeiam, talvez lhes ensinando também a arte da re-presentação. Aquilo que primeiro ouvimos como a voz do bedel, uma imitação perfeita da frase masculina que Woolf destrói ao final de *A Room*, nunca foi dito em voz alta pelo bedel. Mary ouve em sua imaginação; ela censura a si própria, falando com a voz dele. O bedel simplesmente olha zangado e espera. Mary faz o resto sozinha: ela assume a responsabilidade por dissipar sua raiva. Como? O "instinto" vem em seu auxílio.

Woolf com certeza está ciente da notoriedade desse termo.[14] Está claro que ela não pretende que o "instinto" permaneça intacto no sentido recebido da palavra, como força da natureza humana que pode, na melhor das hipóteses, ser reprimida ou adiada. Como veremos em sua ocorrência seguinte, em *A Room*, "instinto" é um "fato" (outra palavra reformada por Woolf). Isto é, esse "instinto" é uma ficção pedagógica aprendida de modo tão perfeito que funciona melhor do que a natureza, por ser ela própria aceita como fato – não sentido próprio de fato como algo produzido pelo trabalho humano, mas aceito no sentido demótico e mistificado de "fato" como um dado cuja origem está para sempre obstruída, algo sempre feito.

Outra situação ficcional no capítulo seguinte liberta esse reconhecimento da natureza aprendida do instinto ao

---

[14] A Hogarth Press publicou a edição inglesa definitiva de Freud por James Strachey; não é impossível que Woolf a tenha lido, letra por letra, preparando os tipos, para distrair-se de seu próprio trabalho. Adrian Stephen também, a essa altura, já estava mergulhado em teoria psicológica.

considerar as condições sob as quais as mulheres modernas realizam trabalho intelectual. Woolf vai ao Museu Britânico, outro departamento da "fábrica" cultural (p. 26), para consultar o arquivo sobre mulheres.

Ao enviar os papeizinhos pedindo livros, com toda inocência e franqueza, propondo a questão das mulheres à grande fábrica da teoria, o que se recebe é uma resposta semelhante a ser expulsa do turfe em Oxbridge: livros escritos por homens sobre a inferioridade das mulheres.

Mas isso não é tudo. Woolf também fica incomodada com a pessoa sentada ao lado dela, um homem pequeno, sujo, bufando contente a cada meio minuto, enquanto faz mais um apontamento durante a leitura. Se Woolf fica enlouquecida com a biblioteca, ele está contente, alimentado. Quando ela olha para seu caderno, ela só encontra sua caricatura do professor Von X, um homem que não é atraente para as mulheres. "Tudo que eu obtivera do trabalho daquela manhã foi um fato de raiva" (p. 33). O resto do capítulo é dedicado a entender esse "fato".

Primeiro, Woolf faz uma notável investigação da origem de sua própria raiva, e é claro que, para ela, o comportamento humano moderno tem origens miméticas, não instintivas. O comportamento humano é iniciado pelo comportamento dos outros, não pelos comandos da natureza. Ela está com raiva porque o professor está com raiva. Se ele tivesse defendido seus argumentos desapaixonadamente, sem desejar que as mulheres fossem consideradas inferiores, Woolf não teria reagido com raiva. Sua raiva é uma contaminação mimética da raiva dele.

Não deveríamos considerar que uma hipótese mimética leva à perda da possibilidade de que uma mulher possa iniciar uma resposta apaixonada à acusação da inferioridade das mulheres – ela poderia reagir à paixão acumulada do arquivo desses livros em geral, a que tal autor em particular empresta sua voz. Mas Woolf evidencia aqui dois princípios mais importantes do que a prioridade: que os seres possam considerar desapaixonadamente as questões de gênero e que as trocas humanas são profundamente miméticas.

Ela fará mais com sua própria hipótese mimética, mas primeiro ela pergunta por que os professores estão com raiva. Ao olhar o jornal, ela observa que os homens produzem e reproduzem "fatos". Os homens são os proprietários, os editores, os subeditores dos jornais e também os responsáveis pelos eventos que narram; se houver um assassinato, um homem decidirá qual é a cabeça que pode rolar. Por que, pergunta Woolf, os homens estão com raiva, se controlam tudo menos o clima?

Woolf começa pela compreensão de uma faceta de uma hipótese mimética para a raiva masculina. Talvez os homens estejam com raiva assim como os ricos estão com raiva dos pobres. Isto é, após ter criado uma diferença gritante entre seus recursos e os dos outros, após ter demonstrado publicamente que só eles possuem aquilo que todos mais desejam possuir, os ricos suspeitam de que os pobres, seus discípulos, desejam tomar seu lugar por toda parte (assim como os pais na reescritura mimética que Girard faz de Freud).

A formidável recriação ficcional de Woolf de sua própria pesquisa nos dá a sensação de que ela está descobrindo essas coisas enquanto as diz. Ela subitamente propõe que essas rivalidades miméticas a respeito das coisas são superficiais, compartilhando influência com uma rivalidade mais metafísica que tem maior responsabilidade por deixar esses professores ou patriarcas com raiva. Por baixo do tipo de "raiva" produzida pela dinâmica de classe (e de raça), está a ansiedade do gênero.

Talvez eles não estivessem minimamente "com raiva"; muitas vezes, na verdade, em seus relacionamentos privados, eles eram reverentes, cuidadosos e exemplares. É possível que, quando o professor insistia de maneira um pouco enfática demais na inferioridade das mulheres, ele não estivesse preocupado com a inferioridade delas, mas com a sua própria superioridade. Era isso que ele estava protegendo de maneira esquentada e de maneira tão enfática, porque para ele essa era a pérola de grande valor. A vida, para ambos os sexos – e eu olhei para eles dois, abrindo caminho no chão – é árdua, difícil, uma luta perpétua. Ela pede imensa coragem e força. Mais do que tudo, talvez, por sermos criaturas de ilusão, ela pede confiança em si próprio. Sem autoconfiança, somos como bebês no berço. E como podemos gerar essa qualidade imponderável, de valor, aliás, inestimável, do modo mais rápido? Pensando que os outros são inferiores. Sentindo que se

> tem uma superioridade inata – pode ser riqueza, ou posição, um nariz reto, ou o retrato de um avô feito por Romney – porque não têm fim os recursos patéticos da imaginação humana – em relação às outras pessoas. Daí que um patriarca que tenha de conquistar, ou que tenha de governar, atribua a maior importância a sentir que vastas quantidades de pessoas, aliás metade da raça humana, são por natureza inferiores a si. Essa deve, aliás, ser uma das principais fontes de seu poder. (p. 34-35)

A pérola de grande valor não é medida pelos recursos que tornam os homens ricos e que fazem das mulheres patronas pobres dos colégios de Oxbridge, mas pela qualidade imponderável da distinção metafísica entre os homens e as mulheres. Essa diferença ontológica, estabelecida no nascimento, também faz do imperialismo global algo possível e natural. A raiva masculina é um "fato", uma resposta que se propõe como instinto, defendendo o direito de nascença do sexismo como diferença metafísica imponderável a favor dos homens e contra qualquer pensamento, atitude ou comportamento contrários, reais ou imaginários, agora ou no futuro.

A análise de Woolf da raiva é tão radical que nunca foi devidamente levada adiante. Não é difícil ver por quê. A raiva é sempre compreendida como motivação primária em si própria, a hipótese que explica tudo mais (e que fica, portanto, protegida da crítica). A raiva não é passível de análise, porque ela é o único instinto que jamais questionamos. A raiva é metafísica, talvez seja até nosso último deus. Quem entre nós não avisa os outros: "Não me deixe com raiva" (o que significa "Não provoque o deus que guarda a minha integridade, para que ele não o ataque com minhas mãos")? Jane Marcus, por exemplo, uma das críticas responsáveis pelo "renascimento americano" de Woolf, censurava-a repetidas vezes por não sentir raiva o suficiente.[15] Mas, para Woolf, sentir raiva era como estar louco.

> Todos esses anos as mulheres serviram de espelhos que possuíam o poder mágico e delicioso de refletir a figura do homem duas vezes maior do que seu tamanho natural. Sem esse poder, talvez a terra ainda não passasse de pântanos e de selvas. As glórias de todas as nossas guerras seriam desconhecidas. (...) Qualquer que seja seu uso em sociedades civilizadas, os espelhos são essenciais para toda ação violenta e heroica. (p. 35-36)

Em *A Room*, Woolf provocativamente diz que uma renda independente vale mais do que o voto, mas é claro que ela compreende a relação entre as sociedades civil e política, entre questões locais e razões de estado. Aqui Woolf cita, como entidades coexistentes, as sociedades civilizadas modernas governadas por um sistema judicial transcendente e o mundo internacional "heroico"

---

[15] Jane Marcus, "Art and Anger".

que não responde a qualquer lei.[16] São essas, respectivamente, as diferenças entre *A Room* e *Three Guineas*. Em vez de ver o sistema judicial moderno desenvolver-se a partir do mundo primitivo de violência deslocada, ou mesmo a persistência do primitivo na falta de uma ordem judicial mundial, Woolf sugere que o mundo global de conflito heroico depende da injustiça judicial para com as mulheres.

Woolf indica aqui a área de pesquisa em que Conrad trabalhou em *Heart of Darkness* – a conexão entre o racismo e o sexismo. A conexão não é produzida pela leitura que Woolf faz de Conrad, considerando aquilo que ela escreveu sobre Conrad em ensaios, em diários, em cartas. Antes, essa convergência é produzida pela integridade de sua pesquisa – duas inteligências formidáveis, de experiência pessoal tão variada quanto possível para dois escritores e intelectuais ingleses vivendo na mesma área, veem no imperialismo a conexão entre o racismo e o sexismo.

Woolf faz uma distinção entre as sociedades civilizadas (em que as consequências dos espelhos e da reciprocidade são reguladas pelo direito civil) e a terra de ninguém da ação violenta e heroica, o mundo de rivalidade e de prestígio nacionais ilimitados. Ao mesmo tempo, ela sugere que uma concepção metafísica do eu, em que a autoconfiança e o prestígio significam mais do que a

---

[16] Não há razão para crer que a confusão de Clarissa Dalloway a respeito de armênios ou albaneses represente aquilo que Virginia Woolf sabia sobre o trabalho de *seu* marido. Para a distinção entre judicial e internacional, ver *A Violência e o Sagrado*.

riqueza, também governa as questões internacionais. Como Joyce recordara, "as nações têm seus egos, assim como os indivíduos".[17] A contribuição imediata de Woolf para a teoria do conflito mimético é sugerir que o "fato" da raiva tem de ser desmitologizado na política internacional e também na política de gênero.

Os espelhos não garantem um esplêndido isolamento narcisista. No mundo moderno, o eu metafísico é a aparência com que cada um tenta dominar a situação de intersubjetividade e de interdependência que todos enfrentam, indivíduos e nações, propondo que ele no espelho é por si autossuficiente, autônomo. Os espelhos refletem a oferta da reciprocidade negativa aos outros, do *feedback* negativo que usa os outros como espelhos para confirmar o observador como modelo de discipulado e de rivalidade mais digno de admiração, mas na verdade mais capaz de incitar comportamentos violentos.

Em 1928, "Não há força no mundo que possa me tirar minhas quinhentas libras". Os problemas que são reconhecidamente globais podem ser tratados com métodos locais, educativos, protegidos por um sistema judicial sobrejacente que tardiamente reconheceu a propriedade das mulheres. A renda herdada de Mary Beton confere a ela "uma nova atitude em relação à outra metade da raça humana" ao libertá-la daquilo que atormenta Doris Kilman em *Mrs. Dalloway*, um ciúme irracional de tudo aquilo que todos os outros possuem.

---

[17] O belo comentário pomposo de Joyce sobre as relações entre a Inglaterra e a Irlanda, rimando tanto com Woolf quanto com Conrad, aparece, como observado no cap. 5, "Ireland, Island of Saints and Sages" (*CW*, p. 154).

> Era absurdo culpar qualquer classe ou qualquer sexo como um todo. Os grandes grupos de pessoas nunca são responsáveis por aquilo que fazem. Eles são conduzidos por instintos que estão além do seu controle. Eles também, os patriarcas, os professores, tiveram de enfrentar dificuldades infindas e terríveis desvantagens. Sua formação foi em alguns aspectos tão problemática quanto a minha. Tinha criado neles defeitos igualmente grandes. É verdade que eles tinham dinheiro e poder, mas somente às custas de abrigar em seus peitos uma águia, um abutre, eternamente bicando seu fígado e seus pulmões – o instinto de posses, o ímpeto da aquisição, que os leva a desejar perpetuamente as propriedades e os bens de outras pessoas; a criar fronteiras e bandeiras; navios de guerra e gás venenoso; a oferecer suas vidas e a vida de seus filhos. (...) Não é agradável abrigar esses instintos, refleti. Eles nascem das condições da vida; da falta de civilização. (...) (p. 38-39)

Woolf adentra o grande *corpus* de pensamento pós-sacrificial que revela a inocência do bode expiatório, primeiro recusando a acusação dos acusadores contra ela, depois se recusando a acusar os acusadores, a torná-los unicamente responsáveis pela criação de bodes expiatórios. "Eles não sabem o que fazem."

Qual pode ser a contribuição de Woolf para o desenvolvimento da escrita moderna desse modernismo pós-sacrificial? O fato de Woolf ter abjurado o jargão faz que suas teorizações mais fortes pareçam banais, ordinárias, óbvias. (Ela chega a negar a si própria o uso de "feminismo" em *A Room* e em *Three Guineas*.)[18]

Temos de acompanhar a inspeção de Woolf do fato da raiva. Formações falhas geram "instintos", como a "ânsia de adquirir". Por que "ânsia"? A ânsia que impulsiona o consumismo tem de vir da ansiedade de que os outros estejam raivosamente invadindo o bem-estar do eu, representado por suas coisas. O eu imagina que a rivalidade violenta esteja por trás dos acúmulos produzidos pelos outros; somente um programa agressivo de novas aquisições pode recuperar o senso perdido de autoconfiança.

A hipótese de Woolf para a raiva masculina como dinâmica da acumulação civil e política cobre um terreno tão antigo quanto a *Ilíada*. A "ânsia de aquisição" é ela mesma a expressão notável com que Henry James se referia à acumulação moderna, obsessiva, num conto cujo título ("The Beast in the Jungle") traduz as mistificações da autoconfiança masculina em imagens imperialistas. É a qualidade repetível e verificável de um verdadeiro trabalho intelectual, como a pesquisa, e não a deferência a seus antepassados ou aos maneirismos da guilda que faz que a expressão de James ou a obra de Joyce tenham peso para Woolf.

---

[18] Ela só aparece como acusação de "feminista radical" feita por um homem contra Rebecca West (*A Room*, p. 35).

> E, à medida que eu percebia essas desvantagens, o medo e a amargura gradualmente se transformavam em pena e em tolerância; e então, após um ano ou dois, foram-se a pena e a tolerância, e veio a maior libertação de todas, que é a liberdade de pensar nas coisas em si mesmas. Aquele prédio, por exemplo – será que eu gosto ou que eu não gosto dele? Será que aquela imagem é bonita ou não? Será que, em minha opinião, esse livro é bom ou mau? De fato, o legado de minha tia revelara-me o céu, e trocou a grande e imponente figura de um cavalheiro, que Milton recomendara que eu adorasse perpetuamente, por uma vista do céu aberto. (p. 39)

A rivalidade metafísica transforma as necessidades em desejos. Enquanto Mary Beton não dispunha de um quarto e de uma renda independente, seus desejos acompanhavam a irracionalidade dos advogados que trabalham em lugares fechados para ganhar muito dinheiro, ao passo que com quinhentas libras anuais é possível viver ao sol.[19] Woolf nunca subestima a base material demandada pelo trabalho intelectual livre das mulheres, mas ela valoriza, para além do acúmulo daquilo que os outros desejam, a saudável abrangência

---

[19] Woolf respeitava George Gissing por aquilo que esse reconhecimento lhe custara. Ver "The Private Papers of Henry Ryecroft". *Essays of Virginia Woolf*, v. 1, p. 133.

intelectual obtida quando ela não precisa mais emular nenhum modelo proposto por Milton.

Deixar de lado o modelo de Milton não leva à liberdade de influências, à autonomia do trabalho intelectual. Na verdade, ela foi libertada da rivalidade invejosa, da reciprocidade negativa com os homens. Woolf insiste o tempo todo na reciprocidade. Os livros não são singulares; eles continuam uns aos outros. O trabalho de uma mulher é difícil porque ela precisa dos livros que as mulheres queriam escrever (as fontes mais prováveis de reciprocidade positiva para uma mulher), mas que nunca foram escritos. A ficção de Woolf propõe-se a imaginar num ser visível uma tradição desse trabalho anônimo que possibilitou sua autora, as circunstâncias históricas específicas, os detalhes das pessoas que viveram para ajudar a fazer uma Virginia.

Shakespeare é o irmão mais velho de Woolf, o irmão que roubou o que não podia tomar emprestado, como diria Stephen Dedalus. A obra de Shakespeare propõe um modelo digno de imitação.

A razão por que talvez sabemos tão pouco de Shakespeare – em comparação com Donne, com Ben Jonson ou com Milton – é que seus rancores, seus desprezos e suas antipatias estão escondidos de nós. Não somos retidos por nenhuma "revelação" que nos recorde do autor. Todo desejo de protestar, de pregar, de proclamar uma injúria, de zerar uma disputa, de fazer do mundo a testemunha de alguma dificuldade ou injustiça foi dele retirada e consumida. (p. 58)

A arguta fórmula de Girard para aquilo que os grandes romancistas conhecem do desejo, "é preciso um esnobe para conhecer outro", vale para Shakespeare. Somente alguém que sentiu profundamente a rivalidade poderia reconhecê-la nos outros (e reconhecer onde ela está nas histórias que os outros contam). Woolf confessa (a todos) que "é da natureza do artista preocupar-se excessivamente com o que dizem dele" (p. 58). Para Woolf, a obra de Shakespeare torna-se o lugar em que ele deixou suas próprias rivalidades de lado. Woolf enxerga além dos conflitos intermináveis e dos desejos conflitivos nas peças de Shakespeare e vê a posição desde a qual eles são compreendidos. Os empréstimos e adaptações de Shakespeare são reescrituras daquilo que seus antecessores descobriram parcialmente ao preparar a descoberta *dele*: a mediação de todo desejo. Para Woolf, para Girard, o teatro de Shakespeare é uma grande denúncia da inveja.[20]

Podemos enxergar desse modo a ficção de Woolf: ela conta histórias a respeito dos antecessores que a tornaram possível, contra aquilo que se poderia esperar, em sua luta contra uma tirania que sequer conseguem nomear, com capacidades que sequer sabiam que possuíam. Se Woolf sabe chamar essa tirania ancestral de patriarcado, ela aprende a não exercer esse privilégio de

---

[20] Ver René Girard, *Shakespeare: Teatro da Inveja*. Trad. Pedro Sette-Câmara. São Paulo, Editora É, 2010.

modo esnobe, convidando-nos a complacentemente observar seus antecessores lutarem para obter aquilo que já sabemos. Woolf afirma sua solidariedade para com eles.

Ao tornar possível aquilo que ela sabe, eles tornam *ela* possível. A história anônima de Woolf registra seus sacrifícios, de modo que eles não precisem ser repetidos. Ao reconhecer como a melhor parte do passado desejava parir o futuro, ela não rivaliza mais com ele, invejosa e obsessivamente, como os falsos modernismos que crucificam seus modelos-rivais como românticos, vitorianos, representantes do alto modernismo, "o" patriarcado, vistos desde alguma modernização posterior. Woolf desenvolve a escrita moderna e o feminismo moderno como tradições progressistas, positivas, representando suas origens ocultas históricas e estruturais dentro do patriarcado, dentro das condições íntimas e complexas do gênero.

Mary Beton toma aquilo que é seu após a guerra: notas de dez xelins, um quarto próprio e o voto. Woolf herdou sua renda independente antes da guerra, mas sua datação de Mary Beton confirma aquilo que a maioria dos leitores pensa a respeito de Woolf: que sua obra atingiu a maturidade mais ou menos na mesma época, porque ela escreve para agradar mais a si própria.

Woolf começou sua carreira de romancista com *The Voyage Out* (1915), escrevendo como se ninguém mais pensasse do modo como ela pensa. Deixar outros verem o modo como ela realmente pensava e se sentia seria expor a própria monstruosidade. O narrador de *The Voyage Out* veste a máscara de esnobe modernista, irônico quanto aos personagens e às convenções narrativas disponíveis, assim como os narradores de *Madame Bovary* e de *Dubliners*.[21] Assim como Joyce, Woolf gradualmente resolve o problema do modernismo, começando como *Jacob's Room*, pela mesma razão: a solidariedade exclusivista entre autora e plateia produzida pela contemplação irônica de todos esses "outros" tem de, em última instância, deixar de fora todos os outros: a artista, após ter zombado dos outros, começa a atacar-se por ter acreditado que ela mesma é autogerada, autônoma.

Woolf volta-se para uma escrita comum, que não precisa excluir ninguém. Ao longo do desenvolvimento dos romances de Woolf, cresce uma certeza: de que os outros compartilham, ou podem aprender a compartilhar, aquilo que ela sente. Até mesmo que os outros podem aprender daquilo que ela sabe. "Comunicação é saúde." Se *Night and Day* (1919) é, como pensava Katherine Mansfield,[22] uma tentativa anacrônica de ganhar uma plateia já disponível, evitando a dificuldade modernista, *Jacob's Room* (1921) tem uma confiança aberta de que os leitores são capazes de entender a representação idiossincrática, diferente e até opositiva daquilo que as mulheres sabem a respeito dos rapazes (e dos recursos de que eles dispõem) que primeiro vão para a universidade e depois para a guerra.

Mrs. Dalloway (1925) reprisa dois personagens, Clarissa e Richard, retratados como esnobes de classe alta em *A*

---

[21] Veja-se especialmente o modo como ela zomba dos privilégios narrativos, caracterizando-os como movimentos de alguém que fica olhando pelo buraco da fechadura.
[22] Citado em Quentin Bell, *Virginia Woolf*, v. 2, p. 69.

Voyage Out. Os Dalloway não são mais os bodes expiatórios dela. Ao contrário de Doris Kilman, em *Mrs. Dalloway* Woolf agora admira sem inveja o *élan* do costume social de classe média alta dos Dalloway. Clarissa agora prenuncia as ideias mais avançadas e positivas de Woolf a respeito da reciprocidade humana. A revisão, segundo o prefácio de Woolf ao romance, tirou o suicídio de Clarissa e deu-o a Septimus. Clarissa obtém a maior clareza de compreender Septimus e seu suicídio, sem jamais encontrá-lo, apenas ouvindo falar dele por meio de Bradshaw, que nem o compreendia nem gostava dele, em sua festa.

Septimus sente a alienação extrema que o narrador sente em *Jacob's Room*. Mas Septimus não consegue comunicar nada disso, ainda que ele saiba que comunicação é saúde. Septimus fala com Rezia para que ela fale com o primeiro-ministro de que não é comunicação.

Em geral, os personagens de Woolf antecipam, preparam a consciência capaz de compor o romance. Woolf imagina personagens que são os antecessores anônimos mas necessários de seu próprio pensamento, mas que carecem, de algum modo crucial, de sua própria compreensão. Ela ensinou a si própria como falar com o primeiro-ministro.

O começo de *Mrs. Dalloway* representa Londres como o cenário maduro para a teoria há tanto acalentada por Clarissa a respeito da reciprocidade da consciência humana com tudo que está vivo ou que é feito de coisas vivas. Mas Clarissa parece alheia às mulheres antecedentes que enfrentaram o escândalo de andar por Londres sem a companhia de um irmão, de um marido, de um servo, tornando essa teorização peripatética concebível para as mulheres. Woolf não ataca Clarissa com ironias com aquilo que ela sabe sobre essas antecessoras. Mas ela faz de *Mrs. Dalloway* uma alternativa pública a *Ulysses*, que reprisara em 1921 uma capital exclusivamente masculina.

As festas de Clarissa são a aplicação de sua teoria. Seus íntimos fazem pouco da aspiração de influência social embutida em seu desejo de dar festas (semelhantes às beneficências da sra. Ramsay). Peter e Richard dizem, com voz de desprezo, "as festas dela". É a resistência de Clarissa ao tom que ela percebe tanto em Peter quanto em Richard que a ajuda a chegar a uma consciência maior de sua teoria.

"Os Dalloway" (a expressão irônica de Peter para o futuro de Clarissa sem ele) representam a reciprocidade de macho e fêmea para o bem e para o mal em um momento histórico particular, para esses dois membros de uma classe particular. O retorno de Richard para "sua Clarissa" após o almoço de Millicent Bruton mensura as circunstâncias íntimas do gênero.

> Todos sorriram. Peter Walsh! E o sr. Dalloway estava genuinamente feliz, pensou Milly Brush; e o sr. Whitbread só pensava em seu frango.
> Peter Walsh! Todos os três, Lady Bruton, Hugh Whitbread e Richard Dalloway, recordaram a mesma coisa – o quão intensamente Peter se apaixonara, sendo rejeitado; tinha ido para a Índia; tinha ido para a sarjeta; tinha acabado com tudo; e Richard Dalloway também

tinha grande afeição pelo velho camarada. Milly Brush percebia isso; percebia uma profundidade no castanho de seus olhos; via-o hesitar, ponderar; o que, interessava a ela, assim como Mr. Dalloway sempre interessara a ela, porque, afinal, ela pensava, no que é que ele estava pensando a respeito de Peter Walsh? Que Peter Walsh se apaixonara por Clarissa; que ele, imediatamente após o almoço, procuraria Clarissa; que ele diria a ela, diretamente, que a amava. Sim, ele diria isso. (*Mrs. Dalloway*, p. 161-62)

Woolf dá a Richard um lugar praticamente único na literatura do desejo mediado: ele aprende a amar mais sua esposa modelando a si próprio em seu rival, sem ressentimento. Se Gabriel Conroy está inspirado para fracassar, Richard está inspirado a ter sucesso com sua esposa. Esse exemplo de reciprocidade positiva com Peter é visto e compreendido por Milly Brush, que recebe do narrador (que diz aquilo que todos estão lembrando) o crédito por saber o que Richard está pensando, nesse momento.

Além disso, Woolf escreve de modo que impossibilita que se declare de quem são os pensamentos que ouvimos, se são de Richard ou se é Milly que está pensando os pensamentos de Richard. "Sim, ele diria isso" pode ser tanto a conclusão de Milly quanto a de Richard, mas a explicação mais abrangente é que é dos dois, interdividualmente.

Somente alguém com um dom para o inglês comum e anônimo, como Woolf, poderia prever, ouvindo o que Richard pensa, que ele não conseguiria dizer "diretamente" que amava sua Clarissa.

> (Mas ele não conseguia dizer que a amava; não diretamente.)
> Mas que amáveis, disse ela, aceitando as flores que ele trouxera. Ela entendeu; ela entendeu sem que ele falasse: sua Clarissa. (p. 179)

Podemos ouvir essas frases como se tivessem sido pensadas por qualquer um deles, ou, mais provavelmente, por ambos. Em qualquer versão, elas devem ser ouvidas como se falassem por Richard. Ela é a Clarissa dele. Woolf acredita que Clarissa sabe que a verdadeira força e o verdadeiro afeto estão em jogo para as mulheres em circunstâncias agudamente íntimas e particularizadas.

> E há nas pessoas uma dignidade; uma solidão; um golfo, mesmo entre marido e mulher; e que era preciso respeitar isso, pensou Clarissa, observando-o abrir a porta; porque ninguém entregaria isso, ou tomaria isso, contra a vontade, de seu esposo, sem que se perdesse sua independência, seu respeito por si – algo, enfim, inestimável. (p. 181)

Richard queria chegar com algo em sua mão (Clarissa também gosta de levar presentes, e critica-se por isso).

Richard não decide honrar a dignidade da independência desde o começo, pensando que as flores fazem que seja desnecessário dizer a sua esposa que ele a ama. Ele quer, mas não consegue; ele não conseguiria dizer a ela. Conhecemos o vocabulário clínico para a ajuda que Richard busca nas flores. Nada ressalta mais a força teórica de Woolf do que nossa vergonha diante de termos como "deslocamento" e "compensação", caso os usemos para dar curto-circuito à análise superior da representação ficcional de Woolf das relações de gênero.

Clarissa poderia casar-se com Richard, não com Peter. Por quê? Os dois a amam, mas se as leves atenções de Richard fazem dela "sua Clarissa", é provável que ela tivesse desaparecido como sra. Walsh inteiramente. (Assim como a sra. Bradshaw.) Como a sra. Ramsay e como Lily, que também enfrentam tiranias domésticas, ela "não conseguia" fazer isso. Como veremos de modo mais completo em *To the Lighthouse*, "não conseguia" é a primeira linha do feminismo anônimo, em que uma mulher, sem ser capaz de explicar o porquê, não consegue submeter-se àquilo que algum macho quer.

Aquilo que Richard lamenta em si como acanhamento confere a Clarissa uma medida de independência de uma forma que ela pode usar. As emoções, por universais e intemporais que pareçam, andam lado a lado com certas histórias sociais. O desejo de qualquer homem por uma mulher, numa cultura que endeusa a ânsia de aquisição, pode assumir uma coloração agressivamente possessiva. Até o desejo de Richard de cuidar de Clarissa pode tornar-se condescendente, especialmente quando se harmoniza com o menoscabo de Peter pelas "festas dela".

Woolf demonstra como o controle ideológico mais eficaz é ocultado, de modo que seus objetos sintam-se vagamente insatisfeitos, sem saber por quê. Depois que Richard sai, Clarissa sabe apenas num primeiro momento que ela se sente desesperadamente infeliz. As fontes esperadas de insatisfação, como a companhia de Elizabeth e de Doris Kilman, são rejeitadas, porque são "fatos". Não estaríamos errados se mencionássemos aqui o sentido que Woolf dá a "fato" em *A Room*. Elizabeth e Kilman não são uma ameaça interna que possa ser pensada e expulsa; a relação provavelmente continuará, não importando o que Clarissa pense a respeito. O pensamento de Clarissa tem coragem e integridade próprias e enfrenta os fatos, mas também questiona aquilo que parece paliativo. Ela se sente puxada para baixo por algum ataque desnecessário e injusto, internalizado por seu próprio pensamento, que pode ser combatido se for reconhecido.

> Era um sentimento, um sentimento desagradável, talvez mais cedo naquele dia; algo que Peter dissera, combinado com alguma depressão dela própria, em seu quarto, tirando seu chapéu; e o que Richard disse somou-se a isso, mas o que foi que ele disse? Ali estavam as rosas dele. As festas dela! Era isso! Os dois a criticaram de modo muito injusto, riram dela injustamente, por causa de suas festas. Era isso! Era isso! (p. 183)

Clarissa começa a responder às vozes que sabe que falariam contra suas festas discutindo a exata circunstância que Woolf representa em *A Room*. Clarissa sabe que o tom de leve desprezo de Peter e Richard toca num "instinto" de autoridade masculina (internalizado tanto em homens quanto em mulheres) para criticar Clarissa ou qualquer mulher como se fossem superficiais. Clarissa é uma das antecessoras humildes mas necessárias cuja resistência local e anônima possibilitam a crítica pública que Woolf dirige ao privilégio masculino em *A Room*.

Ela ainda recorda, após esses anos todos, as críticas de Peter. Ela as decorou. Ela consegue repeti-las em sua mente; às vezes, elas se repetem sozinhas. Elas a "deprimem". Ela começa a responder às objeções que sabe que eles têm, uma por uma, e assim ela articula, em oposição a elas, o sentimento que a leva a dar festas. Ela sabe que Peter acha que ela é uma esnobe, e que Richard acha que ela é tola por arriscar sua saúde pelas "festas dela". Sua resposta, provocada por seu menoscabo, é que "ela simplesmente gostava da vida" (p. 183).

Tendo conseguido responder-lhes, ela supera a si própria usando a força de suas vozes privilegiadas para criticá-la, a seu próprio favor. Ela pergunta a si própria (em nome deles), e lhes responde novamente explicando qual o sentido dessas palavras.

> Mas vá mais fundo, abaixo daquilo que as pessoas dizem (e esses julgamentos, como são superficiais, como são fragmentários!), agora em sua própria mente, o que foi que isso significou para ela, essa coisa a que ela chamava vida? Ah, isso era muito estranho. Lá estavam Fulano e Sicrano em South Kensington;

> alguém mais em Bayswater; e outro, digamos, em Mayfair. E ela tinha um senso bem contínuo de sua existência; e ela sentia que era um desperdício; e ela sentia que era uma pena; e ela pensava que se ao menos eles pudessem encontrar-se; por isso ela fez isso. E era uma oferta; combinar, criar; mas para quem? (p. 184-85)

Clarissa conhece o valor de seu pensamento, sabe que suas respostas são mais profundas, que são melhores do que as críticas que ela está respondendo. Ela insiste que suas festas são entendidas devidamente como a realocação de forças sociais que agora estão sendo desperdiçadas pela alienação mútua, que são aprimoramentos esperando para acontecer.

Clarissa demonstra o exercício mais elementar do pensamento crítico. Falamos, e então ouvimos a nós mesmos; ouvimos como poderíamos soar para outra pessoa.[23] Tendo obrigado a si própria a explicar-se, ela se pergunta, desde um lugar em seu pensamento que nunca antes alcançara: para quem são oferecidas essas festas?

> Ofertar apenas por ofertar, talvez. De todo modo, era o presente dela. Nada mais para ela tinha a mínima importância; ela não conseguia pensar, escrever, nem mesmo tocar piano. Ela confundia

---

[23] Ver Evan Watkins, *The Critical Act: Criticism and Community*.

armênios e turcos; amava o sucesso; odiava o desconforto; tinha de ser apreciada; falava oceanos de *nonsense*; e, até aquele dia, pergunte-lhe onde ficava o Equador, e ela não sabia.

Ao mesmo tempo, que um dia sucedesse outro; quarta, quinta, sexta, sábado; acordar de manhã; ver o céu; andar no parque; encontrar Hugh Whitbread; e subitamente aparecia Peter; depois aquelas rosas; era o suficiente. Depois disso, como era inacreditável a morte! – que tudo acabasse, e ninguém no mundo inteiro viesse a saber como ela amara tudo aquilo; como, cada instante (...)
A porta abriu. (p. 185)

Clarissa sabe que sua oferta é melhor do que qualquer ser que ela consiga denominar como seu recipiente. Tendo chegado a esse novo ponto, "de todo modo" introduz os demônios do automenoscabo que frustram novos pensamentos. O segundo parágrafo da citação anterior mostra-a voltando para seu sentido de amor à vida, tentando realocar seu pensamento de modo que novamente o leve adiante, mas Elizabeth abre a porta.

O sr. Ramsay provavelmente diria que seu pensamento também sofreu com a interrupção doméstica, mas é improvável que Clarissa compartilhe o senso de virtude de Ramsay por ter sofrido isso heroicamente. Clarissa roubará algum tempo em sua festa para pensar a respeito da vizinha, mas seu próprio automenoscabo garante que ela nunca escreverá para os outros aquilo que sabe.

Clarissa tem de compreender e aceitar "suas festas". No fim, por causa de sua festa, Richard diz a "sua Elizabeth" o quão bonita ela é, ainda que ele não tivesse tido essa intenção, e tanto Sally quanto Peter reconhecem a força de Clarissa ("Porque eis ela ali"), apesar deles mesmos.

As filhas de homens de boa formação, como Clarissa, como a sra. Ramsay e como Lily, são as intelectuais comuns da ficção de Woolf, que se tornam capazes de teorizar ao menos parte de suas circunstâncias. Woolf reencena seu pensamento, a fim de mostrar como os pensamentos comuns acumulam anonimamente pesquisas valiosas sobre o comportamento humano. Woolf redige os resultados, sendo sua beneficiária, sua filha.

O parentesco entre Woolf e seus personagens é mais íntimo em *To the Lighthouse*, como atestado por suas duas primeiras comentadoras: sua irmã Vanessa e a própria Virginia. Em 11 de maio de 1927, Vanessa escreveu a Virginia para dizer que

> pareceu-me que, na primeira parte do livro, você fez um retrato de nossa mãe que é mais semelhante a ela do que qualquer coisa que eu jamais conseguiria imaginar que fosse possível. É quase doloroso vê-la ressuscitada assim dos mortos. Você fez que sentíssemos a extraordinária beleza de sua personalidade, o que há de ser a coisa mais difícil de fazer no mundo. Foi como encontrá-la de novo, mas comigo agora crescida, em termos iguais, e creio que não há

feito criativo mais impressionante do que ter sido capaz de vê-la desse modo. Você também trouxe nosso pai com a mesma clareza, mas talvez, posso estar errada, isso não é tão difícil. Há mais coisas a que se agarrar. Ainda assim, parece-me que essa foi a única coisa a respeito dele que jamais deu uma verdadeira ideia. Então, veja, no que toca à pintura de retratos, você me parece uma artista suprema, e é tão estarrecedor ver-se novamente face a face com eles dois que eu mal consigo pensar em outra coisa. Na verdade, nos dois últimos dias, eu praticamente não consegui ocupar-me das coisas cotidianas.[24]

O texto completo da carta de Vanessa está entrecortado de toques de reserva, de disputa entre irmãos; sua relação foi marcada por rivalidades que duraram a vida inteira e que elas não conseguiam abandonar.[25] Mas Vanessa confessa sem reservas que Virginia agora mudava radicalmente sua maneira de pensar a respeito de seus pais. Dois elementos fundamentais dessa mudança (corroborada pela interpretação do livro feita pela própria Virginia) são que Vanessa sente que seus pais foram ressuscitados dos

[24] *Letters of Virginia Woolf*, p. 572.
[25] "Quando ao fim de outubro [1928] Virginia foi a Cambridge e deu palestras em Newnham e em Girton havia, como lembrou Vanessa, uma atmosfera de triunfo – uma espécie de ovação; John Maynard Keynes apareceu com o que lhe pareceu *realmente* desnecessário, dizendo: "Bem, já não pode haver dúvida sobre quem é agora a irmã famosa!". Quentin Bell, *Virginia Woolf*, p. 140.

capítulo 6 - encontrando o pai   271

mortos e que agora elas os encontra de igual para igual. Em seu diário, Virginia escreveu em 28 de novembro de 1928 (pouco depois de dar as palestras em Newnham e em Girton) que

> A vida dele poderia ter acabado inteiramente com a minha. O que teria acontecido? Não haveria escrita, nem livros; – inconcebível. Eu costumava pensar nele e em mamãe diariamente; mas, enquanto escrevia *To the Lighthouse*, deixei-os de lado. E agora ele volta às vezes, mas de um jeito diferente. (Creio que isso é verdade – que eu era obcecada com ambos, não de maneira saudável; e que escrever a respeito deles era um ato necessário.) Ele retorna hoje mais como um contemporâneo. Preciso lê-lo algum dia. Pergunto-me se consigo sentir de novo, escuto sua voz, sei isso de cor?[26]

Woolf não é sentimental quanto à influência de seu pai; se a vida dele tivesse continuado, isso teria encerrado a dela. Em sua mente, escrever o romance dá a eles o devido enterro.[27] O romance o convidara a retornar a sua mente como um igual, um contemporâneo, alguém que Virginia precisa ler. Então ela imagina como seria recordar o som da voz de seu pai por trás da prosa na página,

---

[26] *Diary of Virginia Woolf*, p. 208.
[27] Analogamente, ao final de *Sons and Lovers*, Paul finalmente reconhece que Gertrude Morel está morta, e que Paul, filho dela, está vivo.

enquanto ele andava de um lado a outro no terraço fora da janela da sala de estar em St. Ives, talvez.

Antes de escrever o romance, os pais dela são a ameaçadora influência que deixa os vivos obcecados com a morte. Woolf representa a principal descoberta dos grandes autores modernos (imediatamente pensamos no romance familiar de Joyce e de Lawrence): que os pais desejam que seus filhos vivam, não que morram. O realinhamento estrutural da rivalidade como igualdade pacífica obtida pela escrita de Woolf é o momento redefinidor do modernismo. Os modernos inicialmente fingem uma integridade autogerada, a fim de proteger-se dos fogos da inveja (*les feux de l'envie*), da psicologia de rivalidade de seus antecessores, cujas vidas, como vividas, encerrariam as deles. Woolf devolve ao baralho essa última cartada fútil de modernização em prol do reconhecimento de que de algum modo ela foi possível graças a essa mãe, a esse pai. Como? E se sua mãe foi capaz de possibilitá-la, por que ela mesma não foi uma Virginia?

A abertura de *To the Lighthouse* deixa claro que tanto mãe quanto filha antecipam o sr. Ramsay.

> "Sim, claro, se não houver problemas quanto a amanhã", disse a sra. Ramsay. "Mas você terá de acordar com as galinhas", acrescentou. (*To the Lighthouse*, p. 9)

O "claro" da sra. Ramsay sugere que James acaba de fazer uma pergunta condicional: se o tempo estará bom o suficiente para que se possa ir até o farol.[28] Por quê? De algum modo, o bom tempo não é um "fato" suficiente para garantir a viagem. Deve haver outras circunstâncias, mercuriais como o clima, que deixam os dois apreensivos. A sra. Ramsay espanta a ansiedade de James falando de sua relação especial, usando sua linguagem especial: ele tem de "acordar com as galinhas".

Logo vemos aquilo que eles temem: o sr. Ramsay joga água em suas esperanças de um dia bonito, de um jeito que excede a fidelidade a um fato meteorológico.[29]

> Houvesse à mão um machado, um atiçador, qualquer arma que fizesse um buraco no peito de seu pai e o matasse, ali mesmo, James o teria pegado. Eram esses os extremos emocionais que o sr. Ramsay inspirava em seus filhos com sua mera presença; de pé, como agora, magro como uma faca, fino como sua lâmina, rindo sarcasticamente, não só pelo prazer de desiludir seu filho e de ridicularizar sua esposa, que era dez mil vezes melhor do que ele em todos os aspectos (na opinião de James), mas também com uma arrogância secreta

---

[28] "Sim, claro" foi acrescentado depois do "Original Holograph Draft" talvez para chamar a atenção para aquilo que James deve ter perguntado a sua mãe; ver *To the Lighthouse: the Original Holograph Draft*, p. 37 (p. 4 do manuscrito).

[29] A tradução francesa não consegue reproduzir essa conversa vívida de mãe e filho: "Il faudra levrait avec (...)". *La Promenade au Phare*, p. 15.

quanto à precisão de seu próprio julgamento. O que ele dizia era verdade. Era sempre verdade. Ele era incapaz de inverdades; nunca alterava um fato; nunca mudava uma palavra desagradável para adequar-se ao prazer ou à conveniência de qualquer ser mortal, muito menos de seus próprios filhos, que, nascidos de sua carne, tinham de saber desde a infância que a vida é difícil; que os fatos não fazem concessões; e que se extinguira a passagem para a terra fabulosa em que estão nossas maiores esperanças, que nossos frágeis gritos são engolidos pela escuridão (e nesse momento o sr. Ramsay esticaria a coluna e apertaria seus olhinhos azuis voltando-se para o horizonte), algo que requer, acima de tudo, coragem, verdade, e força para suportar. (p. 10-11)

James sabe que seu pai usa "fatos" para humilhar mãe e filho. A situação é melodramaticamente (e marcadamente) freudiana. A violência exagerada e teatral das emoções masculinas aqui demonstradas é outro exemplo do emprego cômico da psicologia freudiana por Woolf. A ficção de Woolf constantemente oferece alternativas comuns a interpretações rigidamente freudianas de motivações.[30]

---

[30] James empunha ameaçadoramente uma lâmina contra a de seu pai; depois, o vemos sentado, "impotente", entre os joelhos de sua mãe, segurando um par de tesouras, suas lâminas atadas como os pés de Édipo. Por fim,

A reciprocidade violenta de James com seu pai é fútil, mas a reciprocidade que se segue ao parêntese "(na opinião de James)" não é. A arrogância do sr. Ramsay é um segredo para ele, não para James, porque James parece conhecer a arrogância melhor do que seu pai. A voz que ouvimos enquanto lemos é aquilo que James consegue trazer à mente da voz de seu pai, primeiro indo ao inconsciente por intermédio do mesmo "instinto" que coloca a voz do bedel raivoso na mente de Mary Beton.

Inicialmente, é difícil dizer se estamos ouvindo o que James diz a si mesmo, ou o que o sr. Ramsay diz a si mesmo. Como sempre na ficção de Woolf, isso não é uma mera fetichização da técnica do fluxo de consciência como modernismo atualizado, mas uma medida das consequências mistas da intersubjetividade ou interdividualidade. O que se segue do fato de que frequentemente estamos nas mentes uns dos outros? Como podemos aprimorar o poder restaurador da comunicação, se comunicação é saúde? O que podemos fazer a respeito, quando a "comunicação" doentia nos prejudica?

A voz feita por James é "quase" a mesma que a de seu pai. A diferença que se desenvolve, assim como a diferença entre Woolf apreendendo que um bedel gritou com ela e aquilo que depois demonstra para uma plateia

---

numa pérola de pomposidade literária, James olha o farol (que recebeu intermináveis interpretações freudianas, como bem esperava Woolf) na parte 3 e percebe que o farol não precisa significar uma coisa apenas. Freud oferece a música de fundo adequada para as relações entre o sr. Ramsay e sua família. Se Woolf tivesse podido colocar trilha sonora no romance, ela sem dúvida teria escolhido Wagner.

como se acontecesse a Mary Beton, ou a diferença entre quais privilégios as filhas pedem a seus irmãos, ao longo das gerações sucessivas, é o fundamento da consciência crítica, quando o discipulado imitativo coagido torna-se mímica. Ainda que decidamos que a didascália parentética "(e nesse momento o sr. Ramsay esticaria a coluna e apertaria seus olhinhos azuis voltando-se para o horizonte)" significa que o sr. Ramsay tornou-se um charlatão emocional tão grande que lembra a si próprio de esticar a coluna no mesmo momento em cada performance, é impossível acreditar que uma arrogância secreta pudesse sobreviver a ver os próprios olhos como "olhinhos azuis". A imagem hilariante de seus filhos brotando de sua carne é mais provavelmente outra ridicularização do patriarcado do que qualquer outra coisa que até o sr. Ramsay pudesse dizer a seus filhos sem que fosse expulso do terraço pelos risos.

A parte 3, "The Lighthouse", mostra como James amplia essa compreensão crescente da secreta arrogância do pai e luta com o instinto que possui seu pai. O romance sabe melhor do que James porque primeiro temos de considerar os antecessores de James na luta contra a tirania do sr. Ramsay, como outros tornaram possível sua luta.

> A irracionalidade extraordinária da observação dela, a tolice das mentes femininas, isso tudo o enraivecia. Ele atravessara o vale da sombra da morte, fora dilacerado, tremera; e agora, ela fugia dos fatos, fazia que seus filhos esperassem por aquilo que estava totalmente fora de questão, efetivamente mentindo.

Ele bateu com o pé no degrau de pedra. "Dane-se você", disse. Mas o que ela tinha dito? Apenas que talvez estivesse tudo bem amanhã. Talvez estivesse. Não com o barômetro caindo e o vento para o oeste.

Buscar a verdade com essa impressionante falta de consideração pelos sentimentos alheios, rasgar com tanto descaso, com tanta brutalidade, os finos véus da civilização, era para ela um ultraje tão horrendo à decência humana que, sem responder, estupidificada e enceguecida, ela curvou a cabeça como que para deixar que o golpe do flagelo, o jorro de água imunda, caíssem sobre ela sem reação. Nada havia que dizer. Ele parou ao lado dela em silêncio. Muito humildemente, após certo tempo, ele disse que, se ela quisesse, ele iria perguntar à Guarda Costeira. Não havia ninguém que ela reverenciasse do modo como reverenciava ele. (p. 50-51)

Mais uma vez temos diante de nós o "fato" da raiva masculina, mais forte do que os fatos da natureza. De onde vem a raiva masculina? O ser de Ramsay está obcecado com a instabilidade do prestígio conferido ou recusado ao trabalho intelectual julgado segundo padrões acadêmicos (competitivos). Assim como o narrador de *Madame Bovary*, ele acredita que a decepção é a verdade do desejo humano. James já sabe de cor o discurso pronto de seu pai, que o homem tem de suportar chegar à terra fabulosa em que suas maiores esperanças se afundam. O sr. Ramsay protege com raiva uma verdade metafísica muito particular: ele quer que James reconfirme seu próprio senso de fracasso, que "aprenda" que a ciência meteorológica provará que vai chover no exato dia em que ele quer ir ao farol.

A sra. Ramsay não discorda da "verdade" do sr. Ramsay. Como ele mesmo sabe, ela é mais profundamente pessimista do que ele. Ela parece o Marlow de Conrad, que acredita que a civilização é um fino véu que, ainda bem, nos protege da verdade. A sra. Ramsay não consegue lhe falar, mas ela curva sua cabeça antes de sua erupção, para mostrar-lhe o que ele fez. "Nada havia que dizer" fala por aquilo que o gesto dela diz.

Woolf mostra-nos imediatamente como as relações pessoais são moderadas por formas sociais que funcionam como "instintos", mas como a vontade pessoal pode modificar, por menor que seja, sua força bruta. O romance identifica-se com o grande amor que os Ramsay têm um pelo outro à medida que se desenvolve dentro de um discurso social que hoje reconhecemos como desfigurante. Assim como em *Mrs. Dalloway*, Woolf encontrou um jeito de representar sem idolatria sua gratidão para com aqueles que ela reconhece como seus antecessores, e de mostrar seus limites sem condescendência. "Não conseguíamos" sentir o arrebatamento de subserviência com que a sra. Ramsay ama o sr. Ramsay ("ela sentia que não era digna de atar o cadarço de seu sapato" [p. 51]), mas sua própria vaga insatisfação, talvez articulada para outros, apenas subconscientemente, é a origem de nossa vontade mais eficaz de resistência.

Ao final da parte 1, "The Window", vemos uma importante variação intertextual na incapacidade de Richard Dalloway de dizer a sua esposa "diretamente" que ama "sua Clarissa". Ao fim do dia, o sr. e a sra. Ramsay querem cada um uma coisa do outro; cada qual responde ao desejo do outro de um jeito que é meio-termo entre vontade pessoal e formas sociais internalizadas ou "instintos". A sra. Ramsay quer a força de seu próprio pessimismo, e seu desejo pela viagem de amanhã ao farol, deixada à autoridade de seu marido. "É isso que ela queria – a aspereza da voz dele reprovando-a", que para ambos significa, basicamente, que ninguém vai ao farol amanhã, mas que o casamento dos Rayleys, arranjado por ela, vai dar certo.

O sr. Ramsay quer que sua esposa lhe diga (antes que ele pergunte) que ela o ama. Outros personagens do romance acreditam que aquilo que está errado com os Ramsay é que a sra. Ramsay dá ao sr. Ramsay tudo o que ele quer. O que poderia haver de errado em ela dizer a ele que o ama? Por que ela não consegue?

> Ele conseguia dizer as coisas – ela nunca conseguia. Era tão natural que fosse ele a dizê-las, e depois, por alguma razão, ele subitamente se incomodava com isso, e reclamava com ela. Chamava-a de mulher sem coração; ela nunca lhe dizia que o amava. Mas isso não era verdade – não era verdade. Era só que

> ela nunca conseguia dizer o que sentia.
> Será que não havia um farelo no casaco
> dele? Nada que ela pudesse fazer para
> ele? (p. 185)

"Coisas" designa o buraco negro da linguagem comum, que representa tudo aquilo que os falantes não aguentam representar. Como em Flaubert, o desejo moderno produz sujeitos que aprendem que tudo o que eles não possuem deve ser bom demais para eles, e que, portanto, essas são as únicas coisas que valem a pena possuir. Num mundo patriarcal, em que os homens determinam tudo (aqui, até mesmo o clima, a última fronteira referida em *A Room*, é apropriado, se não controlado), não há espaço livre em que uma mulher possa dizer a um homem que queira ouvir, de vontade própria, que ela o ama. Para o sr. Ramsay, isso se torna a única coisa que vale a pena possuir, mas esse desejo inevitavelmente rima com todas as ordens coercivas pronunciadas pelos homens em geral. Seria mais fácil indicar seu amor servindo-o.

> Você não vai me dizer nem uma vez
> que me ama? Era nisso que ele estava
> pensando, porque estava agitado, havia
> Minta, havia o livro dele, e já era o fim
> do dia, e eles tinham brigado a respeito
> de ir ao farol. Mas ela não conseguia
> fazê-lo; ela não conseguia dizê-lo.
> Então, sabendo que ele a estava observando, em vez de dizer qualquer coisa,
> ela se virou, segurando sua meia-calça,
> e olhou para ele. E, olhando para ele,

> começou a sorrir, porque ainda que ela não tivesse dito nada, ele sabia, claro que sabia, que ela o amava. Ele não poderia negar isso. E, sorrindo, ela olhou para fora da janela e disse (pensando consigo, nada no mundo se compara a essa alegria).
> "Sim, você tinha razão. Amanhã vai chover. Você não vai poder ir." E ela olhou para ele sorrindo. Porque ela triunfara novamente. Ela não tinha dito nada: mesmo assim ele sabia.
> (p. 185-86)

Vemos a íntima mistura de condições habitadas pelas relações de gênero. O desejo do sr. Ramsay de ouvir que sua esposa o ama é "provocado" por Minta, por seu livro, pela briga, pelo fim do dia. O ato fundamental de resistência da sra. Ramsay à tirania patriarcal está inextricavelmente entrelaçado com o grande amor que os Ramsay têm um pelo outro. Tanto seu amor quanto sua resistência contínuas são expressos por meio do desafio do privado que Woolf lança a si própria, de fazer que o romance transmita seus momentos mais apaixonados por meio do assunto de conversa mais trivial do mundo: o clima.

A linguagem comum de Woolf é cuidadosa: a sra. Ramsay "não conseguia" dizer-lhe. Antes que ela jamais conseguisse dispor-se a não consentir ainda mais com as exigências do sr. Ramsay, ela tinha de encontrar o lugar onde não conseguia consentir. A consciência emerge da resistência primária, quando o ser está em jogo.

A sra. Ramsay desapareceria, assim como a sra. Bradshaw, se cedesse aqui.

O romance não mostra nenhum pensamento de desacordo do sr. Ramsay. A vontade da sra. Ramsay tem força suficiente para falar por ambos, interdividualmente. Estamos ouvindo as asserções mentais da sra. Ramsay silenciando completamente as dúvidas e o desejo dele. Que ela tenha "triunfado novamente" sugere os limites de seu triunfo e os limites de qualquer consciência opositiva resultante: será que todo triunfo depende da deferência verbal dela, como quando ela aceita, nesse momento, a previsão do tempo dele? E por que o sr. Ramsay não sabe de verdade que ela o amava, desde o último triunfo dela? Por que ele continua perguntando? Ou será que seu pedido é na verdade uma súplica por simpatia, que ele finge não se sentir amado por ela a menos que ela diga o contrário?

Parte da fidelidade de Woolf à experiência humana é mostrar o valor provisório e temporário de todas as situações de reciprocidade. A resposta retardada do sr. Ramsay ao triunfo dela em amá-lo além de seus limites é reunir aqueles que são deixados dez anos depois para forçá-los a ir ao farol no dia seguinte. Lily, James e Cam herdam a responsabilidade de opor-se à tirania do sr. Ramsay. Ao fim do romance, cada qual se reconciliou com os Ramsay, de um modo que antecipa a reconciliação que Vanessa e Virginia recebem de *To the Lighthouse*: coexistindo com seus pais como iguais, não como rivais.

Não é em coexistência que fica James, perto do leme, esperando por seu pai, a fim de responsabilizá-lo pessoalmente pela falta de vento para velejar para o farol.

Ele sempre guardara esse velho símbolo de pegar uma faca e atacar seu pai na altura do coração. Agora, porém, à medida que ele envelhecia, e ficava sentado observando seu pai numa raiva impotente, não era ele, aquele velho a ler, que ele queria matar, mas sim a coisa que descendia sobre ele – talvez sem que ele soubesse: aquela harpia súbita, feroz, de asas nas costas, com suas garras, com seu bico, todos frios e duros, que atacava e atacava (ele conseguia sentir o bico em suas pernas nuas, onde atacara quando ele era criança), e então ia embora, e lá estava ele de novo, um velho, muito triste, lendo seu livro. Ele mataria, ele atacaria no coração (...) a tirania, o despotismo, dizia – obrigando as pessoas a fazer o que não queriam, cortando seu direito de falar. Como é que qualquer um deles poderia dizer "Não vou", quando ele dizia "Vamos ao farol, Faça isso, Pegue aquilo para mim". As asas negras se abriam, e o bico duro rasgava. E então na manhã seguinte, lá estava ele lendo seu livro, e ele poderia melhorar – nunca se sabia – bem razoavelmente. (p. 273-74)

Como sempre se permite à raiva que se explique a si mesma como motivo psicológico autossuficiente, toda expressão de opinião masculina, de qualquer força, sempre traz a ameaça potencial de uma violência súbita e inexplicável. A violência é sagrada. A violência do pai provoca a violência recíproca do filho; a surpresa da súbita raiva de um pai pacífico faz que a memória do filho exagere de maneira mítica a violência fundadora e também sua resposta imaginada: bicos e cimitarras tomam o lugar dos galhos e das tesouras, mais familiares. A versão enganadoramente comum do duplo vínculo (*double bind*) criado no filho pelo amor e pela raiva que se alternam no pai apreende a conexão de Girard da psicologia interdividual com a antropologia fundadora e com *l'écriture judéo-chrétienne* de modo não acessível por meio de uma releitura mimética de Freud. Woolf sabe que o afeto do pai, e não o ódio, opera a tirania sobre a sra. Ramsay, e agora sobre Cam, sobre James e até sobre Lily.

Para James, seu pai é o *tyrannos* cujas tradições violentas têm de ser combatidas em todo lugar onde ocorrem. Isso seria, é claro, a batalha ideológica contra "o patriarcado", o bode expiatório de todo teórico. Se aprendermos a lutar como Woolf, então, por conseguinte, aquilo que podemos ganhar é outro tipo de pai internalizado, a memória viva de um pai amoroso, também (potencialmente) em toda parte. Se a violência do pai é uma influência cultural fundadora porque vem necessariamente antes da do filho, o mesmo vale para o amor do pai.

James começa bem, tentando pensar além da reciprocidade fútil de um parricídio imaginário. Ele compreende que sua resistência tem de voltar-se para a "coisa" que não precisa ser seu pai, o "instinto" que anseia por dominar o ser do outro. Mas ele não encontrou o jeito.

Lá estava ele sentado com sua mão
na cana do leme, sob o sol, olhando

> o farol, sem conseguir se mexer, sem conseguir afastar aquelas manchas de tristeza que se firmavam em sua mente uma após a outra. Parecia que uma corda o amarrava ali, e que seu pai havia dado-lhe um nó, e que ele só conseguiria escapar pegando uma faca e mergulhando-a (...) Mas naquele momento a vela lentamente deu a volta, lentamente encheu-se, o barco pareceu sacudir-se, e então a mover-se semiconsciente em seu sono, e então acordou e rompeu as ondas. O alívio foi extraordinário. Todos pareciam cair um para longe do outro novamente e a estar à vontade, e as linhas de pesca curvavam-se retesadas pelo lado do barco. Mas seu pai não se agitara. Ele apenas levantou sua mão direita de modo misteriosamente alto no céu, e deixou-a novamente cair em seu joelho, como se ele estivesse conduzindo uma sinfonia secreta. (p. 278-79)

Jane Marcus defendeu que Woolf era uma autora socialista dedicada a dissolver a família patriarcal,[31] mas Woolf não queria que os filhos ficassem sem pais e sem mães. "Não podemos, ao que parece, deixar as crianças correr soltas pelas ruas. As pessoas que as viram correndo soltas na Rússia dizem que não é algo bonito de se ver" (p. 22). Para James, para Cam e para Lily, acontece algo fortuito,

---

[31] Marcus, *Virginia Woolf and the Languages of Patriarchy*.

enquanto eles pensam em seu pai, além daquilo que eles sabem fazer por si próprios, que redefine, ao menos por um momento, sua relação com o sr. Ramsay: como eles poderiam viver com o pai em paz, não em conflito. Eles veem aquilo que Woolf viu que permitiu que ela escrevesse este livro, aquilo que a crítica contemporânea não ousa nos deixar ver, um patriarca misteriosamente reconfigurado para abençoá-los, não para tiranizá-los.

Como afirmei, Woolf já sabia como culpar o patriarcado por oprimir as mulheres. Ele *oprime*, mas ela conseguiu reconhecer como ele também pode (numa medida bem menor) apoiá-las. Se ela tivesse aceitado a versão de bode expiatório dos patriarcas proposta pela teoria feminista contemporânea, ela mesma seria impossível de explicar. Woolf quer recuperar o grande desejo que todos os pais têm por todos os seus filhos: que eles vivam em paz, como um recurso cultural precioso demais para ser desprezado.

Cam tem lembranças calorosas e vívidas dos cheiros e das sensações do estudo masculino cuidadoso. Ela sabe que, às vezes, quando os pais perguntam se há alguma coisa que você queira, a intenção deles é ajudar. Cam vê-se aceitando a voz de seu pai, e seu amor, ao repetir as palavras de seu pai: "como perecemos, cada qual por si".

Quando eles chegam ao farol, James e Cam veem juntos esse outro pai.

> Ele se levantou e ficou na proa do navio, bem ereto e alto, para que o mundo inteiro visse, pensou James, como se ele

estivesse dizendo "Deus não existe", e Cam pensou, como se ele estivesse saltando para o espaço, e os dois levantaram-se para segui-lo quando ele pulou, com a leveza de um jovem, segurando seu pacote, em cima da pedra. (p. 308)

O romance guarda para Lily os últimos conflitos, a última palavra. Quando o sr. Ramsay pergunta a Lily se pode pegar alguma coisa para ela, é preciso enxergar que ele estava pensando em si mesmo.

> Imediatamente, com a força de uma erupção primal (porque na verdade ele não conseguia mais se conter), veio dele um gemido tal que qualquer outra mulher no mundo teria feito algo, dito algo – todas menos eu, pensou Lily, escarnecendo de si amargamente, eu que não sou mulher, mas provavelmente só uma donzelona irritadiça, mal-humorada, seca. (p. 226)

Ramsay não está brandindo uma árida cimitarra; Lily está criticando a si própria. Acabamos de ouvir o que pensa esse bedel: "Ela parecia um pouco fina, magricela; mas não deixava de ser atraente. Ele gostava dela" (p. 255). Lily vê-se de um modo pior do que ele, e assume responsabilidade por sua insatisfação. A palavra mais importante vem no fim, "provavelmente". Lily "quase" aceita como um dado aquilo que o sr. Ramsay "deve" pensar, até ouvir tudo até o fim. Sua última palavra identifica que essas críticas pertencem às presunções de algum observador (ele, talvez).

Em *Three Guineas* Woolf recomenda que as mulheres entrem para uma sociedade de marginais que se recusam a participar nos mecanismos de espelho do patriarcado. Lily é sua predecessora anônima e necessária. Lily "não conseguia" dar ao sr. Ramsay a simpatia que ele queria. Ela não consegue servir de espelho para o desejo ansioso do sr. Ramsay. Como Lily os salva da degradação? Gritando (desesperada) a respeito das botas do sr. Ramsay. Ela fortuitamente chegou a um terreno que divide igualmente com ele. (O sr. Bankes sempre admirou os sapatos adequados de Lily.) O sr. Ramsay abaixa-se duas vezes para amarrar os sapatos de Lily; é impossível aos leitores não recordar a sra. Ramsay ("ela sentia que não era digna de atar o cadarço de seu sapato"). Enquanto o sr. Ramsay sai para o farol, a simpatia de Lily por ele é libertada, quando ele não precisa mais dela.

> E então, ela recordou, houve aquela súbita revivificação, aquele súbito brilho (quando ela elogiou as botas dele), aquela súbita recuperação de vitalidade e de interesse por seres humanos comuns, que também passavam e que também mudavam (afinal, ele estava sempre mudando, e não escondia nada), chegando àquela outra fase final que era nova para ela e que tinha, como ela admitia, feito que ela se envergonhasse de sua própria irritabilidade, quando parecia que ele tinha se libertado das preocupações e das ambições, e que a esperança de simpatia e o desejo de elogios, que ele tinha entrado em outra região, que tinha

> sido levado, como que pela curiosidade, numa conversa muda, fosse consigo mesmo ou com outra pessoa, no início daquela pequena procissão para fora do próprio alcance. (p. 233)

Lily reconhece no sr. Ramsay o bom pai que sua resistência ajudou a recuperar. Esse pai, que lidera os outros, abençoa o trabalho dela ao final.

As circunstâncias de seu retorno fazem que seja inevitável que todos sintam a falta da sra. Ramsay. Mas Lily, como qualquer modernista, aprecia sair da esfera de influência dela.

> Mas os mortos, pensou Lily, defrontando-se com algum obstáculo em seu plano, que a fazia parar e pensar, andando para trás coisa de trinta centímetros, ah, os mortos!, murmurava, tinha-se pena deles, deixava-se eles de lado, tinha-se até um certo desprezo por eles. Estão à nossa mercê. A sra. Ramsay fenecera e sumira, ela pensou. Podemos passar por cima dos seus desejos, aprimorar suas ideias limitadas, obsoletas. (p. 260)

Isso poderia ser chamado de modernização ordinária, uma versão laicizada da teoria dominante. Mas a obsolescência que ela atribui a sra. Ramsay é apenas temporária, talvez um reflexo do incômodo transferido para o obstáculo em seu projeto. Ao final desse capítulo, Lily está perturbada, porque não consegue invocar o espírito da sra. Ramsay, fazendo que ele retorne a ela.

Lily consegue acomodar provisoriamente os dois Ramsay em sua pintura, no momento em que julga que o sr. Ramsay chegou ao farol. Ela encontrou um modo de representar a força dos Ramsay no centro de sua pintura, a linha para ambos ficando onde ficava o triângulo (mimético), formulaico de mãe e filho. O pretérito mais que perfeito ("tivera minha visão") indica que a visão já acabou. Assim como os romances de Woolf, o "triunfo" de qualquer pintura é provisório, porque ela tem de enfrentar novamente o espaço branco da tela, que para Woolf é a página em branco da próxima obra.

Agora sabemos que Lily tem em mente fazer outra pintura da sra. Ramsay no futuro, o que se aproxima mais da ressurreição realizada por Woolf:

> Ela deixou suas flores caírem da cesta, espalhou-as ao léu na relva e, relutantemente, hesitantemente, mas sem fazer perguntas nem reclamações – não possuía ela também a faculdade da obediência perfeita? – foi também. Pelos campos, pelos vales, brancos, com flores aqui e ali. As colinas eram austeras. Pedregosas. Íngremes. As ondas soavam roucas nas pedras abaixo. Eles foram, os três juntos, a sra. Ramsay andou bem rápido na frente, como se esperasse encontrar alguém ao virar a esquina. (p. 299)

A sra. Ramsay também está à frente de um pequeno grupo, talvez Lily e Charles Tansley, talvez Prue e Andrew. Essa é a sra. Ramsay ativa, com consciência social, que queria ser algo mais do que uma Madonna admirada. Se a explicação de Lily a Bankes soa verdadeira para ele, de que a sra. Ramsay pode ser representada sem ser diminuída como um triângulo escuro,[32] também havia um elemento de escapismo na fidelidade de Lily à forma abstrata. Quando ela se sentiu excluída da paixão de "The Rayleys", ela disse a si mesma que "não precisava suportar aquela degradação. Ela tinha sido poupada daquela diluição. Ela colocaria a árvore um tanto mais para o meio" (p. 154). Mas o sofrimento de Lily pela perda da sra. Ramsy significa que ela não pode ser considerada um exemplo da desumanidade da abstração formal moderna. Ela ficou mais perto dos grandes dons de identificação de Woolf e permitiu que mais daquilo que sente pela sra. Ramsay entrasse em seu trabalho.

A maneira como Lily coordenou o término de sua obra com o sr. Ramsay, com o próprio fim do romance, sugere fortemente a identificação de sua obra com a obra da própria Woolf. Ela é aquele tipo de antecessora anônima que possibilita que Woolf recupere a maldição de seu pai como uma bênção. Mas isso não nos explica por que logo Woolf, dentre todos os autores, reinvestiu essas figuras patriarcais de mistério, contra a corrente da desmistificação crítica moderna. O romance até dá um jeito de colo-

---

[32] É *sim* uma grande realização, porque a sra. Ramsay acha que a imagem particular de sua consciência, um núcleo de trevas em forma de cunha, é invisível aos demais.

car o sr. Carmichael no final arrastando sua masculinidade confortante, expelindo água-marinha, como Proteu.

Nos primeiros textos judaico-cristãos, o cuidado de um pai por seus filhos era proverbial e poderia ser usado para explicar revisões quase incompreensíveis do conceito de uma divindade raivosa e ciumenta. "Se seu filho pedir-lhe um pão, você lhe dará uma pedra?" aparentemente só permitia uma resposta: a do pai amoroso.

Por que o mundo moderno é diferente? Para Stephen Dedalus, não é um "fato simples" (apesar de lhe dizerem isso) que Deus Pai amou sua alma antes que ele nascesse. Ele também não é movido a identificar-se com seu próprio pai, quando Simon, querendo aproximar-se de seu filho, fala do quanto ele e o pai dele gostavam um do outro.

O feminismo é muitas vezes lido com outras formas contemporâneas de interpretação: os interesses das mulheres são considerados por teorias marxistas, psicológicas, e por outras teorias contrárias à opressão. Com menor frequência o feminismo é visto como forma de modernização cultural. O feminismo, assim como outros sistemas interpretativos modernos, é desconstrutivo em seu método, sempre dizendo ao analisando o que ele não sabe sobre seu próprio comportamento. *Madame Bovary* e *Dubliners* mostram-nos como funciona a interpretação moderna: a pior construção atribuída às intenções de uma pessoa é a que tem mais chances de ser considerada verdadeira, sob o risco de parecermos sentimentais, românticos, grosseiros. O grande movimento desconstrutivo do feminismo é extirpar a cumplicidade com o patriarcado, é denunciar a má-fé dos pais por toda parte.

Jane Marcus escreveu de modo convincente sobre como foi a maternidade, não a paternidade, que possibilitou Woolf como intelectual literária. As mulheres que ajudam Woolf a virar escritora são alheias à família patriarcal. Clara Pater, Janet Case, Violet Dickinson, Caroline Stephen, Margaret Llewelyn Davies são algumas das "solteironas e freiras" que tornam Woolf possível.[33]

Por mais esclarecedor que seja o texto de Marcus, há dois problemas que indicam que não podemos deixar essa explicação do modo como está. Primeiro, de onde vieram todas essas mulheres maravilhosas, se a análise feminista do patriarcado assassino da alma sugere que foram necessárias (pelo menos) cinco mulheres para fazer uma Virginia? Segundo, o que fazer com *To the Lighthouse*, e com seu olhar sentimental diante da família? Se Jane Marcus está certa, onde estão no romance as tias solteironas que geram uma Virginia?

O que poderia ser mais desafiador para uma feminista como Woolf do que admitir esses elementos de reciprocidade positiva entre ela e seu pai, diante da consciência crítica dominante, que desconstrói toda motivação até atingir seus fundamentos? Sem admitir os pais, as feministas propõem que elas mesmas são autogeradas, o que é a doença do modernismo. Woolf nos propõe um novo feminismo sem rivalidade e sem violência.

---

[33] Jane Marcus, *Virginia Woolf and the Languages of Patriarchy.*

conclusão

Violência e Modernismo: Ibsen, Joyce e Woolf amalgama dois de nossos mais abrangentes teóricos dos estudos literários: Northrop Frye e René Girard. O período de maior influência de Frye foram os anos 1950 e 1960 – *Anatomy of Criticism* (1957) dominou os estudos literários porque sua ideia de "literatura como um todo" *funcionava*. Os padrões ou arquétipos de Frye mostravam a semelhança estrutural de todas as obras literárias de todos os períodos. Além disso, ele mostrou que esses padrões poderiam ser colocados em sequência histórica, classificando-os de acordo com o poder de ação do herói. Nos primeiros períodos, que podemos chamar de nossos mitos literários, os heróis são quase deuses, se não deuses, capazes de fazer coisas extraordinárias. À medida que passamos para o período moderno, eles ficam mais parecidos conosco – heróis irônicos, de fato.

Se Frye inicialmente manteve seu compromisso com as escrituras judaico-cristãs em separado, sua hipótese da literatura como um todo nunca foi desprovida de motivo.[1]

---

[1] "E, como alguns daqueles que escrevem a meu respeito ainda afirmam que

A literatura apresentava "fábulas de identidade". O motivo para a metáfora era o sonho perene do gênero humano de identidade entre os mundos humano e natural, cidades douradas e jardins verdejantes que dessem forma comum à cultura humana. Ainda que houvesse muitas oportunidades de relacionar seu pensamento com outros desenvolvimentos, a influência de Frye diminuiu à medida que o seguir tornou-se mera anatomia, o perpétuo reencontro dos mesmos padrões na literatura. A ascensão e o declínio de Frye talvez sejam o exemplo perfeito da liderança cultural determinada pela modernização.

René Girard sugeriu que as culturas primitivas se assemelham no mito e no ritual porque todas recorreram ao mesmo mecanismo para o controle da violência humana: o mecanismo do bode expiatório, que faz que todos concordem que têm o mesmo inimigo. A versão do Girard do desenvolvimento do mundo moderno a partir do antigo é a desconstrução das práticas de vitimação do bode expiatório, uma preocupação crescente com as vítimas unanimemente acusadas. O ritual acusa uma única pessoa por tudo que dá errado, mas nós ficamos cada vez mais preocupados com aqueles a quem todos acusam. Girard nos recorda de que o nosso período é o único da história humana em que as vítimas têm direitos.

Primeiro de tudo, há semelhanças importantes. Ambos se baseiam nos textos judaico-cristãos, ambos veem uma

ignoro a referência social da crítica literária, o subtítulo chama a atenção daqueles que me leem para o fato de que eu praticamente não escrevi sobre outra coisa." Northrop Frye, *The Stubborn Structure: Essays on Criticism and Society*, p. x.

preocupação com os mais fracos crescendo ao longo da história literária, à medida que passamos ao período moderno.[2] Ibsen, Joyce e Woolf corroboram essa hipótese gerada a partir de Frye e de Girard, mas também contribuem para ela.

Ibsen está interessado na notável deformação dessa preocupação com as vítimas: o modo como os líderes públicos qualificam-se para a preocupação e para a aprovação do público por meio de atos aparentes e calculados de autossacrifício. Ele mostra que padrão do ritual primitivo ainda opera no mundo moderno, explorado pelos políticos e pelos líderes que buscam a "preocupação" e o apoio da multidão.

"The Dead" encerra os tristes episódios humanos de *Dubliners* e prepara as bases para a grande escrita de Joyce ao concentrar-se numa mulher que lamenta que seu rapaz, *não porque ela pediu*, sacrificou-se. Gretta quer um homem que viva com ela, não que morra por ela. Joyce percebe que a Irlanda também demanda autossacrifício de seus líderes, e explica inequivocamente em sua ficção por que seu herói se recusa a sacrificar-se, escolhendo viver e não morrer por seu país, e guardar-se, mesmo no final de *Ulysses*, porque não encontrou uma mulher como Gretta Conroy ou como Nora Barnacle em 16 de junho.

Woolf explora outra parte dos problemas modernos causados pelo cuidado com as vítimas, outro modo como

---

[2] Sua obra antecipa de modo notável a análise de Gianni Vattimo do enfraquecimento do ser, segundo Martin Heidegger enquanto *pensiero debole*; ver especialmente Gianni Vattimo, *Belief*, 1999, e Jacques Derrida e Gianni Vattimo (orgs.), *Religion*, 1998.

a compreensão que deveria nos compelir a acabar com a violência para sempre é sequestrado pela violência. Woolf herda do feminismo de sua época o reconhecimento de que os homens impossibilitam que as mulheres escrevam e pensem – elas são as vítimas do patriarcado. Ela está sempre disposta a colocar os homens no tribunal por aquilo que fizeram, mas ela também percebe que essa hipótese não pode explicar sua própria força – como foi que o patriarcado criou uma Virginia? E, mesmo que Virginia tenha sido criada primariamente por mulheres, como elas foram possíveis em condições sociais ainda piores?

Além disso, ela luta com o que é talvez o último vestígio da perseguição do bode expiatório: acusar os outros sem parar de perseguir bodes expiatórios. Ela reconhece a dificuldade primária do feminismo, que precisa empregar esse modo acusatório para obter justiça num sistema judicial, mas que também aprisiona a mente no ressentimento, afastando-a da liberdade de pensar nas coisas em si mesmas. O melhor momento de *A Room of One's Own* é quando Woolf se liberta da raiva vingadora.

As ficções de Woolf dão publicidade aos tipos de mulheres comuns que a tornaram possível. Assim, sua posição é simultaneamente pré-feminista, para mostrar como o feminismo tornou-se uma possibilidade, e pós-feminista, para demonstrar como seria o pensamento livre, além da necessária garantia dos direitos num sistema judicial, em que é preciso acusar os acusados. *To the Lighthouse* é a realização suprema, mostrando também como Virginia pôde descender do pai e também das mães. "Chegou a hora de nos perdoarmos mutuamente. Se esperarmos mais, o tempo não será suficiente." (René Girard, *The Scapegoat*, p. 212) O perdão, como normalmente o entendemos, exige uma acusação prévia, mas Woolf, de modo magnífico, nos proporciona (de algum jeito) o lugar além do perdão.[3]

Usamos o termo *textos judaico-cristãos* ao longo do livro para mostrar as escrituras paralelas seculares e sagradas fundindo-se no período moderno. Está mais do que na hora de reler essa tradição como abraâmica, outro termo que foi sequestrado de seu senso originário de superação do sacrifício humano. Se esperarmos mais, o tempo não será suficiente.

---

[3] Ver Jacques Derrida, *On Cosmopolitanism and Forgiveness*, 2001.

referências bibliográficas

ANDERSON, C. G. "The Sacrificial Butter". *Accent* 12, inv. 1952, p. 3-13.
ATKINSON, Frank. *Dictionary of Literary Pseudonyms*. Londres: Clive Bingley, 1982.
BAKOUNINE, Michel. *Dieu et l'État*. Genebra: Imprimeria Jurassienne, 1882.
BELL, Quentin. *Virginia Woolf*. Nova York: Harcourt Brace Jovanovich, 1972.
BLY, Robert. *Selected Poems*. Nova York: Harper and Row, 1986.
BOOTH, Wayne. *The Rhetoric of Fiction*. Chicago: University of Chicago Press, 1961.
BOWEN, Zack. "Joyce's Prophylactic Paralysis: Exposure in *Dubliners*". *James Joyce Quarterly* 19, n. 3, prim. 1982, p. 257-73.
BRADLEY, Bruce. *James Joyce's Schooldays*. Nova York: St. Martin's Press, 1982.
BRANDABUR, Edward. *A Scrupulous Meanness*. Urbana: University of Illinois Press, 1971.
BURKERT, Walter. *Structure and History in Greek Mythology and Ritual*. Berkeley: University of California Press, 1979.
_____. *Homo Necans*. Berkeley: University of California Press, 1983.
_____. *Greek Religion*. Cambridge: Harvard University Press, 1985.

Byock, Jesse. *Feud in the Icelandic Saga.* Berkeley: University of California Press, 1982.

Campbell, Berkeley. "The Old Watchman". *Irish Homestead* 10, 2 jul. 1904, p. 554-57.

Caramagno, Thomas C. *The Flight of the Mind.* Berkeley: University of California Press, 1992.

Carens, James F. "Some Points on Poynts and Related Matters". *James Joyce Quarterly* 16, prim. 1979, p. 344-46.

Cook, Eleanor et al. (orgs.). *Centre and Labyrinth.* Toronto: University of Toronto Press, 1983.

Denham, Robert. *Northrop Frye: an Annotated Bibliography of Primary and Secondary Sources.* Toronto: University of Toronto Press, 1987.

Denson, Alan. *Printed Writings by George W. Russell (A.E.): a Bibliography.* Evanston: Northwestern University Press, 1961.

Derrida, Jacques. *Dissemination.* Trad. Barbara Johnson. Chicago: University of Chicago Press, 1981.

_____. *On Cosmopolitanism and Forgiveness.* Trad. Mark Dooley e Michael Hughes. Nova York: Routledge, 2001.

Derrida, Jacques e Vattimo, Gianni (orgs.). *Religion.* Stanford: Stanford University Press, 1998.

Detienne, Marcel e Vernant, Jean-Pierre. *Les Ruses de l'Intelligence.* Paris: Flammarion, 1974.

Doty, William G. *Mythography.* University: University of Alabama Press, 1986.

Dumouchel, Paul (org.). *Violence and Truth: on the Work of René Girard.* Stanford: Stanford University Press, 1988.

Dumouchel, Paul e Dupuy, Jean Pierre. *L'Enfer des Choses: René Girard et la Logique de l'Economie.* Paris: Grasset, 1982.

Ellmann, Richard. *James Joyce.* Ed. nova e rev. Nova York: Oxford University Press, 1982.

EPSTEIN, Edmund L. "Hidden Imagery in James Joyce's 'Two Gallants'". *James Joyce Quarterly* 7, ver. 1970, p. 369-70.
FERRIS, Kathleen. *James Joyce and the Burden of Disease*. Lexington: University of Kentucky Press, 1995.
FISCHER, Therese. "From Reliable to Unreliable Narrator: Rhetorical Changes in Joyce's 'The Sisters'". *James Joyce Quarterly* 9, out. 1971, p. 85-92.
_____. *Bewusstseindarstellung im Werk von James Joyce von Dubliners zu Ulysses*. Frankfurt: Athenäum Verlag, 1973.
FISCHER-HOMBERGER, Esther. "Hysterie und Misogynie – ein Aspekt der Hysteriegeschichte". *Gesnerus* 26, n. 1-2, 1969, p. 117-27.
FRAZER, James George. *The Golden Bough*. 12 v. Londres: Macmillan, 1911-1915.
FREUD, Sigmund. *Das Ich und das Es*. Leipzig: Internationaler Psychoanalytischer Verlag, 1921.
_____. *Massenpsychologie und Ich-Analyse*. Leipzig: Internationaler Psychoanalytischer Verlag, 1921.
_____. *The Standard Edition of the Complete Psychological Works of Sigmund Freud*. Trad. James Strachey. v. 19. Londres: Hogarth Press, 1961.
FRYE, Northrop. *Anatomy of Criticism*. Princeton: Princeton University Press, 1957.
_____. *The Educated Imagination*. Bloomington: Indiana University Press, 1964.
_____. *The Stubborn Structure: Essays on Criticism and Society*. Ithaca, NY: Cornell University Press, 1970.
GABLER, Hans Walter. "The Seven Lost Years of *A Portrait of the Artist as a Young Man*". *Approaches to Joyce's Portrait*. Eds. Thomas F. Staley e Bernard Benstock. Pittsburgh: University of Pittsburgh Press, 1976, p. 25-60.
GANS, Eric. *The Origin of Language: a Formal Theory of Representation*. Berkeley: University of California Press, 1981.

_____. *Originary Thinking: Elements of Generative Anthropology.* Stanford: Stanford University Press, 1993.

GERNET, Louis. *The Anthropology of Ancient Greece.* Trad. John Hamilton e Blaine Nagy. Baltimore: Johns Hopkins University Press, 1981.

GIRARD, René. *Mensonge Romantique et Vérité Romanesque.* Paris: Bernard Grasset, 1961.

_____. *Deceit, Desire and the Novel.* Baltimore: Johns Hopkins University Press, 1965.

_____. *Violence and the Sacred.* Trad. Yvonne Freccero. Baltimore: Johns Hopkins University Press, 1977.

_____. *To Double Business Bound.* Baltimore: Johns Hopkins University Press, 1978.

_____. *La Violence et le Sacré.* Paris: Bernard Grasset, 1972.

_____. *Le Bouc Émissaire.* Paris: Bernard Grasset, 1982.

_____. *Things Hidden since the Foundation of the World.* Stanford: Stanford University Press, 1987.

_____. *Job: the Victim of His People.* Stanford: Stanford University Press, 1988.

_____. *Theatre of Envy.* Stanford: Stanford University Press, 1992.

_____. *Je Vois Satan Tomber Comme l'Éclair.* Paris: Grasset, 1999.

_____. *Celui par qui le Scandale Arrive.* Paris: Desclée de Brouwer, 2001.

GOHLKE, Madelon. "'I Wooed Thee with My Sword': Shakespeare's Tragic Paradigms". *Representing Shakespeare: New Psychoanalytic Essays.* Orgs. Murray M. Schwartz e Coppélia Kahn. Baltimore: Johns Hopkins University Press, 1996, p. 170-87.

GOODHART, Sandor. "Lestas Ephaske: Oedipus and Laius's Many Murderers". *Sacrificing Commentary: Reading the End of Literature.* Baltimore: Johns Hopkins University Press, 1996, p. 13-41.

GRAVES, Robert. *Greek Myths*. Harmondsworth: Penguin Books, 1972.
GRIVOIS, Henri. "Adolescence, Indifferentiation, and the Onset of Psychosis". Trad. William A. Johnsen. *Contagion* 6, prim. 1999, p. 104-21.
HAAKONSEN, Daniel. "The Function of Sacrifice in Ibsen's Realistic Drama". *Ibsen Yearbook* 8, 1965-1966, p. 20-40.
HAMERTON-Kelly, Robert (org.). *Violent Origins*. Stanford: Stanford University Press, 1987.
HARRISON, Jane. *Prolegomena to the Study of Greek Religion*. Londres: Cambridge University Press, 1927.
HENKE, Suzette e UNKELESS, Elaine (orgs.). *Women in Joyce*. Urbana: University of Illinois Press, 1982.
HINCHCLIFFE, Michael. "The Error of King Lear". *Actes du Centre Aixois de Recherches Anglaises*. Aix: Université de Provence, 1980.
IBSEN, Henrik. *The Collected Works of Henrik Ibsen*. Ed. e trad. William Archer. v. 6. Nova York: Charles Scribner's Sons, 1906.
_____. *The Oxford Ibsen*. Ed. e trad. James Walter McFarlane. v. 5. Londres: Oxford University Press, 1961.
_____. *Ibsen: Letters and Speeches*. Ed. Evert Sprinchorn. Nova York: Hill and Wang, 1964.
_____. *The Complete Major Prose Plays*. Trad. Rolf Fjelde. Nova York: Farrar Straus Giroux, 1978.
_____. *Nutidsdramaer*. Oslo: Gyldendal Norsk Forlag, 1989.
JACOBUS, Mary. "Is There a Woman in This Text?". *New Literaty History* 14, out. 1982, p. 117-41.
JAEGER, Henrik. *The Life of Henrik Ibsen*. Trad. Clara Bell. Londres: William Heineman, 1890.
JOHNSEN, William A. "Madame Bovary: Romanticism, Modernism, and Bourgeois Style". *MLN* 94, 1979, p. 843-49.

_____. "The Sparagmos of Myth is the Naked Lunch of Mode: Modern Literature as the Age of Frye and Borges". *Boundary 2*, out. 1980, p. 297-311.

_____. "Joyce's *Dubliners* and the Futility of Modernism". *James Joyce and Modern Literature*. Eds. W. J. McCormack e Alistair Stead. Londres: Routledge and Kegan Paul, 1982, p. 5-22.

_____. "The Moment of *The American* in l'Écriture Judéo-Chrétienne". *Henry James Review* 10, n. 3, prim. 1984, p. 216-20.

_____. "Textual/Sexual Politics in 'Leda and the Swan'". *Yeats and Postmodernism: Contemporary Essays in Criticism*. Ed. Leonard Orr. Syracuse, NY: Syracuse University Press, 1992, p. 80-89.

_____. "The Treacherous Years of Postmodern Poetry in English". *Forked Tongues: Comparing Twentieth-Century British and American Literature*. Eds. Anna Massa e Alistair Stead. Londres: Longman, 1994, p. 75-91.

_____. "*Frères Amis*, Not Enemies: Serres between Prigogine and Girard". *Mapping Michel Serres*. Orgs. Steven Connor e Niran Abbas. Ann Arbor: University of Michigan Press, 2004.

JOHNSTON, Brian. *The Ibsen Cycle*. University Park: Pennsylvania State University Press, 1992.

JOYCE, James. *Letters of James Joyce*. Ed. Stuart Gilbert. Nova York: Viking, 1957.

_____. *The Critical Writings of James Joyce*. Eds. Ellsworth Mason e Richard Ellmann. Nova York: Viking, 1959.

_____. *Stephen Hero*. Nova York: New Directions, 1963.

_____. *Letters of James Joyce, II*. Ed. Richard Ellmann. Nova York: Viking, 1966.

_____. *A Portrait of the Artist as a Young Man: Text, Criticism and Notes*. Ed. Chester G. Anderson. Nova York: Viking, 1968.

_____. *Dubliners*. Eds. Robert Scholes e A. Walton Litz. Nova York: Viking, 1969.
_____. *Selected Letters of James Joyce*. Ed. Richard Ellmann. Nova York: Viking, 1975.
_____. *The James Joyce Archive*. Eds. Michael Groden et al. 63 v. Nova York: Garland Publishing, 1977-1979.
_____. *Scritti Italiani/James Joyce*. Eds. Gianfranco Corsini e Giorgio Melchiori. Milão: Arnoldo Mondadori, 1979.
_____. *Ulysses: a Critical and Synoptic Edition*. Ed. Hans Walter Gabler. Nova York: Garland, 1984.
_____. *Ulysses*. Ed. Declan Kiberd. Londres: Penguin Books, 1992.
_____. *Occasional, Critical and Political Writing*. Ed. Kevin Barry. Oxford: Oxford University Press, 2000.
JOYCE, Stanislaus. *My Brother's Keeper*. Nova York: Viking, 1958.
_____. *The Complete Dublin Diary of Stanislaus Joyce*. Dún Laoghaire, Irlanda: Anna Livia Press, 1994.
KAHN, Coppélia. "Excavating 'Those Dim Minoan Regions': Maternal Subtexts in Patriarchal Literature". *Diacritics* 12, 1982, p. 32-41.
KENNER, Hugh. *Dublin's Joyce*. Bloomington: Indiana University Press, 1956.
KOFMAN, Sarah. "The Narcissistic Woman: Freud and Girard". *Diacritics* 10, set. 1980, p. 36-45.
LEE, Alvin A. e DENHAM, Robert D. (orgs.). *The Legacy of Northrop Frye*. Toronto: University of Toronto Press, 1994.
LENTRICCHIA, Frank. *After the New Criticism*. Chicago: University of Chicago Press, 1980.
LÉVI-STRAUSS, Claude. *Les Structures Élémentaires de la Parenté*. Paris: Presses Universitaires de France, 1949.
_____. *Le Totémisme Aujourd'Hui*. Paris: Presses Universitaires de France, 1962.

_____. *Structural Anthropology*. Trads. Claire Jacobson e Brooks Grundfest Schoepf. Nova York: Basic Books, 1963.

LIVINGSTON, Paisley (org.). *Disorder and Order: Proceedings of the Stanford International Symposium (Sept. 14-16, 1981)*. v. 1. Califórnia: Anma Libri, 1984. (Stanford Literature Studies)

_____. *Models of Desire*. Baltimore: Johns Hopkins University Press, 1991.

LYONS, J. B. "Paresis and the Priest". *Annals of Internal Medicine* 80, n. 6, 1974, p. 758-62.

_____. *Thrust Syphillis Down to Hell and Other Rejoyceana*. Dublin: Glendale Press, 1988.

MAGALANER, Marvin. *Time of Apprenticeship. The Fiction of Young James Joyce*. Nova York: Abelard Schuman, 1959.

MANGANIELLO, Dominic. *Joyce's Politics*. Londres: Routledge and Kegan Paul, 1980.

MARCUS, Jane. "Art and Anger". *Feminist Studies* 4, 1978, p. 66-69.

_____. *Virginia Woolf and the Languages of Patriarchy*. Bloomington: Indiana University Press, 1987.

_____. *Art and Anger*. Columbus: Ohio State University Press, 1988.

McKENNA, Andrew. "Introduction". *René Girard and Biblical Studies (Semeia 33)*. Decatur, GA: Scholars Press, 1985, p. 5-6.

_____. *Violent Difference*. Urbana: University of Illinois Press, 1992.

MEYER, Michael. *Ibsen*. Garden City, NY: Doubleday, 1971.

MISHLER, William. "Sacrificial Nationalism in Ibsen's *The Pretenders*". *Contagion* 1, prim. 1994, p. 127-38.

MOI, Toril. "The Missing Mother: the Oedipal Rivalries of René Girard". *Diacritics* 12, ver. 1982, p. 21-31.

MORRISSEY, L. J. "Joyce's Revision of 'The Sisters': From Epicleti to Modern Fiction". *James Joyce Quarterly* 24, n. 1, out. 1986, p. 33-54.

NEUMANN, Erich. *The Origins and History of Consciousness*. Trad. Ralph Manheim. Princeton: Princeton University Press, 1970.

_____. *The Great Mother*. Trad. Ralph Manheim. Princeton: Princeton University Press, 1972.

O'BRIEN, Conor Cruise. *Ancestral Voices*. Dublin: Poolbeg, 1994.

ORWELL, George. *Nineteen Eighty-Four*. Nova York: New American Library, 1982.

OTTEN, Terry. "Ibsen's Paradoxical Attitudes toward *Kindermord*". *Mosaic* 22/23, ver. 1989, p. 117-31.

OUGHOURLIAN, Jean Michel. *Un Mime Nommé Désir*. Paris: Bernard Grasset, 1982.

PETERSON, Richard F. "Stephen and the Narrative of *A Portrait of the Artist as a Young Man*". *Work in Progress: Joyce Centenary Essays*. Ed. Richard F. Peterson; Alan M. Cohn; Edmund L. Epstein. Carbondale: Southern Illinois University Press, 1983, p. 15-29.

REINEKE, Martha. *Sacrificing Lives*. Bloomington: Indiana University Press, 1997.

RENAN, Ernst. *The Life of Jesus*. Nova York: Modern Library, 1927.

REYNOLDS, Mary. "Torn by Conflicting Doubts: Joyce and Renan". *Renascence* 35, n. 2, ver. 1983, p. 96-118.

RICH, Adrienne. "When We Dead Awaken: Writing as Revision". *On Lies, Secrets, and Silence: Selected Prose, 1966-78*. Nova York: Norton, 1979.

SAID, Edward W. "The Totalitarianism of the Mind". *Kenyon Review* 29, mar. 1967, p. 256-68.

_____. *Orientalism*. Nova York: Pantheon, 1978.

_____. *The World, the Text, and the Critic*. Cambridge: Harvard University Press, 1983.

_____. *Culture and Imperialism*. Londres: Chatto and Windus, 1993.

SAID, Edward W. e HITCHENS, Christopher (orgs.). *Blaming the Victims: Spurious Scholarship and the Palestinian Question.* Londres: Verso Books, 1988.

SCHEHR, Lawrence R. "King Lear: Monstrous Mimesis". *SubStance* 11, n. 3, 1982, p. 51-63.

SCHOLES, Robert. "Stephen Dedalus, Poet or Esthete?". *PMLA* 89, set. 1964, 484-89.

_____. *In Search of James Joyce.* Urbana: University of Illinois Press, 1992.

SENN, Fritz. "'He Was Too Scrupulous Always': Joyce's 'The Sisters'". *James Joyce Quarterly* 2, n. 2, inv. 1965, p. 66-72.

SERRES, Michel. *La Naissance de la Physique dans le Texte de Lucrèce: Fleuves et Turbulence.* Paris: Les Éditions de Minuit, 1977.

SHOWALTER, Elaine. *A Literature of Their Own: British Women Novelists from Brontë to Lessing.* Princeton: Princeton University Press, 1977.

SIEBERS, Tobin. "Language, Violence, and the Sacred: A Polemical Survey of Critical Theories". *Stanford French Review* 10, n. 3, 1986, p. 203-19.

_____. *The Ethics of Criticism.* Ithaca, NY: Cornell University Press, 1988.

STALEY, Thomas. "A Beginning: Signification, Story and Discourse in Joyce's 'The Sisters'". *Genre* 12, inv. 1979, p. 533-49.

STRACHEY, Ray. *The Cause: a Short History of the Women's Movement in Great Britain.* Londres: Virago, 1978.

VATTIMO, Gianni. *Belief.* Stanford: Stanford University Press, 1999.

VERNANT, Jean-Pierre e VIDAL-NAQUET, Pierre. *Mythe et Tragédie en Grèce Ancienne.* Paris: François Maspero, 1972.

_____. *Mythe et Tragédie en Grèce Ancienne.* v. 2. Paris: Éditions la Découverte, 1986.

WAISBRUN, Burton A. e WALZKL, Florence L. "Paresis and the Priest: James Joyce's

Symbolic Use of Syphulis in 'The Sisters'". *Annals of Internal Medicine* 80, jun. 1974, 756-62.

WALZL, Florence. "Joyce's 'The Sisters': a Development". *James Joyce Quarterly* 10, n. 4, ver. 1973, p. 375-421.

WATKINS, Evan. *The Critical Act: Criticism and Community.* New Haven: Yale University Press, 1978.

_____. *Work Time: English Departments and the Circulation of Cultural Value.* Stanford: Stanford University Press, 1989.

WILLIAMS, Raymond. *The Long Revolution.* Londres: Pelican Books, 1961.

WOOLF, Virginia. *Mrs. Dalloway.* Nova York: Harcourt, Brace, and World, 1955.

_____. *To the Lighthouse.* Nova York: Harcourt, Brace, and World, 1955.

_____. *A Room of One's Own.* Nova York: Harcourt, Brace, and World, 1966.

_____. *Three Guineas.* Nova York: Harcourt, Brace, and World, 1966.

_____. *La Promenade au Phare.* Trad. M. Lanoire. Paris: Editions Stock, 1968.

_____. *The Letters of Virginia Woolf.* Eds. Nigel Nicholson e Joanne Trautmann. v. 3 (1923-1928). Nova York: Harcourt Brace Jovanovich, 1978.

_____. *The Diary of Virginia Woolf.* Ed. Anne Olivier Bell. v. 2 (1925-1930). Nova York: Harcourt Brace Jovanovich, 1980.

_____. *To the Lighthouse: The Original Holograph Draft.* Ed. Susan Dick. Londres: Hogarth Press, 1983.

_____. *The Essays of Virginia Woolf.* Ed. Andrew McNeillie. v. 1 (1904-1912). San Diego: Harcourt Brace Jovanovich, 1986.

_____. *The Essays of Virginia Woolf.* Ed. Andrew McNeillie. v. 3 (1919-1924). San Diego: Harcourt Brace Jovanovich, 1988.

breve explicação

Arnaldo Momigliano inspira nossa tarefa, já que a alquimia dos antiquários jamais se realizou: nenhum catálogo esgota a pluralidade do mundo e muito menos a dificuldade de uma questão complexa como a teoria mimética.

O cartógrafo borgeano conheceu constrangimento semelhante, como Jorge Luis Borges revelou no poema "La Luna". Como se sabe, o cartógrafo não pretendia muito, seu projeto era modesto: "cifrar el universo / En un libro". Ao terminá-lo, levantou os olhos "con ímpetu infinito", provavelmente surpreso com o poder de palavras e compassos. No entanto, logo percebeu que redigir catálogos, como produzir livros, é uma tarefa infinita:

> Gracias iba a rendir a la fortuna
> Cuando al alzar los ojos vio un bruñido
> Disco en el aire y comprendió aturdido
> Que se había olvidado de la luna.

Nem antiquários, tampouco cartógrafos: portanto, estamos livres para apresentar ao público brasileiro uma cronologia que não se pretende exaustiva da vida e da obra de René Girard.

Com o mesmo propósito, compilamos uma bibliografia sintética do pensador francês, privilegiando os livros publicados. Por isso, não mencionamos a grande quantidade de ensaios e capítulos de livros que escreveu, assim como de entrevistas que concedeu. Para o leitor interessado numa relação completa de sua vasta produção, recomendamos o banco de dados organizado pela Universidade de Innsbruck: http://www.uibk.ac.at/rgkw/mimdok/suche/index.html.en.

De igual forma, selecionamos livros e ensaios dedicados, direta ou indiretamente, à obra de René Girard, incluindo os títulos que sairão na Biblioteca René Girard. Nosso objetivo é estimular o convívio reflexivo com a teoria mimética. Ao mesmo tempo, desejamos propor uma coleção cujo aparato crítico estimule novas pesquisas.

Em outras palavras, o projeto da Biblioteca René Girard é também um convite para que o leitor venha a escrever seus próprios livros acerca da teoria mimética.

cronologia de René Girard

René Girard nasce em Avignon (França) no dia 25 de dezembro de 1923; o segundo de cinco filhos. Seu pai trabalha como curador do Museu da Cidade e do famoso "Castelo dos Papas". Girard estuda no liceu local e recebe seu *baccalauréat* em 1940.

De 1943 a 1947 estuda na École des Chartes, em Paris, especializando-se em história medieval e paleografia. Defende a tese *La Vie Privée à Avignon dans la Seconde Moitié du XVme Siècle*.

Em 1947 René Girard deixa a França e começa um doutorado em História na Universidade de Indiana, Bloomington, ensinando Literatura Francesa na mesma universidade. Conclui o doutorado em 1950 com a tese *American Opinion on France, 1940-1943*.

No dia 18 de junho de 1951, Girard casa-se com Martha McCullough. O casal tem três filhos: Martin, Daniel e Mary.

Em 1954 começa a ensinar na Universidade Duke e, até 1957, no Bryn Mawr College.

Em 1957 torna-se professor assistente de Francês na Universidade Johns Hopkins, em Baltimore.

Em 1961 publica seu primeiro livro, *Mensonge Romantique et Vérité Romanesque*, expondo os princípios da teoria do desejo mimético.

Em 1962 torna-se professor associado na Universidade Johns Hopkins.
Organiza em 1962 *Proust: A Collection of Critical Essays*, e, em 1963, publica *Dostoïevski, du Double à l'Unité*.
Em outubro de 1966, em colaboração com Richard Macksey e Eugenio Donato, organiza o colóquio internacional "The Languages of Criticism and the Sciences of Man". Nesse colóquio participam Lucien Goldmann, Roland Barthes, Jacques Derrida, Jacques Lacan, entre outros. Esse encontro é visto como a introdução do estruturalismo nos Estados Unidos. Nesse período, Girard desenvolve a noção do assassinato fundador.
Em 1968 tranfere-se para a Universidade do Estado de Nova York, em Buffalo, e ocupa a direção do Departamento de Inglês. Principia sua colaboração e amizade com Michel Serres. Começa a interessar-se mais seriamente pela obra de Shakespeare.
Em 1972 publica *La Violence et le Sacré*, apresentando o mecanismo do bode expiatório. No ano seguinte, a revista *Esprit* dedica um número especial à obra de René Girard.
Em 1975 retorna à Universidade Johns Hopkins.
Em 1978, com a colaboração de Jean-Michel Oughourlian e Guy Lefort, dois psiquiatras franceses, publica seu terceiro livro, *Des Choses Cachées depuis la Fondation du Monde*. Trata-se de um longo e sistemático diálogo sobre a teoria mimética compreendida em sua totalidade.
Em 1980, na Universidade Stanford, recebe a "Cátedra Andrew B. Hammond" em Língua, Literatura e Civilização Francesa. Com a colaboração de Jean-Pierre Dupuy, cria e dirige o "Program for Interdisciplinary Research", responsável pela realização de importantes colóquios internacionais.

Em 1982 publica *Le Bouc Émissaire* e, em 1985, *La Route Antique des Hommes Pervers*. Nesses livros, Girard principia a desenvolver uma abordagem hermenêutica para uma leitura dos textos bíblicos com base na teoria mimética.

Em junho de 1983, no Centre Culturel International de Cerisy-la-Salle, Jean-Pierre Dupuy e Paul Dumouchel organizam o colóquio "Violence et Vérité. Autour de René Girard". Os "Colóquios de Cerisy" representam uma referência fundamental na recente história intelectual francesa.

Em 1985 recebe, da Frije Universiteit de Amsterdã, o primeiro de muitos doutorados *honoris causa*. Nos anos seguintes, recebe a mesma distinção da Universidade de Innsbruck, Áustria (1988); da Universidade de Antuérpia, Bélgica (1995); da Universidade de Pádua, Itália (2001); da Universidade de Montreal, Canadá (2004); da University College London, Inglaterra (2006); da Universidade de St Andrews, Escócia (2008).

Em 1990 é criado o Colloquium on Violence and Religion (COV&R). Trata-se de uma associação internacional de pesquisadores dedicada ao desenvolvimento e à crítica da teoria mimética, especialmente no tocante às relações entre violência e religião nos primórdios da cultura. O Colloquium on Violence and Religion organiza colóquios anuais e publica a revista *Contagion*. Girard é o presidente honorário da instituição. Consulte-se a página: http://www.uibk.ac.at/theol/cover/.

Em 1990 visita o Brasil pela primeira vez: encontro com representantes da Teologia da Libertação, realizado em Piracicaba, São Paulo.

Em 1991 Girard publica seu primeiro livro escrito em inglês: *A Theatre of Envy: William Shakespeare* (Oxford University Press). O livro recebe o "Prix Médicis", na França.

Em 1995 aposenta-se na Universidade Stanford.
Em 1999 publica *Je Vois Satan Tomber comme l'Éclair*. Desenvolve a leitura antropológica dos textos bíblicos com os próximos dois livros: *Celui par qui le Scandale Arrive* (2001) e *Le Sacrifice* (2003).
Em 2000 visita o Brasil pela segunda vez: lançamento de *Um Longo Argumento do Princípio ao Fim. Diálogos com João Cezar de Castro Rocha e Pierpaolo Antonello*.
Em 2004 recebe o "Prix Aujourd'hui" pelo livro *Les Origines de la Culture. Entretiens avec Pierpaolo Antonello et João Cezar de Castro Rocha*.
Em 17 de março de 2005 René Girard é eleito para a Académie Française. O "Discurso de Recepção" foi feito por Michel Serres em 15 de dezembro. No mesmo ano, cria-se em Paris a Association pour les Recherches Mimétiques (ARM).
Em 2006 René Girard e Gianni Vattimo dialogam sobre cristianismo e modernidade: *Verità o Fede Debole? Dialogo su Cristianesimo e Relativismo*.
Em 2007 publica *Achever Clausewitz*, um diálogo com Benoît Chantre. Nessa ocasião, desenvolve uma abordagem apocalíptica da história.
Em outubro de 2007, em Paris, é criada a "Imitatio. Integrating the Human Sciences", (http://www.imitatio.org/), com apoio da Thiel Foundation. Seu objetivo é ampliar e promover as consequências da teoria girardiana sobre o comportamento humano e a cultura. Além disso, pretende apoiar o estudo interdisciplinar da teoria mimética. O primeiro encontro da Imitatio realiza-se em Stanford, em abril de 2008.
Em 2008 René Girard recebe a mais importante distinção da Modern Language Association (MLA): "Lifetime Achievement Award".

bibliografia de René Girard

Mensonge Romantique et Vérité Romanesque.
Paris: Grasset, 1961. [*Mentira Romântica e Verdade Romanesca.* Trad. Lília Ledon da Silva. São Paulo: Editora É, 2009.]
Proust: A Collection of Critical Essays.
Englewood Cliffs: Prentice Hall, 1962.
Dostoïevski, du Double à l'Unité. Paris: Plon, 1963. (Este livro será publicado na Biblioteca René Girard)
La Violence et le Sacré. Paris: Grasset, 1972.
Critique dans un Souterrain. Lausanne: L'Age d'Homme, 1976.
To Double Business Bound: Essays on Literature, Mimesis, and Anthropology. Baltimore: Johns Hopkins University Press, 1978. (Este livro será publicado na Biblioteca René Girard)
Des Choses Cachées depuis la Fondation du Monde. Pesquisas com Jean-Michel Oughourlian e Guy Lefort. Paris: Grasset, 1978.
Le Bouc Émissaire. Paris: Grasset, 1982.
La Route Antique des Hommes Pervers.
Paris: Grasset, 1985.
Violent Origins: Walter Burkert, René Girard, and Jonathan Z. Smith on Ritual Killing and Cultural Formation. Org. Robert Hamerton-Kelly. Stanford: Stanford University Press, 1988. (Este livro será publicado na Biblioteca René Girard)

A Theatre of Envy: William Shakespeare. Nova York: Oxford University Press, 1991. [*Shakespeare: Teatro da Inveja.* Trad. Pedro Sette-Câmara. São Paulo: Editora É, 2010.]

Quand ces Choses Commenceront... Entretiens avec Michel Treguer. Paris: Arléa, 1994. (Este livro será publicado na Biblioteca René Girard)

The Girard Reader. Org. James G. Williams. Nova York: Crossroad, 1996.

Je Vois Satan Tomber comme l'Éclair. Paris: Grasset, 1999.

Um Longo Argumento do Princípio ao Fim. Diálogos com João Cezar de Castro Rocha e Pierpaolo Antonello. Rio de Janeiro: Topbooks, 2000. Este livro, escrito em inglês, foi publicado, com algumas modificações, em italiano, espanhol, polonês, japonês, coreano, tcheco e francês. Na França, em 2004, recebeu o "Prix Aujourd'hui".

Celui par Qui le Scandale Arrive: Entretiens avec Maria Stella Barberi. Paris: Desclée de Brouwer, 2001. (Este livro será publicado na Biblioteca René Girard)

La Voix Méconnue du Réel: Une Théorie des Mythes Archaïques et Modernes. Paris: Grasset, 2002. (Este livro será publicado na Biblioteca René Girard)

Il Caso Nietzsche. La Ribellione Fallita dell'Anticristo. Com colaboração e edição de Giuseppe Fornari. Gênova: Marietti, 2002.

Le Sacrifice. Paris: Bibliothèque Nationale de France, 2003. (Este livro será publicado na Biblioteca René Girard)

Oedipus Unbound: Selected Writings on Rivalry and Desire. Org. Mark R. Anspach. Stanford: Stanford University Press, 2004.

Miti d'Origine. Massa: Transeuropa Edizioni, 2005. (Este livro será publicado na Biblioteca René Girard)

Verità o Fede Debole. Dialogo su Cristianesimo e Relativismo. Com Gianni Vattimo. Org. Pierpaolo Antonello. Massa: Transeuropa Edizioni, 2006.

Achever Clausewitz (Entretiens avec Benoît Chantre). Paris: Carnets Nord, 2007. (Este livro será publicado na Biblioteca René Girard)
Le Tragique et la Pitié: Discours de Réception de René Girard à l'Académie Française et Réponse de Michel Serres. Paris: Editions le Pommier, 2007. (Este livro será publicado na Biblioteca René Girard)
De la Violence à la Divinité. Paris: Grasset, 2007. Reunião dos principais livros de Girard publicados pela Editora Grasset, acompanhada de uma nova introdução para todos os títulos. O volume inclui *Mensonge Romantique et Vérité Romanesque, La Violence et le Sacré, Des Choses Cachées depuis la Fondation du Monde* e *Le Bouc Émissaire.*
Dieu, une Invention?. Com André Gounelle e Alain Houziaux. Paris: Editions de l'Atelier, 2007. (Este livro será publicado na Biblioteca René Girard)
Evolution and Conversion. Dialogues on the Origins of Culture. Com Pierpaolo Antonello e João Cezar de Castro Rocha. Londres: The Continuum, 2008. (Este livro será publicado na Biblioteca René Girard)
Anorexie et Désir Mimétique. Paris: L'Herne, 2008. (Este livro será publicado na Biblioteca René Girard)
Mimesis and Theory: Essays on Literature and Criticism, 1953-2005. Org. Robert Doran. Stanford: Stanford University Press, 2008.
La Conversion de l'Art. Paris: Carnets Nord, 2008. Este livro é acompanhado por um DVD, *Le Sens de l'Histoire*, que reproduz um diálogo com Benoît Chantre. (Este livro será publicado na Biblioteca René Girard)
Gewalt und Religion: Gespräche mit Wolfgang Palaver. Berlim: Matthes & Seitz Verlag, 2010.
Géométries du Désir. Prefácio de Mark Anspach. Paris: Ed. de L'Herne, 2011.

bibliografia selecionada sobre René Girard[1]

BANDERA, Cesáreo. *Mimesis Conflictiva: Ficción Literaria y Violencia en Cervantes y Calderón*. (Biblioteca Románica Hispánica – Estudios y Ensayos 221). Prefácio de René Girard. Madri: Editorial Gredos, 1975.

SCHWAGER, Raymund. *Brauchen Wir einen Sündenbock? Gewalt und Erläsung in den Biblischen Schriften*. Munique: Kasel, 1978.

DUPUY, Jean-Pierre e DUMOUCHEL, Paul. *L'Enfer des Choses: René Girard et la Logique de l'Économie*. Posfácio de René Girard. Paris: Le Seuil, 1979.

CHIRPAZ, François. *Enjeux de la Violence: Essais sur René Girard*. Paris: Cerf, 1980.

GANS, Eric. *The Origin of Language: A Formal Theory of Representation*. Berkeley: University of California Press, 1981.

AGLIETTA, M. e ORLÉAN, A. *La Violence de la Monnaie*. Paris: PUF, 1982.

---

[1] Agradecemos a colaboração de Pierpaolo Antonello, do St John's College (Universidade de Cambridge). Nesta bibliografia, adotamos a ordem cronológica em lugar da alfabética a fim de evidenciar a recepção crescente da obra girardiana nas últimas décadas.

OUGHOURLIAN, Jean-Michel. *Un Mime Nomme Desir: Hysterie, Transe, Possession, Adorcisme*. Paris: Éditions Grasset et Fasquelle, 1982. (Este livro será publicado na Biblioteca René Girard)

DUPUY, Jean-Pierre e DEGUY, Michel (orgs.). *René Girard et le Problème du Mal*. Paris: Grasset, 1982.

DUPUY, Jean-Pierre. *Ordres et Désordres*. Paris: Le Seuil, 1982.

FAGES, Jean-Baptiste. *Comprendre René Girard*. Toulouse: Privat, 1982.

MCKENNA, Andrew J. (org.). *René Girard and Biblical Studies (Semeia 33)*. Decatur, GA: Scholars Press, 1985.

CARRARA, Alberto. *Violenza, Sacro, Rivelazione Biblica: Il Pensiero di René Girard*. Milão: Vita e Pensiero, 1985.

DUMOUCHEL, Paul (org.). *Violence et Vérité - Actes du Colloque de Cerisy*. Paris: Grasset, 1985. Tradução para o inglês: *Violence and Truth: On the Work of René Girard*. Stanford: Stanford University Press, 1988.

ORSINI, Christine. *La Pensée de René Girard*. Paris: Retz, 1986.

To Honor René Girard. Presented on the Occasion of his Sixtieth Birthday by Colleagues, Students, Friends. Stanford French and Italian Studies 34. Saratoga, CA: Anma Libri, 1986.

LERMEN, Hans-Jürgen. *Raymund Schwagers Versuch einer Neuinterpretation der Erläsungstheologie im Anschluss an René Girard*. Mainz: Unveräffentlichte Diplomarbeit, 1987.

LASCARIS, André. *Advocaat van de Zondebok: Het Werk van René Girard en het Evangelie van Jezus*. Hilversum: Gooi & Sticht, 1987.

BEEK, Wouter van (org.). *Mimese en Geweld: Beschouwingen over het Werk van René Girard*. Kampen: Kok Agora, 1988.

HAMERTON-KELLY, Robert G. (org.). *Violent Origins: Walter Burkert, Rene Girard, and*

Jonathan Z. Smith on Ritual Killing and Cultural Formation. Stanford: Stanford University Press, 1988. (Este livro será publicado na Biblioteca René Girard)

GANS, Eric. *Science and Faith: The Anthropology of Revelation.* Savage, MD: Rowman & Littlefield, 1990.

ASSMANN, Hugo (org.). *René Girard com Teólogos da Libertação: Um Diálogo sobre Ídolos e Sacrifícios.* Petrópolis: Vozes, 1991. Tradução para o alemão: *Gätzenbilder und Opfer: René Girard im Gespräch mit der Befreiungstheologie.* (Beiträge zur mimetischen Theorie 2). Thaur, Münster: Druck u. Verlagshaus Thaur, LIT-Verlag, 1996. Tradução para o espanhol: *Sobre Ídolos y Sacrifícios: René Girard con Teólogos de la Liberación.* (Colección Economía-Teología). San José, Costa Rica: Editorial Departamento Ecuménico de Investigaciones, 1991.

ALISON, James. *A Theology of the Holy Trinity in the Light of the Thought of René Girard.* Oxford: Blackfriars, 1991.

RÉGIS, J. P. (org.). *Table Ronde Autour de René Girard.* (Publications des Groupes de Recherches Anglo-américaines 8). Tours: Université François Rabelais de Tours, 1991.

WILLIAMS, James G. *The Bible, Violence, and the Sacred: Liberation from the Myth of Sanctionated Violence.* Prefácio de René Girard. San Francisco: Harper, 1991.

LUNDAGER JENSEN, Hans Jürgen. *René Girard.* (Profil-Serien 1). Frederiksberg: Forlaget Anis, 1991.

HAMERTON-KELLY, Robert G. *Sacred Violence: Paul's Hermeneutic of the Cross.* Minneapolis: Augsburg Fortress, 1992. (Este livro será publicado na Biblioteca René Girard)

MCKENNA, Andrew J. (org.). *Violence and Difference: Girard, Derrida, and Deconstruction.* Chicago: University of Illinois Press, 1992.

LIVINGSTON, Paisley. *Models of Desire: René Girard and the Psychology of Mimesis*. Baltimore: The Johns Hopkins University Press, 1992.

LASCARIS, André e WEIGAND, Hans (orgs.). *Nabootsing: In Discussie over René Girard*. Kampen: Kok Agora, 1992.

GOLSAN, Richard J. *René Girard and Myth: An Introduction*. Nova York e Londres: Garland, 1993 (Nova York: Routledge, 2002). (Este livro será publicado na Biblioteca René Girard)

GANS, Eric. *Originary Thinking: Elements of Generative Anthropology*. Stanford: Stanford University Press, 1993.

HAMERTON-KELLY, Robert G. *The Gospel and the Sacred: Poetics of Violence in Mark*. Prefácio de René Girard. Minneapolis: Fortress Press, 1994.

BINABURO, J. A. Bakeaz (org.). *Pensando en la Violencia: Desde Walter Benjamin, Hannah Arendt, René Girard y Paul Ricoeur*. Centro de Documentación y Estudios para la Paz. Madri: Libros de la Catarata, 1994.

MCCRACKEN, David. *The Scandal of the Gospels: Jesus, Story, and Offense*. Oxford: Oxford University Press, 1994.

WALLACE, Mark I. e SMITH, Theophus H. *Curing Violence: Essays on René Girard*. Sonoma, CA: Polebridge Press, 1994.

BANDERA, Cesáreo. *The Sacred Game: The Role of the Sacred in the Genesis of Modern Literary Fiction*. University Park: Pennsylvania State University Press, 1994. (Este livro será publicado na Biblioteca René Girard)

ALISON, James. *The Joy of Being Wrong: An Essay in the Theology of Original Sin in the Light of the Mimetic Theory of René Girard*. Santiago de Chile: Instituto Pedro de Córdoba, 1994. (Este livro será publicado na Biblioteca René Girard)

LAGARDE, François. *René Girard ou la Christianisation des Sciences Humaines.* Nova York: Peter Lang, 1994.

TEIXEIRA, Alfredo. *A Pedra Rejeitada: O Eterno Retorno da Violência e a Singularidade da Revelação Evangélica na Obra de René Girard.* Porto: Universidade Católica Portuguesa, 1995.

BAILIE, Gil. *Violence Unveiled: Humanity at the Crossroads.* Nova York: Crossroad, 1995.

TOMELLERI, Stefano. *René Girard. La Matrice Sociale della Violenza.* Milão: F. Angeli, 1996.

GOODHART, Sandor. *Sacrificing Commentary: Reading the End of Literature.* Baltimore: Johns Hopkins University Press, 1996.

PELCKMANS, Paul e VANHEESWIJCK, Guido. *René Girard, het Labyrint van het Verlangen: Zes Opstellen.* Kampen/Kapellen: Kok Agora/Pelcckmans, 1996.

GANS, Eric. *Signs of Paradox: Irony, Resentment, and Other Mimetic Structures.* Stanford: Stanford University Press, 1997.

SANTOS, Laura Ferreira dos. *Pensar o Desejo: Freud, Girard, Deleuze.* Braga: Universidade do Minho, 1997.

GROTE, Jim e MCGEENEY, John R. *Clever as Serpents: Business Ethics and Office Politics.* Minnesota: Liturgical Press, 1997. (Este livro será publicado na Biblioteca René Girard)

FEDERSCHMIDT, Karl H.; ATKINS, Ulrike; TEMME, Klaus (orgs.). *Violence and Sacrifice: Cultural Anthropological and Theological Aspects Taken from Five Continents.* Intercultural Pastoral Care and Counseling 4. Düsseldorf: SIPCC, 1998.

SWARTLEY, William M. (org.). *Violence Renounced: René Girard, Biblical Studies and Peacemaking.* Telford: Pandora Press, 2000.

FLEMING, Chris. *René Girard: Violence and Mimesis.* Cambridge: Polity, 2000.

ALISON, James. *Faith Beyond Resentment: Fragments Catholic and Gay*. Londres: Darton, Longman & Todd, 2001. Tradução para o português: *Fé Além do Ressentimento: Fragmentos Católicos em Voz Gay*. São Paulo: Editora É, 2010.

ANSPACH, Mark Rogin. *A Charge de Revanche: Figures Élémentaires de la Réciprocité*. Paris: Editions du Seuil, 2002. (Este livro será publicado na Biblioteca René Girard)

GOLSAN, Richard J. *René Girard and Myth*. Nova York: Routledge, 2002. (Este livro será publicado na Biblioteca René Girard)

DUPUY, Jean-Pierre. *Pour un Catastrophisme Éclairé. Quand l'Impossible est Certain*. Paris: Editions du Seuil, 2002. (Este livro será publicado na Biblioteca René Girard)

JOHNSEN, William A. *Violence and Modernism: Ibsen, Joyce, and Woolf*. Gainesville, FL: University Press of Florida, 2003. (Este livro será publicado na Biblioteca René Girard)

KIRWAN, Michael. *Discovering Girard*. Londres: Darton, Longman & Todd, 2004. (Este livro será publicado na Biblioteca René Girard)

BANDERA, Cesáreo. *Monda y Desnuda: La Humilde Historia de Don Quijote. Reflexiones sobre el Origen de la Novela Moderna*. Madri: Iberoamericana, 2005. (Este livro será publicado na Biblioteca René Girard)

VINOLO, Stéphane. *René Girard: Du Mimétisme à l'Hominisation, la Violence Différante*. Paris: L'Harmattan, 2005. (Este livro será publicado na Biblioteca René Girard)

INCHAUSTI, Robert. *Subversive Orthodoxy: Outlaws, Revolutionaries, and Other Christians in Disguise*. Grand Rapids, MI: Brazos Press, 2005. (Este livro será publicado na Biblioteca René Girard)

FORNARI, Giuseppe. *Fra Dioniso e Cristo. Conoscenza e Sacrificio nel Mondo Greco e nella Civiltà Occidentale*. Gênova-Milão: Marietti, 2006. (Este livro será publicado na Biblioteca René Girard)

ANDRADE, Gabriel. *La Crítica Literaria de René Girard*. Mérida: Universidad del Zulia, 2007.

HAMERTON-KELLY, Robert G. (org.). *Politics & Apocalypse*. East Lansing, MI: Michigan State University Press, 2007. (Este livro será publicado na Biblioteca René Girard)

LANCE, Daniel. *Vous Avez Dit Elèves Difficiles? Education, Autorité et Dialogue*. Paris, L'Harmattan, 2007. (Este livro será publicado na Biblioteca René Girard)

VINOLO, Stéphane. *René Girard: Épistémologie du Sacré*. Paris: L'Harmattan, 2007. (Este livro será publicado na Biblioteca René Girard)

OUGHOURLIAN, Jean-Michel. *Genèse du Désir*. Paris: Carnets Nord, 2007. (Este livro será publicado na Biblioteca René Girard)

ALBERG, Jeremiah. *A Reinterpretation of Rousseau: A Religious System*. Nova York: Palgrave Macmillan, 2007. (Este livro será publicado na Biblioteca René Girard)

DUPUY, Jean-Pierre. *Dans l'Oeil du Cyclone – Colloque de Cerisy*. Paris: Carnets Nord, 2008. (Este livro será publicado na Biblioteca René Girard)

DUPUY, Jean-Pierre. *La Marque du Sacré*. Paris: Carnets Nord, 2008. (Este livro será publicado na Biblioteca René Girard)

ANSPACH, Mark Rogin (org.). *René Girard*. Les Cahiers de l'Herne n. 89. Paris: L'Herne, 2008. (Este livro será publicado na Biblioteca René Girard)

DEPOORTERE, Frederiek. *Christ in Postmodern Philosophy: Gianni Vattimo, Rene Girard, and Slavoj Zizek*. Londres: Continuum, 2008.

PALAVER, Wolfgang. *René Girards Mimetische Theorie. Im Kontext Kulturtheoretischer und Gesellschaftspolitischer Fragen.* 3. Auflage. Münster: LIT, 2008.

BARBERI, Maria Stella (org.). *Catastrofi Generative - Mito, Storia, Letteratura.* Massa: Transeuropa Edizioni, 2009. (Este livro será publicado na Biblioteca René Girard)

ANTONELLO, Pierpaolo e BUJATTI, Eleonora (orgs.). *La Violenza Allo Specchio. Passione e Sacrificio nel Cinema Contemporaneo.* Massa: Transeuropa Edizioni, 2009. (Este livro será publicado na Biblioteca René Girard)

RANIERI, John J. *Disturbing Revelation - Leo Strauss, Eric Voegelin, and the Bible.* Columbia, MO: University of Missouri Press, 2009. (Este livro será publicado na Biblioteca René Girard)

GOODHART, Sandor; JORGENSEN, J.; RYBA, T.; WILLIAMS, J. G. (orgs.). *For René Girard. Essays in Friendship and in Truth.* East Lansing, MI: Michigan State University Press, 2009.

ANSPACH, Mark Rogin. *Oedipe Mimétique.* Paris: Éditions de L'Herne, 2010. (Este livro será publicado na Biblioteca René Girard)

MENDOZA-ÁLVAREZ, Carlos. *El Dios Escondido de la Posmodernidad. Deseo, Memoria e Imaginación Escatológica. Ensayo de Teología Fundamental Posmoderna.* Guadalajara: ITESO, 2010. (Este livro será publicado na Biblioteca René Girard)

ANDRADE, Gabriel. *René Girard: Un Retrato Intelectual.* 2010. (Este livro será publicado na Biblioteca René Girard)

índice analítico

Alienação, 239
  mútua, 268
Anorexia, 22
Ânsia
  de aquisição, 265
Antirreferencialismo,
  59
Antissemitismo, 82
Antropologia, 27
  fundamental, 79
Apedrejamento, 145,
  212
Apocalipse
  moderno, 21
Apropriação, 182
Arquétipo
  do feminino, 50
  releitura mimética
    do, 65
  teoria do, 21, 74
Atavismo, 151
Autoengano, 105
Automodernização,
  173
Autonomia
  defesa da, 38
  do trabalho
    intelectual, 257
  ilusão de, 253

Autorrivalidade, 173
Autossacrifício, 27,
  30, 102, 104, 125,
  132, 135, 139, 163,
  178-79, 182, 184,
  203, 297
  endeusamento do,
    140
  influência do, 103
  mistificação do,
    132
  moderno, 204
Bode expiatório, 23,
  26, 107, 134, 140,
  157, 178, 204, 209
  como sinônimo de
    pharmakós, 65
  consciência crítica
    do, 92
  criação de, 31, 254
  efeitos do, 82
  e literatura
    moderna, 68
  hipótese do, 136
  mecanismo do, 23,
    31, 83, 88, 296
  Oscar Wilde como,
    185, 212
  perseguição do, 298

práticas de, 96
processo do, 140
racionalização
  positiva do, 24
reaparecimento da
  cultura moderna
  do, 112
reflexão sobre o
  mecanismo do,
  67, 76
revelação do
  mecanismo do, 67,
  76, 84, 254
tematização do
  mecanismo do, 68
vitimação do, 113
Canibalismo, 64, 76
Catecismo, 175
Catexia, 46
Catolicismo, 201
Ceticismo
  pseudocientífico,
  59, 68
Ciúme, 52, 149, 293
  irracional, 253
Competição
  mimética, 134
Comportamento
humano

origens miméticas
   do, 247
Conflito
   de interpretações,
      100, 229
   imitativo, 28
   mimético, 136, 200
   teoria do, 253
Consciência de classe
   teoria da, 239
Consumismo, 255
Contágio
   metafísico, 209
   mimético, 247
Coqueteria, 39, 48,
   177-78, 214
Correspondência
   entre mito, ritual e
      literatura, 61, 94
   entre mitos sagrados
      e seculares, 21
   entre textos
      sagrados e
      seculares, 20, 24,
      63, 157, 299
Crise
   sacrificial, 25, 83
Cristianismo
   histórico, 183
   sacrificial, 183, 222
Crítica
   anatomia da, 61
   literária, 80
   religiosa, 79
   secular, 79
   tarefa da, 79
Crucificação, 232
Cultura
   da metrópole, 80
   patriarcal, 31, 47,
      52, 124, 237, 239,
      258, 277, 281
   crítica da, 287,
      289, 293

resistência à, 282,
   285
Culturas
   pós-coloniais, 80
Decepção
   como verdade do
      desejo, 278
Desconstrução, 56,
   229
Desejo, 38, 258
   ausência de, 149
   mediado, 263
   metafísico, 39, 70,
      178
   fracasso do, 71
   mimético, 40, 47,
      177, 214
   operação do, 73
   moderno, 281
   romântico, 41
   sexual, 49
   triangularidade do,
      29, 177, 213, 216,
      291
Difusionismo, 25
Dinâmica
   sacrificial, 129
Duplicidade, 105
Duplo
   monstruoso, 76
   vínculo, 52, 73, 285
Édipo, 113
   como bode
      expiatório, 58
Emulação, 177
   sistema avançado
      de, 178
Epifania, 164-65
Escândalo, 136, 154-
   55, 225, 261
Escrituras
   paralelas, 21
Esnobismo, 72, 165,
   213, 258-60

alheio, 178, 213
   modernista, 259
   teórico, 85
Estereótipo
   da criação do bode
      expiatório, 83
   de perseguição,
      74, 77
   versus arquétipo, 70
Estética
   da recepção, 89
Estruturalismo, 35-37,
   55
   questões do, 45
Estudos da religião,
   27
Etnocentrismo, 66
Eu
   concepção
      metafísica do, 252
   metafísico, 253
Exogamia, 52
Família
   patriarcal
      resistência à, 286
Feedback negativo,
   253
Feminismo, 48, 236-
   37, 287, 293, 298
   ambivalência
      sagrada do, 50
   anônimo, 265
   como modernismo,
      31
   e teoria mimética,
      48
   inglês, 238, 240
   moderno, 259
      origem do, 239
      momento histórico
         do, 244
      possibilidades do,
         241
      sem rivalidade, 294

sem violência, 294
teórico, 239
Fluxo
de consciência, 276
Herói
ação do, 295
como Deus, 295
irlandês, 216, 218
irônico, 68
moderno, 227
Hipótese
mimética, 19, 29,
43-44, 54, 64, 71,
99-100, 121, 123,
248
da raiva
masculina, 248
de Virginia Woolf,
248
e ambiguidade do
sagrado, 58
e Rei Lear, 72
reformulação da,
22
refutação da, 38
Histeria
história da, 77
História
literária, 27
Homem
do subsolo, 214
Hominização
processo de, 40, 44
Hospitalidade, 142,
149
espiritual, 199
ingênua, 205
Identificação, 46, 221
ambivalência da, 64
como apropriação,
182
com o pai, 49, 51
em James Joyce,
221

ideal de, 63
tardia com a vítima,
54
teoria da, 63
Igreja Católica
irlandesa, 202
Iluminismo, 39, 42
Imitação, 39-40, 51,
177, 221, 246, 257
Imperialismo, 80, 250,
252
crítica do, 43
resistência ao, 80
Inconsciente
coletivo, 23, 25, 151
Indiferenciação, 52,
84
Influência, 273
"Instinto"
na ficção de Woolf,
279, 285
no ensaio de Woolf,
246, 254, 267
Interdisciplinaridade,
27, 60
Interdito, 53-54, 64,
67, 225
consequências
sociais do, 225
cultural, 63-64
releitura mimética
do, 65
teoria do, 44
Interdividualidade,
127, 148, 152, 263,
276, 283
Interpretação
figural, 29
Intersubjetividade,
253
Intertextualidade, 88,
100, 280
Inveja, 273
denúncia da, 258

Ironia, 229
protocolos da, 229
Jesus Cristo
como bode
expiatório, 196
Jornalismo
como escritura
secular, 157
Liderança
moderna, 139
Linguagem
modelo
estruturalista da,
87
modelo pós-
moderno da, 87
questão de origem
da, 35
Linguística
sincrônica, 35
Literatura
como derivada do
mito e do ritual,
61
como fábula de
identidade, 296
como um todo, 295
conceito de, 19,
21, 29, 68, 94
e arquétipos, 36
história da, 21
irlandesa
cinco estágios da,
207
moderna, 123
patriarcal, 77
potencial quase
teórico da, 69, 74,
85-86, 98, 136,
265
secular, 22
Localização
estratégica, 81, 85
Logologia, 66

índice analítico 333

Mal ontológico, 64
Marxismo, 293
Masoquismo, 40, 48, 111, 214
  cultural, 202, 213
  dos amantes modernos, 214
  incipiente, 195
  intelectual, 224
  liberação do, 195
Mecanismo mimético, 73
Méconnaissance, 139
Mediação
  interna, 41, 226
  mimética, 47
Mediador externo, 215
Mentira romântica, 41
Método comparativo, 37, 41, 66
  histórico moderno, 196
Método comparativo
  apogeu do, 38
  como projeto oitocentista, 35
  em Frye e Girard, 63
Método histórico oitocentista, 196
Mídia
  moderna, 102, 116, 205
  poder da, 69, 117
  poder moderno da, 140
Migração tribal, 25
Milenarismo, 19, 27
Mímesis
  conflitiva, 70, 94, 100
  cultural, 43
  de apropriação, 40, 44
  perigosa da, 54
Mito, 24, 137
  clássico, 23
  como origem lógica da literatura, 23
  como racionalização do ritual, 67
  cristão, 23
  de Édipo, 47, 55-57, 216
  irlandês, 204
  e ciência, 137
  e história, 63
  e modo, 62
  freudiano crítica do, 47
  retorno moderno do, 22
  teoria do, 62
Mitologia social, 225
Mobilização
  midiática, 31
  moderna, 148
  técnica da, 130
Modelo, 51, 214, 226, 257
  sagrado, 181
Modelo-obstáculo, 221
Modernidade, 20, 26
  como longa revolução, 65
  crise da, 27
  crise sacrificial na, 134
  e crise sacrificial, 142, 205
  e recuperação da vítima, 26
  fim da, 96
história cultural da, 69
  periodização da, 27
  primitiva, 29
  teoria da, 22, 42, 69, 97, 177
Modernismo, 80, 100, 140, 207, 227, 230, 294
  de Ibsen, 30
  dinâmica do, 111
  e violência, 37
  futilidade do, 193
  futuro do, 180
  história do, 19
  importância de Ibsen para o, 102
  literário, 28, 133
  milenarista, 78-79, 95
  modo dominante do, 229
  momento redefinidor do, 273
  pós-sacrificial, 255
  problema do, 260
  teoria alternativa do, 163
Modernização, 31, 97, 173, 176, 273, 296
  competitiva, 137, 243
  cultural, 176, 293
  irônica, 230
  mimética, 133
  vingativa, 243
Modo comparativo oitocentista, 196
Multidão, 139, 158
  dinâmica da, 69
  mobilização da, 139
Narcisismo, 40, 48, 177, 214, 222-23, 253

Neoprimitivismo, 23
  moderno, 37
Notícia
  definição de, 141
Objeto
  sacrificial, 152
Obstáculo, 51, 67-68,
  221, 225, 290
Opinião pública
  mobilização da, 120
Oposição
  binária, 55, 88
Orgulho, 58
Pai
  ambivalência do, 52
Pai-obstáculo, 49
Paixão, 25, 183, 185,
  196, 203
  como crítica ao rito
    primitivo, 31
  como rito primitivo,
    31
  sátira da, 202
  singularidade da,
    202
Paralelo
  entre o celta e o
    semita, 198
Parricídio, 51
  imaginário, 285
Patriarcado
  vítima do, 298
Pensamento
  crítico, 268
  pós-sacrificial, 65,
    68-69, 254
Perseguição
  conotações
    religiosas de, 201
  estereótipos de, 26
Pharmakós, 45, 50,
  55-56, 58, 62, 65
Pós-modernismo, 28,
  207

Preconceito
  como anacronismo,
    241
Prestígio, 78, 98, 103,
    136, 252
  instabilidade do,
    278
Princípio de realidade,
    68-69
Processo
  sacrificial, 152
Propaganda
  e desejo mimético,
    94
Propriedade
  aquisição da, 91
Providência
  etimologia da, 174
Psicanálise
  e diacronia, 52
  prática da, 51
Psicologia, 27
  coletiva, 123
  do público, 106
  freudiana, 275
  interdividual, 79,
    285
Purgação, 138
  mitológica, 138
Racismo, 66, 82, 252
Realismo
  girardiano, 44, 59
Reciprocidade, 57,
    226
  caráter temporário
    da, 283
  do mal, 117
  humana, 261
  negativa, 29, 100,
    184, 202, 253, 257
  positiva, 29-30,
    184, 222, 225,
    257, 263, 294
  violenta, 76, 276

Reconciliação, 283
  sacrificial, 56, 123,
    203
Religião
  teoria geral da, 28
Resolução
  sacrificial como
    origem da, 65
Ressentimento, 29,
    48, 112, 125, 148,
    153, 166, 178, 192,
    263
  dinâmica local do,
    176
  espiritual, 173
  irlandês, 211
  moderno, 100, 176
Revelação, 65
  cristã, 200
  das origens
    violentas, 29
  judaico-cristã, 78
Rito
  como mímesis da
    violência, 53
  de passagem, 65
  primitivo, 103
Ritual, 24, 54, 137
  primitivo, 152
  religioso, 40
Ritualismo
  de Cambridge, 55,
    90
Ritualistas de
  Cambridge, 35
Rival, 263
  mimético, 57
Rivalidade, 39, 98,
    148, 153, 182, 201,
    225, 271, 273
  experiência
    pessoal da, 258
  fraterna, 148
  invejosa, 257

índice analítico   335

metafísica, 181, 193, 249, 256
mimética, 30, 165, 178-79, 206, 209, 249
moderna, 177
psicologia de, 273
violenta, 45, 49, 66, 74, 255
Romance, 38, 242
como pesquisa, 243, 247
familiar, 273
moderna, 57
mundanidade do, 82
violência satírica do, 187
Romantismo
e identificação com a vítima, 111
Sacrificial moderno, 138
Sacrifício, 53, 102, 138
comunal, 31
estéril, 215
humano
superação do, 299
humanos, 183
moderno, 103, 122
primitivo, 121
ritual, 55, 134, 204
teoria geral do, 28
Sadismo, 39
Sagrado, 139, 197
ambivalência do, 53
primitivo, 24
Sátira, 181, 192-93, 205
dos irlandeses, 194
swiftiana, 212
Secularismo, 290
Secularização
do mito, 68
do ritual, 68

Sexismo, 66, 82, 237, 250, 252
Simbolismo
origem do, 56, 91
Simetria, 74, 113, 144, 156
e rivalidade mimética, 74
Sistema
judicial, 23-24, 101, 103, 134, 205, 253
ineficácia do, 26
judicial inglês, 213
judicial moderno, 42, 252
judicial transcendente, 251
sacrificial, 111
Socialista, 286
Sociedade
autossacrificial, 97
moderna
e crise sacrificial, 159
pós-sacrificial, 200
sacrificial, 81
sacrificial moderna, 132
Solidariedade
sacrificial, 119, 122, 152
Sparagmos, 62-64, 67
Substituição
processo de, 45
sacrificial
história da, 50
Suicídio
cultural, 232
Tabu, 24, 40, 53, 67, 134
como interdito da imitação, 45

do incesto, 46, 50, 52, 91, 134, 222
Teatro
como laboratório quase científico, 138
elisabetano, 43
grego, 43
Teofania, 84
Teologia, 199
cristã, 21
Teoria
crítica, 81, 98, 100
do mito
releitura
mimética da, 68
dos interditos, 40
dos modos
(em Northrop Frye), 62, 65
releitura
mimética da, 67
freudiana
reescritura
mimética da, 248
mimética, 22
Terrorismo, 22
Texto de perseguição, 65
medieval, 59
Totalitarismo, 85
do pensamento, 37
moderno, 69
Totem, 53, 183
Totemismo, 36, 50
Tradição
abraâmica, 299
judaico-cristã, 66, 68, 79, 95, 101, 293, 295-96, 299
pós-matriarcal, 32
pós-patriarcal, 32

Tragédia, 55-56, 58
    de vingança, 136
    elisabetana, 57
    grega, 57
Traição, 193
Transcendência
    desviada, 202
    pervertida, 185
Trindade, 225, 227
    imagem da, 224
Unanimidade
    produção da, 147
    sacrifical, 182
    violenta, 82, 140,
        183-84, 197
    resistência à, 29
    vontade de, 204
Vaidade, 218
Verdade
    metafísica, 279
    romanesca, 41
Vingança, 150, 209
    divina, 42
    recusa da, 112
Violência, 23-24, 192
    coletiva, 27, 53, 183
    como sagrado, 284
    controle da, 24
    deslocada, 252
    e sagrado, 77, 179
    espontânea, 44-45,
        203
    fundadora, 285
    humana, 183
    irlandesa, 210
    jogos da, 77
    mimética, 25, 152
    prevenção da, 42
    recíproca, 121, 285
    sacrificial, 184, 201
    vingadora, 24, 76
Vítima, 155
    arbitrariedade da,
        84
    como sinal de crise,
        26
    diferença sagrada
        da, 54
    discurso da, 66
    identificação bíblica
        com a, 66
    inocência da, 183
    irônica, 63
    paixão moderna
        pela, 26
    preocupação com a,
        29, 296-97
    ritual, 45
    sacrificial, 83, 152
    singularidade da,
        122
    sagrada
        ambivalência da,
            23
    simpatia com a, 80
    sinal da, 67
    status de, 145, 193

índice onomástico

Anderson, C. G., 232
Aristóteles, 58, 61
Austen, Jane, 80, 244
Balfour, Arthur James, 81
Barnes, Djuna, 236
Barry, Kevin, 196, 307
Bateson, Gregory, 133
Bell, Quentin, 237-38, 260
Benveniste, Émile, 58
Blake, William, 21
Booth, Wayne, 229
Bowen, Zack, 172
Bradley, Brue, 217
Brandabur, Edward, 195, 222
Burke, Kenneth, 39, 43
Burkert, Walter, 43, 53-54, 56, 60, 301
Byock, Jesse, 101
Campbell, Berkeley, 171
Caramagno, Thomas C., 236
Carens, James E., 172
Cervantes, Miguel de, 38, 213
Conrad, Joseph, 80, 252-53, 279
Conroy, Gabriel, 216, 224, 263
Cook, Eleonor, 61
Cornford, Francis M., 35, 61
Crick, Bernard, 82
Deane, Conor, 208
Denham, Robert, 61
Derrida, Jacques, 56, 58, 65, 297, 299, 302
Detiene, Marcel, 55
Donne, John, 257
Dostoiévski, Fiódor, 38, 41, 97, 213
Doty, William, 43
Douglas, Mary, 60
Dumouchel, Paul, 60
Dupuy, Jean-Pierre, 60
Eglinton, John, 166
Ellmann, Richard, 169, 186, 191, 195, 197, 227, 232, 302, 306-07
Epstein, Edmund L., 172, 309
Esther, Fischer-Homberger, 77
Ferrero, Guglielmo, 216
Ferris, Kathleen, 172
Feydeau, Georges, 97
Fischer, Therese, 162
Flaubert, Gustave, 97, 111, 133, 173, 227, 229, 281
Frazer, James, 24, 35, 90, 103, 303
Freud, Sigmund, 35, 42-44, 46-47, 49, 51-54, 64, 182, 216, 221-22, 236, 246, 248, 275-76, 285, 303, 307
Frye, Northrop, 9, 19-25, 28-29, 31-32, 36-37, 43, 56, 61-65, 67-68, 70, 73-74, 79, 94-95, 98, 142, 156, 295-97, 302-03, 306-07
Gabler, Hans Walter, 162, 164, 169, 173, 197-98, 307
Gans, Eric, 55

Gernet, Louis, 43, 55, 58, 304
Girard, René, 19-26, 28-29, 31, 33-35, 37-48, 51-54, 56-60, 63-66, 68-71, 74, 79, 81, 83, 85, 90, 92, 94-95, 97-100, 111, 118, 122-23, 133-38, 140, 142, 163, 165, 177-78, 183-85, 190, 196, 204-05, 213-14, 216, 229, 248, 258, 285, 295-97, 299, 302, 304, 306-08, 319
Goodhart, Sandor, 33, 57
Graves, Robert, 50, 56
Grivois, Henri, 52
Haakonsen, Daniel, 101
Hamerton-Kelly, Robert, 54
Harrison, Jane, 35
Hegel, Georg Wilhelm Friedrich, 25
Heráclito, 74
Hubert, 46
Ibsen, Henrik, 12, 16-17, 25, 27, 30-32, 69, 96-105, 107, 111-12, 114, 117-18, 122-23, 127, 131-38, 141-42, 144-47, 151-55, 157, 159, 204, 295, 297, 305-06, 308-09
Jabocus, Mary, 47
Jaeger, Henrik, 145, 157
Jakobson, Roman, 13
James, Henry, 98, 111, 255, 306

Jameson, Frederic, 98
Jonson, Ben, 257
Joyce, James, 12, 16-17, 25, 27, 30-32, 111, 112, 158-59, 161-73, 175, 177, 180, 182-83, 185-87, 190-209, 211-13, 215-21, 228-32, 239, 253, 256, 260, 273, 295, 297, 301-03, 305-11
Joyce, Stanislaus, 164-67, 173, 176, 186, 191, 194, 197-98, 213, 217, 227, 307
Jung, Carl, 61
Kahn, Coppélia, 77
Kenner, Hugh, 162, 163, 227-29, 232, 307
Keynes, John Maynard, 271
Kiberd, Declan, 169, 307
Kofman, Sarah, 47
Kristeva, Julia, 48
Lawrence, D. H., 96, 273, 310
Lee, Alvim A., 61
Lentricchia, Frank, 61, 79
Lévi-Strauss, Claude, 35-37, 43-45, 56-57, 60, 307
Livingston, Paisley, 15, 60, 101
Lukács, Georg, 239
Magalanet, Marvin, 162
Mangan, Giacomo C., 178, 180, 204-11

Manganiello, Dominic, 195-96
Mansfield, Katherine, 260
Marcus, Jane, 48, 243, 251, 286, 294
Marx, Karl, 236
Mason, Ellsworth, 186, 306
Mauss, Marcel, 46
McGuire, Philip, 32
McKenna, Andrew, 33, 54, 56
McNeillie, Andrew, 241, 311
Meyer, Michael, 99
Milton, John, 257
Mishler, William, 101
Moi, Toril, 47
Moore, G. E., 241
Murray, Gilbert, 35
Natoli, Joseph, 33
Needham, Rodney, 36
Neumann, Erich, 36, 50, 61, 309
Nietzsche, Friedrich, 185, 320
Nunes, Carlos Alberto, 70, 84
O'Brien, Conor Cruise, 163
O'Donnell, Patrick, 32
O'Leary, Michael, 201, 203-04, 212
Orwell, George, 29, 69, 79, 81-82, 85-87, 92-93, 95-96, 137, 309
Otten, Terry, 111
Oughourlian, Jean-Michel, 52
Ovídio, 200, 217, 223
Paananen, Victor, 32
Palaver, Wolfgang, 33

Parnell, Charles
  Stewart, 31, 158,
  181, 190, 197, 201,
  204, 208, 212, 220,
  223, 226, 230-32
Paulin, Tom, 187, 190
Petrie, Flinders, 36
Power, Mary, 33, 169
Proust, Marcel, 38,
  41, 213
Reineke, Martha, 48
Renan, Ernest, 196-
  98, 217, 309
Reynolds, Mary,
  195-97
Rhys, Jean, 236
Rich, Adrienne, 48
Richard, Grant, 172-
  74, 194, 197
Richardson, Dorothy,
  236
Russel, George W.,
  168-70, 172, 191,
  244, 302
Ryan, Fred, 166
Said, Edward, 37,
  43, 50-51, 79-81,
  309-10
Santo Agostinho, 98
Sartre, Jean-Paul, 38
Schneider, Ulrich, 169
Schwager, Raymund,
  33
Scribe, Eugène, 97
Senn, Fritz, 164
Serres, Michel, 94,
  155, 306, 316, 318,
  321
Shakespeare, William,
  29, 42, 69-70, 75,
  77, 78, 81, 83-84,
  95-96, 135-38, 257-
  58, 304
Showalter, Elaine, 48
Siebers, Tobin, 21, 111
Sófocles, 56-58, 65
Stendhal, 38, 41, 97,
  213
Stephen, Adrian, 246
Strachey, James, 246,
  303
Strauss, Richard, 35-
  37, 43-45, 56-57,
  60, 196-97, 307,
  329
Svevo, Italo, 227
Tolstói, Leo, 192
Vattimo, Gianni, 297,
  318, 320, 328
Vernant, Jean-Pierre,
  43, 55-56, 58, 65,
  302, 310
Vidal-Naquet, Pierre,
  55
Waisbrun, Barton,
  172
Walzl, Florence, 162,
  172, 175
Wilde, Oscar, 137,
  158, 185, 204, 211-
  12, 218, 228-29
Williams, Raymond,
  65
Woolf, Virginia, 12,
  16-17, 25, 27, 30-
  32, 47-49, 112, 162,
  180, 235-244, 246-
  48, 250-67, 270-73,
  275-76, 279, 282-
  83, 285-87, 289,
  291-92, 294-95,
  297-99, 301, 308,
  311, 327
Yeats, William Butler,
  167-68, 173, 223,
  306

biblioteca René Girard*
coordenação João Cezar de Castro Rocha

Dostoiévski: do duplo à unidade
René Girard

Anorexia e desejo mimético
René Girard

A conversão da arte
René Girard

René Girard: um retrato intelectual
Gabriel Andrade

Rematar Clausewitz: além Da Guerra
René Girard e Benoît Chantre

Evolução e conversão
René Girard, Pierpaolo Antonello e João Cezar de Castro Rocha

O tempo das catástrofes
Jean-Pierre Dupuy

"Despojada e despida": a humilde história de Dom Quixote
Cesáreo Bandera

Descobrindo Girard
Michael Kirwan

Violência e modernismo: Ibsen, Joyce e Woolf
William A. Johnsen

Quando começarem a acontecer essas coisas
René Girard e Michel Treguer

Espertos como serpentes
Jim Grote e John McGeeney

O pecado original à luz da ressurreição
James Alison

Violência sagrada
Robert Hamerton-Kelly

Aquele por quem o escândalo vem
René Girard

O Deus escondido da pós-modernidade
Carlos Mendoza-Álvarez

Deus: uma invenção?
René Girard, André Gounelle e Alain Houziaux

Teoria mimética: a obra de René Girard (6 aulas)
João Cezar de Castro Rocha

René Girard: do mimetismo à hominização
Stéphane Vinolo

O sacrifício
René Girard

O trágico e a piedade
René Girard e Michel Serres

* A Biblioteca reunirá cerca de 60 livros e os títulos acima serão os primeiros publicados.

Dados Internacionais de Catalogação na Publicação (CIP)
(Câmara Brasileira do Livro, SP, Brasil)

Johnsen, William A.
   Violência e modernismo: Ibsen, Joyce e Woolf / William A. Johnsen; tradução Pedro Sette-Câmara. – São Paulo: É Realizações, 2011.

   Título original: Violence and modernism: Ibsen, Joyce, and Woolf.
   ISBN 978-85-8033-047-2

   1. Frye, Northrop 2. Girard, René, 1923- 3. Ibsen, Henrik, 1828-1906 - Crítica e interpretação 4. Joyce, James, 1882-1941 - Crítica e interpretação 5. Modernismo (Literatura) - Grã-Bretanha 6. Modernismo (Literatura) - Irlanda 7. Modernismo (Literatura) - Noruega 8. Sacrifício na literatura 9. Violência na literatura 10. Woolf, Virginia, 1882-1941 - Crítica e interpretação I. Título. II. Série.

11-09411   CDD-801.95

Índices para catálogo sistemático:
1. Crítica literária   801.95

Este livro foi impresso pela Prol Editora Gráfica para É Realizações, em julho de 2011. Os tipos usados são da família Rotis Serif Std e Rotis Semi Sans Std. O papel do miolo é pólem bold 90g, e o da capa, cartão supremo 300g.